EAST

国家、战争与历史发展

前现代中西模式的比较

WEST

赵鼎新——著

ZHEJIANG UNIVERSITY PRESS
浙江大学出版社

自　序

本书收集了笔者近十年来写的一些有关历史题材的文章。这些文章关心的一个重点是前现代中国和西方社会的性质，以及以工业资本主义和民族国家为主轴的现代社会的到来。本书所收文章在汲取西方学术各种养分的同时，也对从进步史观到非西方中心主义的各种西方学术理论展开了批判，并对现代社会在西方的兴起作出了与西方学者不同的解释。通过这些文章，笔者想传达两个观点。

第一，以工业资本主义和民族国家为主轴的现代化是西方世界的产物。它们在西方的兴起是一个很长的历史过程，这背后有着西方社会的特殊性，同时也是前现代西方社会各个精英群体长期争斗而产生的非期然性结果。除了西欧，欧亚大陆的其他文明在近代完全没有自发产生工业资本主义和民族国家的可能性。但是，现代化的到来并不象征着西方文明有着特殊的优秀，也不代表着什么历史"进步"。现代化并没有增强人类作为一个整体在自然界的生存能力，历史也不会终结在任何一个意识形态及其相应的社会体系下。统领了19和20世纪大部分时间的从社会达尔文主义、自由主义到历史唯物主义的各种进步史观，都是西方人在军事和经济上取得上风后产生的狂妄和对历史的误解。前现代欧亚大陆的各个文明在有着多方面联系的同时也都有着自己特殊的时间性。这些文明之间差别巨大但没有什么绝对意义上的先进和落后。非西方国家的精英之所以把西方的一些在进步史观背景下产生的意识形态作为本国发展的行动纲领，其背后原因也只是军事竞争和经济竞争有着清楚的输赢，因此失败的一方不得不向胜利的一方学习，把自己的文化定义为“落后”，并在被迫学习西方的过程中走向现代化。

第二，我们要正视中国的历史和现实。我们既不能像五四运动时期或者是“河殇”时代的知识分子，仅仅因为中国在军事冲突和经济竞争上处于一时的下风就把自己的历史和文化贬低得一无是处；也不应该像今天中国的一些知识分子、官员和文化保守主义者，因为中国经济有了一定发展就开始飘飘然。他们中有的误把中国强大的生产能力和巨大的财富当作中国的强大，不知道中国在创新能力、高端市场的主导能力、关键性技术和文化软实力等方面与许多国家相比都还有质上的巨大差距；有的以为中国已经走出了一条与西方不同的道路，殊不知中国的成功主要就在于民族国家建构和市场建构的成功，而这正是西方世界得以兴起的两大支柱，或者说是现代化的核心。他们中有的人甚至产生了很强的带有自大的保守主义情绪，希望中国能回归到某种“传统”。殊不知，在西方率先形成的现代化浪潮虽然不代表历史的进步，却有着很大的不可逆性。现代化带来了全球化、城市化和信息化，导致任何传统意义上的控制手段都将难以为继：臣民一旦成了公民，就自然会产生种种权利要求；女性一旦全面走向社会就不可能再回到男尊女卑时代；一个人群一旦产生了族群意识就很难再把它抹去……面对现代化所带来的种种诉求和问题，一个时代必须产生与之相应的家庭关系、社区政治、族群政治和国家政治等。同样重要的是，现代化给了以个人成功为导向的工具理性一个正面的价值。如果对这一价值所代表的种种欲望控制过强，经济将严重缺乏活力，政治会走向专制，社会也会产生巨大的反弹。

在维持文章原貌的基础上，浙江大学出版社对收入本书的文章均作了一定的编辑修订，笔者也对《文明竞争中的决定因素》一文作了较大修改。《为韦伯辩护：比较的逻辑和中国历史的模式》和《加州学派与工业资本主义的兴起》两篇文章有着不同的主旨，在写作时面对的也是不同的对象，但是它们在内容上有着较大的重叠，为了体现文章的原貌，出版社决定同时收录这两篇文章。

《政府能力和万历年间的民变发展》一文由我和我的学生徐进共同完成，《为韦伯辩护：比较的逻辑和中国历史的模式》一文已被《中国学术》录用，其他文章也都在各类报刊发表过，对此文后均作了说明，感谢这些报刊同意将它们收入本书。浙江大学出版社王长刚编辑是本书的倡议者，并在本书的编辑上花费了很大的努力。没有他的支持和努力，就没有本书，我在此一并表示感谢。

目　录

中国历史的模式

为韦伯辩护：比较的逻辑和中国历史的模式

多年来，马克斯·韦伯的《中国的宗教：儒教与道教》(Weber, 1951)一直被当做负面意义上的研究出发点。[1] 批评韦伯的人说他对中国的历史、文化和宗教了解得非常不够。晚近的学术论著时常把韦伯的不少论点当作欧洲中心论的典型例子而对它们大加批判。例如，韦伯认为，前现代的中国城市缺乏政治上的自治，它们是政治而不是经济中心。后来的学者则强调在晚唐至宋代的“中古城市变革”之后，中国城市的性质发生了巨大变化(Elvin, 1973; Skinner, 1977, pp. 23 - 31)；在帝制晚期，长江三角洲地区甚至出现了以商业为导向的大型城市(Johnson, 1993; Skinner, 1977)。又如，韦伯(Weber, 1951, p. 142)曾论断儒学并不提供“具有社会影响力的预言”，与世界其他宗教相比也不具有超验性质。后来学者对这一论点亦进行了批评。他们指出诸如占卜、祈祷和算命等形式的预言性活动在中国特

---

① 本文仅讨论西方学术圈对马克斯·韦伯著作的态度。20 世纪 80 年代以来，韦伯的著作在中国一直受到高度重视。即便在今天，仍然有一些将中国没有在西方到来之前自发生长出资本主义的原因归咎于儒家文化的学者崇拜韦伯，在 20 世纪 80 年代和 90 年代则更是如此。有关中国学者对韦伯的态度的精彩概述，可以参见刘东的文章(刘东，2001)。

别是在各种民间宗教活动中普遍存在(Brook,2006);他们指出儒学围绕祖先崇拜而形成的各种仪式和典礼体现的就是它思想超验的一面(Yu,2005,ch. 1)。在儒学与经济发展的关系这一问题上,韦伯受到了来自两个不同角度的挑战:(1)有学者批评韦伯对于儒家思想对经济发展的作用的评价过于消极,他们认为儒家强调努力工作、家庭、教育、纪律以及节俭的生活方式是东亚四小龙经济快速发展的关键(Berger and Hsiao,1988;余英时,1987);(2)至于如何解释早期现代的经济发展和工业资本主义的兴起,晚近学者往往忽视韦伯的见解,转而强调促成中国的"失败"和欧洲的"成功"的原因是人口/生态因素,而不是儒家文化(Pomeranz,2000)。

韦伯的确有许多可以批评的地方。在20世纪初,工业资本主义仍然被高度正面评价。韦伯也多少受到这种观点的影响。在解释基督教世界之外为何没有产生工业资本主义时,韦伯很自然地提出了一种我们在今天会视之为欧洲中心论的观点。此外,韦伯不懂中文,在他写作有关中国的著作的时候所能使用的图书资料肯定也相当有限。因此,从韦伯的作品可以明显看出他对中国的了解十分不够。例如,韦伯写道,长城修好之后,虽未阻挡蒙古人的入侵,但"防御和降服蛮族的任务,对政府来说,变简单了"(Weber,1951,p. 26)。但事实上,在3至6世纪间和10至13世纪间的时间里,游牧和半游牧的诸帝国统治着今天中国的大片土地。《左传》中记载,秦穆公(约公元前659—前621年在位)拒绝了两位大臣(百里奚、蹇叔)的意见,挥师征讨,却遭遇惨败。仅仅依据这条关于秦在春秋时期(公元前770—前476年)一次军事冒险的重大挫折的简单记载,韦伯(1951,pp. 112-113)就给出了令人吃惊的结论:这一战役的失败是中国历史走向和平的一个关键转折。韦伯作出如此评论,说明他显然对于春秋之后的战国时代你死我活的激烈战争缺乏认识。

这里无需进一步举例说明韦伯如何错判或误解中国历史上的各种问题——例子简直太多了。然而,在韦伯遭到中国研究专家围攻之际，我打算发表一些不合时宜的看法，针对上文所总结的一些批评意见，为韦伯的《中国的宗教》一书中的主要见解作出辩护。本文论述的结构如下。

首先，我将指出，韦伯所总结的前现代的中国城市、政治和宗教的特征，本质上都是在比较的意义上提出来的。即便他也许并不了解这些特征还有种种变化和特例，但是他的看法仍然有合理的一面，因为就这些议题而言，欧洲和中国之间的差异往往比中国的内部差异更为显著。因此，尽管韦伯的许多批评者提供了更细致入微的前现代中国的图景，他们并没有颠覆韦伯有关中国和欧洲之间差异的主要结论。

其次，韦伯在他的书中想要解决的一个重要问题是工业资本主义为什么没有在中国出现。正如我刚才所说，他的观点遭到了晚近学者的批评或轻视。但我认为，即便以我们目前对中国的认知，轻率地无视韦伯的洞见可能会导致我们犯更多的错误，而不是收获更多。

在本文的最后一节里，我将转向建设性的讨论，来说明韦伯对今天的学术仍具有很大意义。我将遵循韦伯对宗教、政治和经济之间关系的重要洞见，来分析儒家思想在塑造中国历史中所起到的关键作用。

一、案例之间的差异与案例内部的差异

在《中国的宗教》一书中，韦伯或明或暗地将中国与欧洲的基督教世界作比较。换句话说，此书中的大部分论证是带比较性质的。

当韦伯（1951，p. 145）在说中国政府对儒教之外的宗教相当宽容时，他可能并不知道南北朝时期（420—589 年）和唐朝出现的灭佛运动，以及明清时期对于民间教派的打压（Naquin，1981；Overmyer，1976；Perry，2002，ch. 3）。然而，韦伯在这个问题上的知识不足并不

一定导致他的观点错误，因为韦伯脑子里充满的是威斯特伐利亚和约缔结前的欧洲连续不断的宗教战争和冲突，这种状况显然在中国是没有的。换句话说，韦伯的论点仍然站得住脚：虽然中国政府对儒教之外的宗教态度时有变化，但当与欧洲的情况作比较时，它仍然显示出自身清晰而独特的模式。此外，当韦伯（1951，pp. 114 – 115，169 – 170）提出儒家思想本质上崇尚和平、儒教国家为“一个和平的帝国”时，可能他并不太了解中华帝国在其两千多年的历史上开疆扩土的军事远征（Di Cosmo，1999；Fairbank，1968；Hostetler，2001；Jagchid and Symons，1989）。然而，如果我们考虑到以下三点，那么，我们也许愿意承认中国文化崇尚和平主义这一观点有其一定的道理。第一，与其他世界帝国相比，大部分时间里，统治儒教帝国的是一个文官阶层，而武将不在政治的中心；第二，中国大多数的朝代（特别是那些由汉人创立的朝代）一旦渡过最初的动荡期即迅速转为内敛自守；第三，与大多数其他世界帝国不同的是，中国帝国在北方的领土扩张主要不是帝国向北军事扩张，而是吸纳、整合游牧和半游牧的入侵者所带来的新的领土的结果。

韦伯在这一类的论证中所用的逻辑暗合现代统计学的思维。在统计学中，如果我们想判断两组对象的平均值之间的区别是否具有统计意义上的区别时，我们首先要计算两组平均值之间的差异数值，然后算出两组对象内部差异的标准值——即标准差，最后用两组平均值之间的差异除以标准差。如果两组对象的样本足够大，所除得的结果就是标准分数。标准分数越大，那么两组间的差异就越具有统计学上的意义。

在定量的社会科学研究中，学者们都知道，比较对象的每一个都存在着内部差异，但他们不会因为内部差异的存在而质疑比较的有效性。然而，在定性的社会科学研究中，学者往往忽略甚至是不懂这种比较的逻辑。因此，每当有人做比较研究时，那些对比较结论不满的人就会提出批评意见，指出所比较的双方或多方各自内部都存在着差异。我必须强调，对于社会科学而言，重视个体的内部差异是非常重要的，因为由此会产生的洞见非常容易在宏观比较研究中被忽视。然而，就一个具体的比较问题来说，只要案例内部的差异显著小于案例之间的差异，那么就完全可以强调比较对象在统计意义上是不同的。

本文的开头已经概括了学者们针对韦伯有关中国与欧洲的城市之间、中国与西方的宗教之间差异论的观点所作的批评。现在让我们就此作进一步的阐述。韦伯认为，中国的城市是政治中心，而不是经济中心。晚近的研究对中国城市在时空上的变化作了更细致的研究。例如，有学者指出，在晚唐和宋代发生了一次“中世纪城市革命”，其标志性的发展包括官市组织的衰败，封闭式坊市制度被打破，在城内和城郊自发出现了传统市场之外的商铺与交易场所，等等(Elvin，1973；Skinner，1977，pp. 3 - 31；Twitchett，1968)。虽然这些对中国城市历史发展的考察大部分正确，我们仍需看到，经历了这一城市革命之后的中国城市与自治或半自治的前现代欧洲城市相比仍有着根本性的差异。在这些欧洲的城市里，商人借鉴罗马共和国时期的模式来对城市进行管理，并通过雇佣军和建立商法来维护城市的自由。正是在这样的环境里，文艺复兴思潮与新教教义才得以滋长，而这些思想又反过来为城市商人输送了维护他们利益的意识形态。事实上，宋代以来，长江三角洲一直是最商业化的地区，在这一地区的城市都具有重要的商业功能。然而，Finnane(1993)、Marmé(1993)以及其他研究晚期中华帝国时期长江三角洲城市的学者都承认改朝换代、政治和行政的决策对于这些城市命运的决定性影响。在这些研究中，施坚雅提出的六边形的城镇空间分布模型可以说是提供了一个新的研究范式，它说明了在帝制晚期中国市镇的经济起源和经济功能，在此之前，我们对于这些市镇的起源所知甚少(Skinner，1964—1965)。不过，众所周知的是，施坚雅的模型用于分析地方性的集市最合适，其次是县一级的城镇；至于县级以上的城市，政治因素对于决定一个城市的位置、功能和命运则起到了更为重要的作用。[①]

总之，尽管晚近有关中国城市的研究为我们提供了历史上中国城市的结构和功能是如何变化的新知识，并且这些信息是韦伯的著作乃至其他类似的宏观比较研究所缺乏的，但是，它们并没有从根本上颠覆韦伯的论断。

至于韦伯关于中国宗教的性质的说法，相关的批评也有失公允。韦伯声称，与世界其他宗教比较而言，儒学不是超验的(transcendental)宗教。然而，余国藩指出儒学中也有超验的成分，体现于祖先崇拜为核心的礼仪和仪式(Yu，2005，ch. 1)。尽管我不否认以祖先崇拜为核心的礼仪和仪式确实展示了一定程度的超验性，但祖先崇拜对于儒家而言，其主要功能是强化现实世界中的伦常等级关系，而不是与一个超验的上帝建立盟约。

韦伯说中国没有出现“具有社会性影响的预言”(Weber，1951，p. 142)，这显然是言过其实。但是，我们应该看到，韦伯的这一说法是针对儒教而言的。相对于中国的其他宗教，在中国占据主导地位的儒教主要关注的是现世伦理而非预言未来。即便我们把中国的其他宗教也考虑进来，我仍认为，因为儒家的主导地位，使得那些预言“太平盛世”的救世宗教在中国社会所产生的影响远逊于耶稣的预言在基督教社会或穆罕默德的预言在伊斯兰教社会所发生的社会性影响。

儒教自汉代初步定型时就已经是一个现世的伦理体系，而不是一种超验的宗教。然而，它不仅为国家提供了合法性基础，同时也有一套伦理规范来调整社会中人的生活和人际关系，因此，儒家思想在中国社会中的作用与犹太教、基督教、伊斯兰教、印度教和佛教等在

---

① 例如，明初，嘉兴地区只有三个县，但是在 1429 年划分成了七个县。明代的松江府有三个县，而在清代则分成了九个县。这些新县城的兴起全都是国家为了更有效地征收赋税而造成的结果(冯贤亮，2002，ch. 2)。

其相应的社会中发挥的作用是类似的。唯一的重要区别是，儒生既是"教士"又是国家官员。由于儒教，尤其是其祖先崇拜为中心的仪式，满足了很大一部分中国人的宗教追求，其他宗教往往只能在中国社会中承担次要的角色。因此，中国人（尤其是有社会影响力的儒家精英）往往比欧洲人更少宗教色彩。这也使得预言性的宗教活动在中国社会的影响较弱。

更为重要的是，如果我们把儒教看成是一种宗教的话，它与其他世界宗教相比还有另一独特之处，即它几乎是专为国家的需要而设的。儒教与国家的这种紧密结合使其他宗教无法插足于政治领域。也正因此，中国的统治者并不像欧洲的基督教君主那样担心异端宗教的存在。其他宗教学说只要不被视为煽动叛乱的根源，就能被统治者所容忍而在中国社会获得立足之处。在中华帝国，多种信仰能够共存并且在多方面展开竞争，这跟欧洲的情形大不相同。在那里，异教甚至基督教内部的不同学说都很少被容忍。在中国社会，尽管道教、佛教以及从道教和佛教中汲取灵感的各种民间信仰和秘密教派，还有伊斯兰教都充斥着各种预言，它们的共存所构成的竞争性关系也意味着每一种预言都不太可能具有基督教欧洲世界里耶稣的预言所拥有的那种社会影响力。

最后，由于宋朝以来儒教在中国人的道德生活中占据了中心位置，它也开始渗入了其他的宗教信仰，并且促使其他宗教吸收儒家伦理，儒教伦理因此亦成为其他宗教伦理教诲中不可分割的一部分。这一现象甚至于发展到了这样一种程度：有些宗教简单地照搬儒家的伦理学说作为自己基本的道德戒条（不少是口惠而实不至），而自己则专门从事巫术活动。地方性民间信仰和一些与此关系较为密切的道教仪式专家在这方面表现得尤为明显。在这类宗教活动中，预言主要集中在各式各样的巫术，而不是在宣扬某一宗教教义。考虑到明清以降这类道教仪式活动在中国民间社会的普遍性，当韦伯说，"道教仅仅是一个巫师的团体"（Weber 1951，pp. 224 - 225），这并不算言之过甚。显然,此类预言活动并不会产生多大社会影响。

二、韦伯和工业资本主义的兴起

如前所述,韦伯对宗教和文化在经济发展中的作用的分析,已经遭到了来自两个不同角度的批评。在东亚四小龙崛起之后,有学者开始以如下的理由来批评韦伯:儒家伦理(包括勤勉、持家、教育、遵纪守法、节俭等)对于经济发展完全是积极的,而且对于东亚国家的经济成功来说至关重要。此外,那些关注早期现代经济发展的学者则倾向于批评或忽略韦伯的洞见,转而强调:导致中国"失败"、欧洲"胜出"的是人口/生态甚至是一些偶然性的因素,而不是儒家文化。现在我准备针对这两种批评来为韦伯辩护。不过,此处我将主要关注的是第二个问题。因为就第一种批评来说,他们所反对的论点,并不是韦伯在书中试图或可能提出的观点,因此,这些批评意见很容易被轻松驳倒。概括说来,韦伯在其书中分析的是工业资本主义的起源,而不是这种模式已经确立之后,在西方枪炮的威压下其他国家对工业资本主义的学习。由此,尽管韦伯认为,工业资本主义不太可能出现在儒家文化下,但他从来没有说过,儒家文化包含着某些能阻止中国采纳既有的、被称为工业资本主义的经济模式的根本性因素。事实上,韦伯也确实提到过,"中国完全有可能——甚至比日本更能够——吸收技术上和经济上已在现代文化区得到充分发展的资本主义"(Weber,1951,p.248)。换句话说,如果有人问韦伯,假如工业资本主义这种模式已然确立,哪种文化更有利于学习它,他很可能会选择中国作为答案。

在韦伯出版了《新教伦理和资本主义精神》、《中国的宗教》(Weber,1951,1958)和其他相关著作之后,西方崛起的问题已经强烈地吸引住了来自不同学科的学者。过去的大多数学者倾向于在一些关键的韦伯式见解的基础上来追溯西方的兴起：从中世纪商业城市的崛起开始，随后是一系列松散相关的事件，诸如文艺复兴、宗教改革、航海革命、科学革命、启蒙运动、英国资本主义农业，最终是技术革命和工业化。因此，虽然欧洲的奇迹直到很晚才变得不可避免，但其他文明却没有机会领导这样一个突破，因为他们从来没有经历过某种不断增强且扩散的“理性的躁动”，而后者正蕴含在上述事件以及其他许多相关历史转折点的背后。

然而，这种共识现在被斥之为欧洲中心论，被称为“加州学派”的一群学者对其发起了挑战。他们采取了一种批判性立场，或者干脆忽略绝大多数的韦伯式论断，转而强调生态条件、新兴技术甚至时偶然性因素在欧洲工业资本主义兴起时的重要性。接下来，我将通过讨论彭慕兰广受好评的著作《大分流》(Pomeranz，2000)来展示一些韦伯式洞见被忽视之后所付出的代价。

彭慕兰比较了18世纪英格兰和长江三角洲(中国商业最发达的地区)的经济与技术发展状况。他对比了两地大量的经济和技术指标，包括技术的发展、土地管理、交通运输能力、生活水平、寿命、消费模式、城市化和工业化、人口婚姻系统，以及生产要素市场等。他试图表明，英格兰和长江三角洲在大多数指标方面是类似的，即便有差异，也并不影响大局。他还提到，18世纪前后，这两个地区都遇到了由经济繁荣导致人口高密度所带来的沉重的生态压力(所谓生态压力，他的意思是，食品、燃料、建筑材料和纺织品的限制，这是任何传统经济都不得不面对的限制)。彭慕兰在这些观察的基础上得出结论，英国和长江三角洲直到18世纪晚期仍保持着相似的发展，此时此刻，“世界上没有哪一个地方的发展会必然导向[工业革命]”(Pomeranz，2000，p. 206)。然后，他提出一个问题(Pomeranz，2000，p. 13)：“为什么长江三角洲没有像英格兰那样？”由于崇信非欧洲中心论的观点，彭慕兰还认为这个问题其实应该反过来问：“为什么英格兰不像长江三角洲那样？”针对这些问题，彭慕兰的答案极其简略：

英国之所以能设法维持其增长，进而导致了朝向工业资本主义的最终的经济突破，主要是因为它能够利用从新世界获取的大量资源和转嫁人口压力，而长江三角洲（以及日本和印度）却没有这样好的运气，因此，无法走出传统经济的马尔萨斯陷阱。

彭慕兰的论点包含一些洞见，我也相信他对欧洲工业资本主义兴起的分析是对传统观点的有益补充。如果没有工业革命带来的决定性的技术突破，以传统经济为基础的一些早期发展很快就会被人口的增长所抵消。在这个意义上，以辅助能源为基础的技术的发展，可以说是人类社会从传统经济转向工业化经济的一个转折点。因此，新世界的存在也许的确在使英国避免落入马尔萨斯陷阱、遭遇经济衰退方面起到过决定性的作用。尽管如此，我还是必须强调，我们很难准确判断从新世界流入英国的资源对英国发生工业革命这一大突破究竟有多么重要。假设英格兰并未得到新世界，并且也发生了马尔萨斯危机，我怀疑，只要自文艺复兴以来在欧洲蓬勃发展的重视工具理性的文化没有消亡，这场马尔萨斯危机也许就只不过是欧洲社会长期转型中的短暂耽搁而已。

但是，我对彭慕兰著作的反对意见更集中在他对中国方面的分析上。虽然彭慕兰的大部分实证分析，看起来令人印象深刻，但却带有一种只见树木不见森林的倾向。当韦伯写《中国的宗教》的时候，他的主要比较对象是近代欧洲已经发生的工业资本主义。这种比较背后的逻辑是，工业化不只是一种经济现象，同时也是政治与文化现象。然而，通过比较英国与长江三角洲，彭慕兰隐含地假定，在中国特定的政治/文化条件下，长江三角洲实现经济突破的机会并不比英格兰少。换句话说，彭慕兰特别强调了 18 世纪英格兰（一个国家）和长江三角洲（中国的一个地区）在经济指标方面的可比性，这实则假定了国家性质和地域文化状况等因素并不会影响到一个国家的经济表现。由于这种强烈的预设几乎与当代所有的经济发展理论（包括新自由主义、现代化理论、依附理论以及以国家为中心的各种理论）

背道而驰，因此也就很容易从不同的角度对之做出批评。例如，彭慕兰此书一个核心的隐含预设是，假如长江三角洲地区的人们发现某个“新世界”并展开殖民活动，就有可能缓解生态压力，进而有机会取代英格兰，成为工业革命的领导者。这里的问题在于：18 世纪的长江三角洲只不过是中国政府若干省区控制下的一个地区。这些省级单位的长官是清廷任命的文官，权力有限。他们不能决定国家政策，也不掌握像英格兰那样的保护地区利益或是从事对外探险的军事力量，哪怕他们也有过这种想法。他们甚至对许多自己地盘上的内部事务也没有自主决定权。实际上，由于长江三角洲对国家税收至关重要，这里也是帝国晚期最受国家严密控制的地区（冯贤亮，2002）。数位权力有限的文官的各自为政，怎么可能像英国政府一样，到新世界去探险呢？

《中国的宗教》一书的核心信息是，中国的宗教及其相关的文化和政治，与导向资本主义的西欧文化和政治，差异极大，19 世纪的中国文化不利于产生内生性的工业资本主义。换句话说，韦伯认为，这两个地区在西方崛起之前是沿着不同路径发展的。彭慕兰将这种韦伯式的洞见批判为欧洲中心论。他告诉我们，英格兰和长江三角洲地区的发展非常相似，最为关键的区别只在于一两个因素（如新世界的存在与否），而正是后者打破僵局，从而促生出两个地区间一个突然的“大分流”。至少这一论证仅凭彭慕兰所提供的材料是难以支撑的。当然这并不是说，他著作里大部分的材料都有问题。可以肯定的是，由于信息量不足，以及这两个地区材料性质的巨大差异，彭慕兰所做的一些实证分析无疑将会遭到严重的挑战（参考 Brenner and Isett，2002；Huang，2002，2003；Wong，2003）。问题是，即使我们完全相信彭慕兰在呈现并分析这些材料方面都做得无可挑剔，或者说，即便我们大度地完全接受他的结论——18 世纪的英格兰和长江三角洲在经济和技术方面的发展极为相似——《大分流》一书的主要论证仍然不怎么站得住脚。为了搞清楚这一点，请允许我做一个简单的数学类比。在数学中，两个不同的函数，在某一点或是某几个点上，会有相同的值（例如，2^x 和 x^2 是不同的函数，但是当 x 等于 2 的时候，它们都等于 4）。因此，两个函数在某一点上呈现出同样的值，并不能证明它们是相同的函数曲线，或者说是同一函数。如果我们想要证明中国和欧洲沿着同样的道路发展，那么，仅仅指出 18 世纪这个点上它们达到了一个相似的发展水平，是不够的。我们还需要把 18 世纪英格兰和中国长江三角洲的经济、技术的相似性放在历史背景下，检讨 18 世纪英格兰和中国的历史场景，以及这两个地方的经济和技术发展轨迹，进而判断这些相似性是根本性的，还是表面性的。

就历史背景来看，18 世纪中国开始于康熙（1662—1722 年在位），结束于乾隆（1736—1795 年在位），涵盖了清朝的全盛期。换句话说，彭慕兰所拿来与 18 世纪的英格兰的经济和科技发展水平做比较的，是一个处于鼎盛期的帝国中最发达地区的经济与技术情况。如此的比较，无论是就空间维度还是就时间维度来说，都存在重大的偏差。

至于历史轨迹，在第二个千年之初，当欧洲人还基本上依靠自给自足的农业维生之时，中国已经开始了伊懋可所谓的“中世纪农业革命”（Elvin，1973）。从第二个千年开始，直到 18 世纪，中国经历了宋、元、明三个王朝，每一个王朝都有其繁荣鼎盛期，尤其是存在时间相对较长的宋代和明代。这几个朝代的一些经济、技术成就也可以拿来跟 18 世纪的清代相比较，但它们都没有能够导向工业资本主义的突破。很明显，除了比较 18 世纪的英格兰和长江三角洲，我们或许也有必要拿 18 世纪的英格兰与宋明两朝鼎盛时期的最发达地区比较一下。如果后者的经济、技术发展水平与 18 世纪的英格兰没有质的区别，甚至于生态压力更小，那么，我们就不得不追问，何以中国有几乎上千年的机会，仍然反复地“失败”，而不能实现导向工业资本主义的经济突破？

这里我只谈宋代中国，这是一个中世纪城市革命蓬勃发展的时期。[①] 宋朝建国于第二个千年之前，而此时的欧洲尚处于“黑暗时代”。当时的几个宋代最大的城市，人口均已超过百万，这一规模甚至后来的明清两代也再没有达到过，尽管后世的人口总数更为庞大(陈振，1999，p. 684；Skinner，1977，pp. 29 - 30)。这些宋代城市全都高度商业化，拥有复杂的信用体系，使用纸币。这些城市里的商人们使用商标、品牌和广告等现代营销手段。他们还拥有精彩的夜生活，娱乐业的分工程度极高。[②]

宋朝还有几次技术突破的浪潮，这在西方帝国主义到来之前的中国是绝无仅有的(Mokyr，1990；Needham，1981；Temple，1986)。[③] 推动西方崛起的几种关键技术，诸如火药和活字印刷术，是由宋代中国发明的，后来在欧洲派上了用场。彭慕兰举过一个中国技术成熟的例子，发明多锭纺车(跟 19 世纪发明的哈格里夫斯的珍妮纺织机和凯的飞梭极为相似)的时间，是 13 世纪左右，而不是 18 世纪(Pomeranz，2000，p. 54)。宋代的工业和商业也极为发达(Haeger，1975，姜锡东，2002；Shiba，1970)。以制瓷业为例，在长江三角洲的某些县城(比如慈溪和龙泉)，保守估计，当地家庭中大约有 18%～29%专门从事商业性的瓷器生产，很多产品销往国外(苏基朗，2004)。因此，当琼斯说“中国在 14 世纪离工业化只有一步之遥”

---

① 有关 15 世纪之后在欧亚大陆两端的政治经济状况，更为细致的长期比较，可以参考 Wong(1997，1999)。

② 例如，元朝初建时，曾在杭州禁止娱乐业，胡仲彬和他的姐妹(两个职业说书人)组织了艺人造反，有几千个参与者(龙登高，2004，p. 125)。这一纪录让我们可以想见当时宋代娱乐业的规模。

③ 在我看来，如果没有一个强大的技术革新的冲动，则难以想象中国如何有可能导向工业革命。

(Jones,1981,p. 160)之时,他并非完全言过其实。[①]

我们也很难把宋、明两代中国没有实现工业革命归咎于生态压力。13 世纪初,宋代中国的人口达到了一亿,但是到 13 世纪的最后二十五年,中国人口有三亿。[②] 即便清代农业有了更强的承载能力,我也并不认为,两亿人口的差异是可以轻松解决的。彭慕兰指出,煤炭的广泛使用对 18 世纪英格兰缓解生态紧张起到了关键作用。然而,相比以后的朝代,宋代对煤炭的使用要更普遍得多,而且宋代的煤炭采掘技术水平很高(许涤新、吴承明,2003)。[③] 此外,在明代初期,亦即 15 世纪早期,郑和率领的船队已经具备实力,可以航行到世界任何地方,其船队规模不仅哥伦布的舰队无法比拟,甚至 18 世纪的英国舰队也达不到。[④] 如果中国人也像欧洲人一样有到新世界去探险和殖民的精神,那么,今天的新世界将会成为中国人的家园。宋代没发生过大规模的农民起义,这也是没有严重的生态压力的信号(Goldstone,1991)。然而,即便宋代高度商业化,工业和技术快速发展,也未遭遇像晚清那样严重的生态压力,但是导向工业资本主义的某种突破仍然没有发生。

概括言之,彭慕兰把 18 世纪英格兰与长江三角洲的经济和技术

---

① 宋代也有更适合工业资本主义兴起的政治环境。在中国历史上,宋代是专制色彩最淡的一个王朝。而且宋代的政府税收高度依赖商业。宋代政府自王朝建立伊始就鼓励商业活动。宋代比它之前或之后的朝代更多地见到有关私人财产权利的记录。宋代实际上还是唯一一个没有实行过土地再分配的王朝(Huang,1997,p. 120)。宋代丰饶的财富和相对宽松的政治环境,促使中国哲学达到了又一次的发展高峰(Fung,1983)。

② 宋代的人口数字要包括宋朝、金朝和西夏以及我们认为是今日中国一部分的其他地区在内(赵文林、谢淑君,1984,p. 280)。明代的人口数字很成问题,不过大多数的学者估计,应该会高于宋代的数字(Ho, 1959,ch. 1;赵文林、谢淑君,1984)。到 1785 年,清代统治下的人口已经达到了三亿(赵文林、谢淑君,1984,p. 381)。

③ 据说在北宋时期,都城汴梁家家户户都烧煤做饭,而不是烧木材(许涤新、吴承明,2003,p. 533)。

④ 郑和的船队有大小不等的船只三百艘。最大的船,长 150 米,宽 60 米,甲板大如今天的足球场。但是,这样的造船技术后来失传了。

发展水平加以比较，这一比较的意义建立在如下假设之上：两个社会的发展轨迹遵循的是同一个模式。但是，宋代经济史表明，甚至早在第二个千年一开始，中国就已经高度商业化了，而同时期的英格兰尚处在一种非常原始的经济状态。中国的经济和技术水平在第二个千年的多数时候都远远超出欧洲，因而，不存在中国和欧洲"不分上下"的状况，而且，如果仅从经济和技术的角度来说，中国在 18 世纪之前就理应有多次机会实现突破了。甚至在整个社会仍然有强大的创新冲动之时，中国也未能实现工业资本主义的突破，那么，又怎么有可能在创新冲动已经消失、很多过去的发明也几乎被遗忘的情况下来实现这种突破呢？中国的发展和社会变化具有"中国特有的环境所限定的形式"(Mote，1999，p. 769)。看到 18 世纪的英格兰和长江三角洲地区表现出近似的经济和技术水平，就认为二者沿着同一条道路发展，这无异于看到两个数学函数在某一点上具有同一个值，就判断它们是同一个函数。

三、儒家政权和中国历史的模式

在上一节中，我们已经表明，当把宋代中国纳入观察视野，中国和欧洲的经济走的是不同的发展道路。本节以《中国的宗教》一书中一些关键的韦伯式见解为基础，试图解释是什么因素造成了中国独特的历史模式。

为了弄清这一点，我们并不需要照单全收韦伯在他书中许多非常天真的话语。不过，韦伯书中有一个重要的见解，涉及宗教、政治和经济之间的关系，对我们取得平衡的历史理解是至关重要的。以下简单陈述一下韦伯的这一看法：不同的世界性宗教对于道德秩序和世俗秩序之间的关系有不同的规定，这一规定会深入政治和经济部门，进而塑造整个社会中政治和经济的性质与关系。从政治上看，它塑造了宗教与国家之间的关系，为政府提供合法性基础，影响社会中政府的权力，统治者对于经济的态度和控制能力，还有统治阶级的文化。从经济上看，它会影响到商人的社会地位，人们对于牟利活动的态度，以及社会的商业文化。总而言之，它对一个社会的政治品格和经济表现，发挥了重要的影响力（赵鼎新，2006）。

现在我们来看一下，韦伯这一重要见解如何有助于我们更好地理解儒家思想在塑造中国历史中所起的作用。再次申明，我的解释和分析都是非常简略的。可以视为我目前正在进行的一个研究计划的纲要，而不是充分的论证。

在解释中国历史的模式之前，我们首先需要做一下界定。在韦伯论著的基础上，我在这里列出七个中国独有的历史特征：第一，早在秦朝于公元前 221 年统一中国之前，中国就由一个择优录用的官僚阶层在治理，这一政治体系比欧洲相似的发展要早两千多年；第二，世界其他地方的帝国，一旦崩溃就永远崩溃了，而中国是唯一的一个地方，尽管有王朝更迭、兴起衰落，但一个相似的帝国体系从公元前 221 年秦帝国建立一直维持到 1911 年辛亥革命；第三，在各主要文明中，中国的国家传统最为强大，最具有家长性；第四，与古代世界的其他地方经常出现的军事指挥官攫取政治大权的情况不同，军官在中华帝国并不具有政治上的重要地位，除了内战期间，军队一般都在文官的掌握之下；第五，其他世界性帝国多靠军事扩张来开疆扩土，而中华帝国多数时候是通过作为征服者的游牧民族的自我汉化，来向北实现领土和影响力的扩展的；第六，中华帝国是世界主要文明中唯一一个特例，超越性的宗教没有对政治发生重要的影响，同时国家又对多种形式的宗教信仰持极大的宽容态度；第七，跟前现代的西方不同，中华帝国的商人阶层几乎对政治不发生影响，即便在中国城市化和商业化达到顶峰的时候也是如此。换句话说，工业资本主义在这样的环境中难以发展起来。

同样地，上述对历史模式的总结也都可以用一种解构策略来批评。例如，如果我们想要否定中国军事力量在政治中只具从属地位的论断，仅需要指出中华帝国历史上的军阀割据和武装叛乱（比如220—589年魏晋南北朝的分裂时代，再比如晚唐）就可以“解构”了。七个历史模式都可被如此“解构”，对此前文已做过一些讨论。正如我已说过的，这种解构策略有时候很重要，可以有助于加深对于历史复杂性的理解，进而产生出非常有趣的研究议题。不过，以上七个历史模式，是我们将中国与其他文明（尤其是欧洲）之间作比较后建构起来的。不用说，中华帝国的武将也会发动叛乱，甚至建立割据政府。不过，与罗马帝国相比较，中国的军事力量对于政治不十分重要这一点是显而易见的（Finer，1997，ch. 6）。简言之，上述七种历史模式是在中外比较的基础上提出的，而提出反对意见的人，关注的则是中国内部的多样性。前面我已经介绍过统计学的类比，据此可知，只要与这些历史模式相关的中国内部变化小于文明之间的差异，这些模式就可以被看作是有效的特征概括。

我从迈克尔·曼（Michael Mann）有关社会权力的四种来源的概念来开始我的分析。曼所说的四种来源是政治、意识形态、经济和军事。这是一种典型的韦伯式范式，而曼又别出心裁地补充了一种维度——军事力量。我并不准备对社会权力的这些来源加以限定，讨论其混合、交错的性质，及其相互纠缠的关系，因为迈克尔·曼在他的书里大都已经解释过了。此处我想强调的是，正因为这些权力来源是混杂在一起的①，它们总是会形成各种交织的关系，当其固化形成支配性的模式，就会形塑社会某一时期的性质，直到它衰落，进而被另一崛起的权力来源间的关系模式所取代。我们无法逐一讨论社

---

① 比如，政府是一个政治性组织，但有时候它也执行了意识形态、经济和军事的功能。教会是意识形态组织，但中世纪的教会曾经控制了欧洲三分之一的土地，并且对政治产生过巨大的影响。因此，在中世纪欧洲，教会也获得了经济和政治的功能。现代的跨国公司是经济组织，但它们提倡经济自由主义，甚至于也能够颠覆一些民族国家的统治。显然，它们承担了一些意识形态和政治的功能。

会权力及其历史相关物的各种可能的结合，不过，如下说法可能是安全的：在大多数传统社会中，此类交织关系之中最重要的就是政治力量（政府）和意识形态力量（宗教）之间的关系。它们的关系从根本上塑形了传统社会的性质。

当我们把以上原则运用于具体的历史情境，就可能产生出世界宗教与政府之间如下交织的关系模式：基督教的性质使得它自居于政府之上，而且不时与之争斗。因此，传统的欧洲政府往往是弱势的。欧洲政府之所以能跟教会竞争并且逐步增强力量，主要是因为欧洲陷入了一种不稳定的封建秩序，且战乱不止，教会这种机构并不适合发动大规模的战争。正是战争的需要加强了政府的力量，而教会随之削弱。伊斯兰教接受了基督教和犹太教的部分教义，使其适合于以部落为基础的中东社会。它强调的是部落的力量，而不惜以牺牲政府为代价。因此，穆斯林政府容易陷入不稳定，而被部落政治所左右。在许多当代阿拉伯国家，这一政治特征仍然存在。小布什并不明白这一点。因而，在推翻了一个致力于现代化的伊拉克独裁者之后，他给当地社会带来的不是什么民主，而只能是传统的部落势力。婆罗门教对于地方村庄的活动具有极强的组织能力，从而使得政府显得可有可无。印度政府的力量在历史上因此十分微弱。如此之弱，以至于直到英国东印度公司到来之前，其境内从来就没有实现过真正的统一。佛教并非注重此世的宗教。正如我下面会讨论到的，与其他的世界性宗教相比，佛教与国家之间的关系也相对薄弱。

实际上，在主要的宗教信仰之中，儒教是唯一一个几乎就是完全为国家而造的信仰。儒教把国家和社会之间的关系视为家庭关系的延伸。它论证现状的合法性，但同时也强调做一个好的统治者的重要性，他要照顾好他的子民，当好道德的引导者，等等。换言之，它给予国家权力，但同时也指出了使用权力的正确方式，从而降低了形成暴政的可能性。汉武帝（公元前 141—前 87 年在位）统治时期，儒教隆升为主导的政府意识形态。不过，此时的儒教已经跟春秋晚期、战国时代的儒家哲学不一样了，他已经被上升为国家的意识形态，并由董仲舒等著名汉儒进行了法典化(canonization)。简单说，董仲舒新补充的观念是天人合一和三纲(君为臣纲、父为子纲、夫为妻纲)。对董仲舒来说，天有感情，通过天气变化和自然灾异来显示其好恶，只有明君才能得到天的庇佑。同时，早期儒家倾向于把彼此互惠的五常(仁、义、礼、智、信)看作人际关系的指导原则，而董仲舒则提出的三纲，强调君之于臣、父之于子、夫之于妻的支配权力。这种对于权力结构的不平等解说，让儒家更适合统治者的需要。

由此，在其他文明里，各种宗教因其性质而导致的总是政治权力与意识形态权力之间或多或少的紧张，而在中国，自从儒家上升为统治意识形态之后，政治力量就和意识形态力量融为一体。[①] 在意识形态和政治力量的这一新型结构之下，皇帝作为天之子，权力得以合法化，不过，天命依赖于层层选拔的儒家官员来的阐释；皇帝施行权力离不开儒家学者的协助，后者掌控复杂的官僚机构，甚至负有教育未来君主的责任。

这种政治系统提供了政府合法性的基础，为臣民提供了道德指导，使得统治家族和官僚之间达成了一个平衡，维持了一个庞大的享有共同文化的精英群体(7世纪之后，科举逐渐成了维系这一精英群体的关键制度)，建立了统治家族和儒家精英之间的互利共生关系。一定程度上的社会流动的可能性，使得平民百姓能通过考试跻身官员之列。[②] 这种政治定型——儒家政权——在中国持续了两千多年，直到1911年的辛亥革命才被彻底打破。尽管我并不相信这种政治体系会永久存在，但至少到清朝西方帝国主义入侵之前，它还没有显露出崩溃的迹象。

---

① 我的看法是，中华帝国到汉代已经发展成一种将政治权力和意识形态力量结合在一起的固定的体系。Hall(1986)的开创性作品《权力与自由》给我以启发。

② 中华帝国晚期自下而上的流动性及其相关讨论，参见 Ho(1962)，Hymes(1986)以及 Elman(2001)。

在儒家政权形成以后的两千年里，中国经历了气候、地理环境、国内外贸易和生产、国内人口密度和分布等诸多方面的巨大变化。当其他世界观（尤其是佛教）或其他政治力量进入中国的时候，也曾出现过另外的可能性。此外，虽然统治者和儒家学者之间的联合使得儒家政权异常稳固，但它也具有传统世界帝国的一个共同弱点。亦即，由于基础设施容量非常有限，它不能像现代民族国家那样有效地控制和管理社会。现在问题在于：为什么这一政治体系可以历经变化而长期存在？儒家政权跟前面所总结的其他五种历史模式之间存在着怎样的逻辑关联呢？尽管本文限于篇幅，无法对此问题给出充分的评判，我仍然想指出其关键在于儒家思想的性质。正是儒家思想的性质导致了政治力量和意识形态力量之间形成了共生关系。它使得中国的政治体系具有特别的弹性（不是说它的稳定性，而是指其更新机制），可以适应各种各样的社会变动，而且，也正是这种共生关系引发了中国其他的历史模式，并阻止了工业资本主义在中国的产生。

儒家政权曾经因为各种变迁经历过多次衰微，进而触发过大量的农民起义，以及（或者）游牧或半游牧部族的入侵。但不管怎样，只要没有其他信仰可以更好地取代儒教成为国家的合法性基础，只要儒家学者作为一个阶层未被摧毁，新的统治者就仍然需要儒家思想作为其主导的意识形态，仍然要倚靠儒家学者来统治中国。因此，这一体系又重新开始。正是通过这一循环往复的过程，儒家政权得以长期延续与发展。所谓“王朝循环”这一概念其实是同时揭示出了儒教政权的脆弱性和坚韧性[①]，亦即，一方面中国古代帝国通常每两三百年就会再现崛起与崩溃的过程；而另一方面，汉代形成的儒家政权

---

① 虽然我会说，所有的五个历史问题都需要进一步的解释，但接下来的重点要放在两个议题上：首先，为什么游牧或半游牧民族的入侵不能改变中国历史的发展模式；其次，中华帝国在西方到来之前为何没有自发地出现资本主义。在回答这两个问题的过程中，我也会提到本节一开始指出的其他历史模式。

的政治模式却一直维持着。

当然，每一次王朝更替之时，这一循环模式都有可能被改变。尤其是当新国家的源头来自中国以外的一些游牧或半游牧的部族之时，比如公元 3 至 6 世纪魏晋南北朝的分裂时期，以及元代和清代，发生这种变化的几率就更高。多数非汉人的统治者最初会采取不同的统治策略，产生不同的后果，但最后无一例外，都不能让中华帝国的政治体系脱离儒家政权的模式。在魏晋南北朝时期，中国北方出现了一些规模大小不等的非汉人国家。跟后来的非汉人帝国不同，这些国家多数是由那些逐步迁入中国北方的游牧民族建立的。因此，这些国家的建立过程并没有遭遇到来自当地人民的强烈的、直接的抵抗，这与后来元代和清代不尽相同。这些非汉人国家的统治者起初都曾经努力想要开创一种不同于儒家政权模式的政府体系。例如，为了抵消儒家思想的影响，许多政权秉持"佛是戎神"的观念，在统治区内大力推行新来的佛教。然而，佛教追求的是来世，很难将之尊为一种可与儒家比肩的统治意识形态。此外，由于得到政府的强力支持，这一时期的佛教势力迅速扩张，导致了政府税收明显递减，并且引发了频繁的佛教徒叛乱。[1] 因此，在魏晋南北朝后期，许多国家开始限制甚至镇压佛教活动（何兹全，1999，pp. 402 - 403）。把佛教整合进政权结构的失败，使得非汉族的统治者看到了儒家思想作为统治意识形态的价值。在魏晋南北朝时期，可以看到很多非汉族

---

① 那一时期，佛教寺院和寺庙土地大量扩张。由于寺庙财产无需交税，数额巨大的财富集中到寺庙手里。比如北齐顶峰时期僧人达到三百万，超过了纳税人口（《广弘明集》，卷二四）。很显然，在这种形式下，国家的税收能力被大大削弱。至于佛教徒的叛乱，据《北史》（李延寿，1974）记录，在 481—517 年之间的短时期内就有七次。更确切地说，是低级僧徒反对寺院当局而煽动起来的。无论如何，由于叛乱规模越来越大，这对于政权的稳定性造成了损害。

统治者积极推行儒家思想的例子。[①] 然而，对中国发展进程产生长久影响的事件是北魏孝文帝（471—499 年在位）推行的自我汉化[②]，其身后的谥号“孝文”的字面意思就是“孝顺和文化”。在孝文帝统治期间，他下令臣民采用汉人姓氏，强迫他们只说汉语，实践汉族文化。而且，他把都城从平城南迁到洛阳，还强迫鲜卑贵族与汉人通婚。在政治上，他重用儒家学者，以汉代为榜样建立北魏的官僚制度和法律典章，宫廷以及其他典礼活动采纳汉代确立的礼仪和惯例。这些自我汉化的努力极大地促进了文化的融合，为随后的隋唐时代中国的统一开辟了道路。

魏晋南北朝时期建立的游牧民族政权只统治了中国北方，而元朝和清朝（蒙古人和满人）则征服了整个中国。这两个政权在实现征服之后采取了完全不同的政策，从而也导致了完全不同的后果。蒙古人在征服之前跟中国人的接触相对较少。此外，在入侵中国之前，蒙古人已经征服了西达小亚细亚和东欧的许多地区。由于上述地区也有着发达的文化，为了避免被中国人同化，蒙古人从那里带来高加索人来帮他们统治中国。蒙古人不必只依赖儒家精英来治理中国这一特征导致了蒙古人的统治从一开始就带有很强的掠夺性，因而也遭到了中国人的强烈抵抗。[③] 虽然元朝的奠基者忽必烈是一位很有能力、甚至慷慨大度的君主，他也努力想要建立一个长治久安的帝

① 前赵开国之君刘渊任命了很多儒家学者担任朝廷要职。北齐（550—577 年）和北周（557—581 年）的诸位皇帝也对儒学给予赞助。亦参见何兹全（1999，pp. 426 - 430）。

② 北魏的统治者属于鲜卑人的一部分。他们可能是高加索人，语言是早期突厥语（pre-Turkic language）。王朝存在于 386—534 年，极盛期曾经统治过中国北方的大部分地区。因而，他们的汉化为中国在六世纪的重新统一铺平了道路。

③ 蒙古人按照他们占领时间的顺序，将其统治之下的臣民划分为四等：蒙古人、色目人、汉人（北人）、南人。从日常生活、政治机遇到法律地位，等级较低的人受到严重歧视（汉人甚至不能养狗、养鸟，不能搞任何形式的公众集会）。蒙古人从未全面恢复科举考试系统，因而阻断了儒家学者的晋升之路。征服中国之后，蒙古人并没有（像之前许多开国君主所做的那样）把荒地重新分配给汉人的农民，而是把土地给了自己人。因此，自元朝建立伊始，土地集中就是一个严重的问题。

国，但是在整个元朝，叛乱从来没有停止过。仅仅在建立 89 年之后，元朝就被农民起义推翻了，成为中国历史上第三短命的主要王朝。

与蒙古人不同，建立清朝的满人在入侵之前过的是半农业的生活，跟汉人有广泛接触。而且，满人此前并没有入侵过其他文化发达的地区，因此也不能像蒙古人那样依赖异族精英来统治中国。最后，满人的军事力量也从来没有强大到如蒙古人那样的水平。他们征服中国时正赶上明朝被农民起义推翻，其军事上的胜利，也很大程度上得益于一些明朝降将。与蒙古人不同，满人在征服之后随即完全接纳了儒家政权的模式。这一策略极大地缓解了汉人精英对于外族统治者的抵抗，结果是清朝维持了 267 年的统治，直到 1911 年的辛亥革命。满人在统治期间也试图维持自身的特性和遗产，但是这种努力最终证明是徒劳无功的。从 19 世纪开始，满人的汉化过程加速，到 20 世纪，满人已经失去了自己的口语，使用汉人的姓氏，与汉人难以区别了。

概括而言，以上故事都揭示了儒家政权的弹性。游牧民族的征服者在征服之后只有两种选择：或者接纳儒家政权的模式以维持他们的统治，或者拒绝这么做。不过，这将会是一种“正反都输”(lose-lose)的局面，因为拒绝就意味着他们不能得到儒家精英阶层的合作，进而可能会危及他们的统治，而接受则会导致很快丧失他们自己的身份认同。当然，一般来说，统治者似乎更关心自己的统治而非民族认同。这就是多数游牧帝国在中国会接纳儒家政权的模式，甚至主动让自己变成“中国人”的原因。这种“自我汉化”之举拓展了中华帝国的疆土。

在中国漫长的历史上，武将也总是会面临与外来入侵者同样的问题。在政权与儒家精英的结盟形成之后，中国的政府本质上被文官掌握。这种结盟在政治上并没有给武将留下多少合法地位。因此，军事势力就被边缘化了。儒家政权让人惊奇之处在于，即便是一个军事将领夺取了政权(宋朝的建立即为一例)，由于没有其他的意识形态可以依赖，武将出身的皇帝仍需将其统治建立在儒家思想的基础上、寻求儒家学者的合作，由此开始了一个武将仍然没有重要政治地位的新王朝。此外，如果在某一王朝，武将权力过重成为一个问题，那么，继之而起的王朝政权会从中吸取教训。久而久之，各种分而治之、监督平衡的机制就会得到充分发展（武将的权力在宋代尤其薄弱，因为开国之君自己就是武将，是通过军事政变由下属拥戴登基的）。如此一来，结果是武将在中国政治中的地位多数时候保持边缘化，而随着时间流逝，尤其是在宋代之后，军事力量从来不是政权的重要威胁。文官掌握的政府，再加上内敛的儒家哲学，确实有利于形成中华帝国整体上非侵略性的特质。此外，中国是一个农业国，很早就已经把国土中可耕种的土地扩展到了，在北方尤其如此。中华帝国的政府没有任何经济上的动力，到农业区之外去夺取土地。

为了理解中华帝国何以对宗教采取一种普遍的宽容乃至实用态度，我们首先简单说一说基督教欧洲宗教不宽容的背景：欧洲人活在一位不容违背的上帝之下，他们对其他宗教采取零和（zero-sum）态度。这一宗教特性迫使信奉基督教的国王把抵抗异教徒、保护基督教世界视作自己的责任，在很多情况下，甚至王国的合法性就取决于它维护信仰纯洁的能力。然而，儒家却是一种现世的伦理体系，其世界观在本质上并非零和。当然，儒家思想为政权的合法性提供了基石，并且它还拥有一整套伦理规则，可以约束全体中国人的生活及彼此关系，从农民、儒家学者上至皇帝本人。因此，儒家思想在中国社会中的作用，在很多方面跟其他社会里的重要的世界性宗教是相似的。由于儒学，尤其是以祖先崇拜为核心的礼仪，已经满足了大部分中国人的信仰需求，其他的宗教例如道教和佛教只能在中国人的生活中起次要作用，在精英圈子里尤其如此。更为重要的是，由于儒学与政权的共生关系，超越性的宗教才无法渗透进政治中去。这就使得中国的政府可以容忍多种宗教在社会中的共存，只要它们不被政府当作潜在的农民造反的动员基础。

有相当长的时间里，学者们试图解释的是中国长达两千年的帝国历史中的变化和动力。其中一个关键的议题就是：假如没有西方人的到来，中国是否真有可能自发地发展出工业资本主义？正如上一节所讨论的，尽管早先的学者对这一问题给予了否定的答案，而最近的研究，例如彭慕兰的著作所反映的，则倾向于给出肯定的回答。为了深入展开这一议题，看看韦伯是否仍然可以为近期的争论提供洞见，先让我们在布罗代尔所谓的市场关系和工业资本主义之间作一下区分。人，生来就想要活下去，而且想过更好的生活。如果他们有了剩余，或是认识到交换能够获益，他们就会有动力去生产和贸易。因此，在任何地方，只要社会能够产出剩余用于交换，而且政府又不完全禁止、没有能力禁止或是不能有效地禁止此类商业活动，市场关系就可以自发地生长。这只不过是人性的自然表现。然而，工业资本主义却完全是另一回事，它更主要的是政治现象，而非经济现象，离开某些结构性的条件，它就不可能繁荣发展。

对于资本主义兴起所需要的最基本的条件，经济史学家们已经争论了很长时间。他们倾向于强调经济、技术和生态方面条件的重要性，诸如产权、复式记账法、资本主义的银行和信贷体系、不高也不低的人口密度（最高点不至于引发回报递减和生态灾难）①，还要有某些关键性的技术，等等。这里我想说的是，尽管这些条件都很重要，要让工业资本主义运转起来，我们还需要一个对资本主义友好的国家，它可以提供法律、秩序、和平以及资本主义繁荣发展所需要的其他公共服务。但是，问题在于，在所有的传统社会里，政治和宗教精英都对商人不抱有好感，其原因有三：(1) 经济力量是一种分散的力量。它产生诸多较小的力量核心，并且鼓励人们四处移动，这两点都会削弱传统社会里国家对社会的控制能力。(2) 经济力量是一种实用性、工具性的力量，它鼓励机会主义行为。因此，宗教精英和政治

---

① 参见 Boserup(1981)对于高人口密度在发展中的积极作用的论述。

精英们可以找出很多理由对之表示蔑视甚至憎恶。(3)经济力量也是一种发展性的势力。所有社会力量都有扩张倾向,但是没有什么力量源泉(甚至军事力量)能够像经济力量那样如病毒一般传播。[1]经济力量的发展性质推动了一种线性的社会变化,这种变化能颠覆所有以维持现状为导向的国家的立身之基。其结果是,很少有传统的统治者会喜欢商人,尽管他们自己也必然会卷入某种赢利活动。[2]经济力量的上述三种特征及其相关后果意味着,某个地区要想实现工业资本主义的突破的话,必须要有一个不受政府和宗教组织严密控制的强大且自发的商业阶级,以及教会或国家都无法阻止一种普遍扩散的"理性躁动"。如果我的分析不错,那么很显然,在18世纪,除了基督教欧洲,再也没有其他地方能够拥有上述各种条件了。

第二个千年里的欧洲有其独特性,是因为它国家传统薄弱,国家之间、政府和教会之间存在着竞争,同时,它还拥有独立或半独立的商业城市[3],它复兴和发展了希腊罗马的理性传统,积极致力于对上帝、艺术、音乐、军事、科学、技术等的理性探求。这一"理性躁动"的潮流蔚然成势、日益强大,没有任何力量能够阻挡。简言之,工业资本主义的兴起能够压倒一切,这是一个人类工具理性和逻辑思维如何摆脱传统限制的故事。这也就是韦伯所命名的"彻底祛魅的世界"(Weber,1951,p.226)。

然而,中国并不具备以上这些条件。重点又回到了我前面已经

---

① 中国过去三十年来的经济发展就是对经济力量扩张本质的一个极好注脚。

② 因而,就像 McNeill(1982,pp.22-23)的敏锐评论所说,既然财富必须由政治来加以引导,传统的国家精英"对商人和市场中人普遍持不信任、不屑的态度……因而,尽管贸易和市场调节行为很早就出现了,在公元1000年之前始终处在文明社会的边缘和附庸的位置。……人类行为中的大规模变化,当其发生时,很可能是对来自某些社会上层人物命令的反应,而不是供需和买卖发生了变化。"

③ 如 Finer(1997,p.894)所做评论:欧洲的城市是"贸易和制作业的中心,城市居民是自由人,其城市是共有的、由理事会产生的,它们跟传统的领主和国王的关系,经历了从严格控制到给予自由权、再到完全独立的完整变化……独立的城市使得古老的形式得以复活:它们就是共和国。"

详细说明过的中国历史的独特模式：在中国，政权和儒家精英之间有一种特殊的共生关系。政治力量与意识形态力量之间的这种耦合，使得国家和儒家的力量都得以增强，而它们二者都对商人抱有敌意，即便有时候出于实用目的给予一定认可（Wong，1997，ch. 6）。与基督教欧洲相比较，中国的城市并未像中世纪欧洲城市那样将法律地位和政治地位加以分离，中国的商人缺乏抵抗国家权力的制度上的自主性，难以成长为一种参与社会运转的强大力量。① 此外，一方面宋代以降的中国社会越来越复杂，但另一方面儒家政权实际上变得越来越僵化，专制高压，循规蹈矩。② 尽管这样的一种政权并不能也不想取消商业活动，但是它也足以能够几乎完全阻止那种在宋代有过的技术创新冲动，而后者对于工业革命来说极为关键。③

我们知道，文艺复兴和宗教改革对于西方文化的“祛魅”而言至

---

① 中国商人阶层没有政治地位，以及儒家文化的影响力，对于中国富人的行为产生了一种负面的影响。比如，在明清两代，我们看到了地区性商业组织的出现。尽管这些组织在某种程度上对于商业活动有好处，但他们并非西方意义上的市民社会，它们和国家之间始终是附属关系。商人为了扩大经济收益，不得不通过行贿甚至是结亲的方式来攀附于官僚。此外，即便是最成功的商人也仍然赞同儒家价值观念：他们希望能被人称之为儒商，他们出资供同族子弟接受儒家教育，并且赞助其中优异者参加科举考试。他们在经济上的成功最终只会强化儒教国家的政治模式。

② 明和清是宋代以后两个长命的王朝。二者有不少差异。但是，就我们最感兴趣的议题而言，它们是极为近似的。在政治上和意识形态上，它们都比宋代更具有专制性。商业活动在这两个朝代比在宋代遭受到了更多的压制（在王朝开始阶段尤其如此）。在明代早期，统治者认为宽松的政治氛围和社会的商业导向是宋代积弱、导致被蒙古人征服的主要缘由。与此同时，新起的明代统治者也受到了蒙古人专制政治的影响。随之，我们看到了政治文化的剧烈变化。一方面，中国的政治文化在唐代和宋代更为开放和灵活，另一方面，到了明代却变得狭隘和僵化。明代一开始就大规模杀戮建国功臣。宦官在汉代之后从未成为中国政治的重要问题。然而明代严重依赖宦官维持政府运作和监视官员。明代也在中国历史上第一次因为言论著述而大量地关押甚至杀戮官员和学者。明代将官方认可的新儒学作为科举考试的唯一基础，并加以制度化，与此相关，明代的政治变得极端循规蹈矩（Huang，1981）。

③ 商业的繁荣始于宋初。而在明代，商业活动起初受到压制，直到明中叶，王朝统治已有百年，开始释放出衰落的信号，这类活动才开始活跃。不过，因为越是在重要的政治中心城市，压制性的国家政策越是彰显，像宋代那种标志性的大型都市，明代从来没有再出现过。

关重要，为西方理性主义逐步占据统治地位以及工业资本主义的兴起铺平了道路。而此类事件从未在中国发生。可以肯定的是，明代中叶，我们看到了一种非正统的新儒家学派的兴起，其代表人物如王阳明（1472—1529）和李贽（1527—1602）。尤其是李贽，批判了主流儒家学者之间流行的强烈的教条倾向，提倡一种功利主义思想以及在帝国儒家的主宰下被压制的其他思想流派。他也为人的自然欲望辩护，褒扬反叛英雄，甚至提倡要更为平等的性别关系。他的著述相对于儒家正统的激进程度，看起来绝不亚于路德贴在维滕堡教堂的《九十五条论纲》之于天主教会的冲击。但是，尽管李贽的激进言说吸引了他的崇拜者，也给他带来了声名，但他们却没有创造出某种中国的"宗教改革"，借此颠覆儒家思想正统，进而为理性思想的兴起创造一个契机。这实际也与政权和儒家之间关系的性质关系很大。自从7世纪，中国政府就开始通过竞争性的科举考试来选拔官员。到明清两代，用于科举考试的基础文本被限定为所谓的四书五经。因为科举是向上流动的重要通道，恩惠巨大，人们为了实用目的而研读这些书籍。因此，只要政府坚持把四书五经及其正统解释作为唯一的考试文本，李贽等人的著述就只能是在社会上流传，从而产生不出制度性的影响。简言之，就像对待社会上形形色色的宗教学说一样，中国政府能采用一种比较宽容的方式来对待（或是轻视）产生不了重大政治影响的革新派的儒家著作。

四、讨论

在上一节中，我论述了中国的政治力量和意识形态力量之间有一种独特的共生关系。这种关系使得国家更为强大，也使得儒家思想的社会主导地位更为稳固，却极大地妨碍了实现朝向工业资本主义突破的可能性。确实，宋明两朝的鼎盛期，中国有过极为发达的经济，即便晚至18世纪，长江三角洲地区与英格兰的经济和技术仍处在一个相似的发展水平上。问题在于：在完全不同的制度和文化背景中，这一近似的发展水平是如何出现的？更具体地说，宋、明、清极盛期的繁荣，个中的原因是什么？

其实，在不同的制度和文化背景下的国家可以达到近似的经济、技术发展水平，这是一个规律而非例外。苏联和中华人民共和国的经济史都表明，在战后重建的早期阶段，计划经济的表现完全可以跟市场经济表现媲美，甚至是超过后者。第二次世界大战之后的日本是一个民主国家，而当代中国仍然保持威权体制，但它们都创造了经济奇迹。印度和中国在文化和制度上差异如此之大，但它们都是目前世界经济发展的引擎。然而，尽管不同的制度和文化背景下可以达到近似的经济、技术发展水平，但这些发展的长时段轨迹却是完全不同的。斯大林式的计划经济曾经造就了一个超级大国。在苏联第一次送人去月球的时候，我们相信美国在技术上已经落在了后面。不过，很快斯大林模式优势不再、苏联经济发展停滞不前，而美国的经济和技术却一直在进步。18世纪的中国和英国经济也是如此。它们也许达到了近似的发展水平，但是它们走的却是不同的道路。由于其经济运作的制度和文化环境不同，它们各自未来发展的潜力也因此而不同。

那么，既然明清中国的政治和文化状况，与欧洲相比更不利于经济上的冒险，为何两者创造了一种极盛的繁荣，让我们至今称奇呢？背后的原因有很多：即便在破坏严重的王朝更迭时期，宋代的商业主义及其相关的技术也没有消失。此外，宋以降的中国维持了相对较高的人口密度。这一较高的人口密度不仅创造了一个大市场，也推动了许多家庭去从事自给自足的农业生产之外的活动（在人口稠密的长江三角洲地区尤其常见）。虽然明清两代的政府对于商业活动在价值观上持否定态度，但是从长江三角洲地区抽取的税收数目却吸引着它们（Masatoshi，1984，p. 79）。由此，这一地区的商业活动即便出于高度的控制下，也的确是得到了容许和保护（Johnson，1993；Wong，1999，p. 226）。当然，明清繁荣最关键的原因，是这两个朝代长期的政治稳定。两个朝代都持续了 250 年以上。长期的和平环境为商业活动创造了关键的社会秩序。然而，没有适合的文化和政治条件，也没有社会上普遍的“理性躁动”，长期的政治稳定只导致了高度的经济繁荣，而不是工业资本主义的兴起。

在这一点上，我必须强调的是，本文并不是想论证，由于儒家政权的特性，所以若没有西方帝国主义的冲击的话，中国就不可能出现某种工业革命和资本主义。但是，假如没有西方帝国主义的影响，中国在某一天也自发地形成了工业资本主义，其面目很可能与我们今天所见到的现代资本主义非常不同。我更想强调的是，即便中国经济曾经在第二个千年里高度商业化，直到 18 世纪晚期，中国仍然看不出有导向经济突破性发展的信号。实际上，我甚至看不出有什么“理性躁动”的主要信号，而后者对于工业资本主义的最终兴起是至关重要的。如果没有西方帝国主义的进入，清代中国将会自动地衰落和崩溃，取而代之的会是一个新的儒家王朝。我还猜想，由于王朝更迭所带来的需求减少与战乱动荡，长江三角洲地区的经济也会严重衰退。清朝大规模的叛乱主要发生在 19 世纪的前期和中期，包括白莲教起义、捻军起义、云贵和西北地区的少数民族起义，甚至太平天国起义，都是王朝衰落的信号，而非儒家国家模式崩溃的标志。在英国军舰强行打开中国大门之后，中国又花了一百年才最终学会了资本主义，在此期间经历了极为痛苦的文化和制度转型；没有这些转型，中国怎么可能会出现工业革命呢？

韦伯或多或少是用一种积极的态度来讨论工业资本主义的。他也认为中国和西方有不同的发展模式，而儒家文化并不有助于工业资本主义的兴起。无疑，韦伯可以被看作是欧洲中心论的。但与此同时，最近的学者相信，18 世纪的中国和欧洲有同等的机会去实现工业资本主义。他们仍然或明或暗地用一种积极的态度来谈工业资本主义。然而，工业资本主义只不过是欧洲带给整个世界的、今天我们无法抗拒的现实，而不是什么我们必须欢呼的东西。在工业资本主义不到两百年的历史里(甚至于比一个典型的中国朝代还要短)，它已经制造了足够毁灭人类文明好几次的武器，导致了环境的日益恶化，在可以预见的未来将会耗尽石油和其他自然资源。儒家政权模式在中国持续了两千多年，我对工业资本主义是否也可以维持这么久持强烈的怀疑态度。我们假想一下，下个世纪，由于某种自然资源日益紧缺而引发了全面战争，只有少数的幸运儿能侥幸活下去。未来的人们会怎样看待这段历史呢？生活在一个混乱的时代，他们很有可能会对工业资本主义持一种极端否定的态度。他们甚至可能会把韦伯的《中国的宗教》反过来读，亦即，将其视之为一部分析一种更具有持久性的文化得以维持的杰作，因为这一文化成功地约束了人们的欲望，使人类能够进行"理性地自我调整来适应世界"而非试图"理性地掌控世界"，而后者会在解决旧有问题的过程中不断制造出更多的问题。他们也许还会著书立说，谴责西方的传统(就像国人在当前谴责中国传统一样)，认为它是一切罪恶的根源。如果有人问这些未来的学者，应该如何评判韦伯的著作与那些在他之后依据今天的"政治正确"来批判韦伯的人的作品，这些未来的学者肯定会把韦伯摆在他的批评者之上。

一旦把工业资本主义视为负面的东西，那么，韦伯就只犯了一处错误(也就是说，他错误地给予工业资本主义一种正面的价值，但却正确地指出了中国对于工业资本主义的兴起不负有责任)。然而，就韦伯的批评者而言，通过正面评价工业资本主义，并且主张中国和欧洲有同样的机会来发展这样一种体系，他们已经把中国和欧洲同样放在了一个不利的地位。从今天的"政治正确"来看，他们犯了两次错误(也就是说，他们错误地给予工业资本主义一种正面的价值，又错误地坚持中国应该跟欧洲一样，对工业资本主义的产生负有同等的责任)。当然，随后而来的是新的"政治正确"标准：这一次，韦伯最有可能被贴上亚洲中心论的标签，因为他的论点把中国放在了比欧洲在道德上更为优越的位置上。看看19世纪以来西方学者对于日本的看法已经改变了多少回，我就可以肯定，前面假设的例子不会仅仅是一次智力游戏。

参考文献

《广弘明集》，上海：商务印书馆，1933。

刘东：《韦伯与儒家》，载刘东：《理论与心智》，南京：江苏人民出版社，2001，第160—182页。

陈振：《中国通史》，第11卷，上海：上海人民出版社，1999。

冯贤亮：《明清江南地区的环境变动与社会控制》，上海：上海人民出版社，2002。

何兹全：《中国通史》，第7卷，上海：上海人民出版社，1999。

姜锡东：《宋代商人和商业资本》，北京：中华书局，2002。

李延寿：《北史》，北京：中华书局，1974。

龙登高：《临安娱乐市场分析》，载李伯重等编：《江南的城市工业和地方文化，960—1850》，北京：清华大学出版社，2004。

苏基朗：《两宋闽南、广东、浙东外贸产业空间模式的一个计较分析》，载李伯重等编：《江南的城市工业和地方文化，960—1850》，北京：清华大学出版社，2004。

王琦：《寓圃杂记》，卷五"吴中近年之盛"，北京：中华书局，1984。

王毓铨：《中国通史》，第15卷，上海：上海人民出版社，1995。

许涤新、吴承明(编)：《中国资本主义发展史》，第一卷，北京：人民出版社，2003。

余英时：《中国近世宗教伦理与商人精神》，台北：联经出版事业公司，1987。

赵鼎新：《东周时期战争和儒法国家形成》，上海：上海三联书店，2006。

赵文林、谢淑君：《中国人口史》，北京：人民出版社，1984。

Berger, Peter L. and Hsin-Huang Michael Hsiao (eds.). *In Search of an East Asian Development Model*. New Brunswick, N. J.: Transaction Books, 1988.

Boserup, Ester. *Population and Technological Change: A Study of Long-Term Trends*. Chicago: University of Chicago Press, 1981.

Brenner, Robert and Christopher Isett. "England's Divergence from China's Yangzi Delta: Property Relations, Microeconomics, and Patterns of Development," *Journal of Asian Studies*, Vol. 61, 2002, pp. 609 - 662.

Brook, Timothy. *The Iron Cage of Monotheism: Weber's Religion of China*. Unpublished MS, 2006.

Di Cosmo, Nicola. "The Northern Frontier in Pre-Imperial China," in *The Cambridge History of Ancient China*, edited by Michael Loewe and Edward L. Shaughnessy. Cambridge: Cambridge University Press, 1999, pp. 885 - 966.

Elman, Benjamin A. *A Cultural History of Civil Examinations in Late Imperial China*. Berkeley: University of California Press, 2000.

Elvin, Mark. *The Pattern of the Chinese Past*. Stanford: Stanford University Press, 1973.

Fairbank, John King, ed. *The Chinese World Order: Traditional China's Foreign Relations*. Cambridge: Harvard University Press, 1968.

Finer, Samuel E. *The History of Government from the Earliest Times*, Vol. 1. Oxford: Oxford University Press, 1997.

Finnane, Antonia. "Yangzhou: A Central Place in the Qing Empire," in *Cities of Jiangnan in Late Imperial China*, edited by Linda Cooke Johnson, Albany, N. Y.: State University of New York Press, 1993, pp. 117 - 149.

Fung, Yu-lan. *A History of Chinese Philosophy*. Princeton, NJ.: Princeton University Press, 1983.

Goldstone, Jack A. *Revolution and Rebellion in the Early Modern World*. Berkeley: University of California Press, 1991.

Haeger, John Winthrop, ed. *Crisis and Prosperity in Sung China*. Tucson: University of Arizona Press, 1975.

Hall, John A. *Powers and Liberties*. London: Penguin Books, 1986.

Ho, Ping-ti. *Studies on the Population of China*, 1368 – 1953. Cambridge: Harvard University Press, 1959.

——. *The Ladder of Success in Imperial China: Aspects of Social Mobility*, 1368 – 1911. New York: Columbia University Press, 1962.

Hostetler, Laura. *Qing Colonial Enterprise: Ethnography and Cartography in Early Modern China*. Chicago: University of Chicago Press, 2001.

Huang, Philip. "Development or Involution in Eighteenth-Century Britain and China?" *Journal of Asian Studies*, Vol. 61, 2002, pp. 501 – 538.

——. "Further Thoughts on Eighteenth-Century Britain and China: Rejoinder to Pomeranz's Response to My Critique," *Journal of Asian Studies*, Vol. 62, 2003, pp. 157 – 167.

Huang Ray. 1587, *A Year of no Significance: The Ming Dynasty in Decline*. New Haven: Yale University Press, 1981.

——. *China, A Macro History*. Armonk: M. E. Sharpe, 1997.

Hymes, Robert P. *Statesmen and Gentlemen: The Elite of Fu-chou, Chiang-hsi, in Northern and Southern Sung*. Cambridge: Cambridge University Press, 1986.

Jagchid, Sechin and Van Jay Symons. *Peace, War, and Trade along the Great Wall*. Bloomington: Indiana University Press, 1989.

Johnson, Linda Cooke (ed.). *Cities of Jiangnan in Late Imperial China*. Albany, N. Y.: State University of New York Press, 1993.

Jones, E. L. *The European Miracle: Environments, Economics and Geopolitics in the History of Europe and Asia*. Cambridge: Cambridge University Press, 1981.

Mann, Michael. *The Sources of Social Power, Vol. 1: A History of Power from the Beginning to A. D. 1760*. Cambridge: Cambridge University Press, 1986.

——. *The Sources of Social Power*, vol. 2: *The Rise of Classes and Nation-*

states, 1760 - 1914. Cambridge: Cambridge University Press, 1993.

Marx, Karl. *Karl Marx: Selected Writings*. edited by David McLellan. Oxford: Oxford University Press, 1982.

Marmé, Michael. "Heaven on Earth: The Rise of Suzhou, 1127 - 1550," in *Cities of Jiangnan in Late Imperial China*, edited by Linda Cooke Johnson, Albany, N. Y.: State University of New York Press, 1993, pp. 17 - 45.

Masatoshi, Tanaka. "Rural Handicraft in Jiangnan in the Sixteenth and Seventeenth Centuries," in *State and Society in China, Japanese Perspectives on Ming-Qing Social and Economic History*, edited by Linda Grove and Christian Daniels. Tokyo: University of Tokyo Press, 1984, pp. 79 - 100.

McNeill, William H. *The Pursuit of Power: Technology, Armed Forces, and Society since A. D.* 1000. Chicago: The University of Chicago Press, 1982.

Mokyr, Joel. *The Lever of Riches: Technological Creativity and Economic Progress*. New York: Oxford University Press, 1990.

Mote, Frederick W. *Imperial China*: 900 - 1800. Cambridge: Harvard University Press, 1999.

Naquin, Susan. *Shantung Rebellion: The Wang Lun Uprising of* 1774. New Haven: Yale University Press, 1981, pp. 1 - 75.

Needham, Joseph. *Science in Traditional China*. Cambridge: Harvard University Press, 1981.

Overmyer, Daniel L. *Folk Buddhist Religion: Dissenting Sects in Late Traditional China*. Cambridge: Harvard University Press, 1976.

Perry, Elizabeth J. *Challenging the Mandate of Heaven*. Armonk: M. E. Sharpe, 2002.

Pomeranz, Kenneth. *The Great Divergence: Europe, China, and the Making of the Modern World Economy*. Princeton, NJ.: Princeton University Press, 2000.

Shiba, Yoshinobu. *Commence and Society in Sung China*. Translated by Mark Elvin. Ann Arbor: University of Michigan, Venter for Chinese Studies, 1970.

Skinner, G. William. "Marketing and Social Structure in Rural China," *Journal of Asian Studies*, Vol. 24,1,1964, pp. 3 - 43; Vol. 24,2,1965, pp. 195 - 228; Vol. 24,2,1965, pp. 363 - 399.

——(ed.). *The City in Late Imperial China*. Stanford, Cali.: Stanford University Press, 1977.

Temple, Robert K. G. *China: Land of Discovery*. Wellingborough, UK: Multimedia Publications, 1986.

Twitchett, Denis. "Merchant, Trade and Government in Late T'ang," *Asia Major*, No. 14, 1968, part 1, pp. 63 - 95.

Weber, Max. *The Religion of China: Confucianism and Taoism*. Glencoe, Ill.: Free Press, 1951.

——. *The Protestant Ethic and the Spirit of Capitalism*. New York: Charles Scribner's and Sons, 1958.

Wong, R. Bin. *China Transformed: Historical Change and the Limits of European Experience*. Ithaca: Cornell University Press, 1997.

——. "The Political Economy of Agrarian Empire and Its Modern Legacy," in *China and Historical Capitalism*, edited by Timothy Brook and Gregory Blue. Cambridge: Cambridge University Press, 1999, pp. 210 - 245.

——. "Integrating China into World Economic History," *Journal of Asian Studies website*, 2003.

Yu, Anthony C. *State and Religion in China*. Chicago and La Salle: Open Court, 2005.

（本文由岳秀坤译为中文，发表于《中国学术》第 35 辑）

霸权迭兴的神话：东周时期战争和政治发展

中国历史上春秋时代诸侯国之间的政治，史家大多认定为霸主政治，而整个春秋时代当然就是一个霸权迭兴的时代了。但是，史家对于春秋期间哪几个国家可称得上霸主尚有争议。在《中国历史大辞典·先秦史》“春秋五霸”这一条下即收有数种说法：“齐桓公，晋文公，宋襄公，秦穆公，楚庄王。一说为齐桓公，晋文公，秦穆公，楚庄王，吴王阖闾，越王勾践。一说为齐桓公，晋文公，秦穆公，宋襄公，吴王夫差。”各种说法虽不相同，却有两个共性：其一是除晋文公与秦穆公称霸时间有较大重叠外，春秋五霸这一说法在很大程度上假定了在春秋时代的一定历史时期中仅有一个主要霸主，而新旧霸主的迭兴过程则构成了春秋历史发展的主轴。其二是东周时期的霸权政治一直延续至春秋晚期甚至战国早期的吴越称霸时期，也就是说整个春秋政治历史就是一场霸权迭兴的历史。

在本文中，笔者试以东周时期的战争及战争与国家形态的互动关系为主轴，对各个时期发展的不同规律作出总结。通过这些分析与总结，希望读者能从中了解笔者以战争为中心的历史视角以及随之产生的新的历史分期法如何增进了对整个春秋战国历史的理解。

一、四大战区的形成与归一

平王东迁，周室衰落，中国大地上出现了一个长达数百年的大国争霸局面。传统观点一般把这一争霸时代的序曲定于郑国的崛起。这种观点在很大程度是来自于对《春秋》与《左传》文本的依赖。《春秋》与《左传》基本上是以鲁国历史为中心展开的，里面记载的历史的重点或与鲁国直接有关，或是一些在鲁国的邻国与对鲁国有直接影响的大国中所发生的事情。在鲁桓公二年（前710年）之前，《春秋》与《左传》均对秦、晋、楚这三个大国没有任何记录。其原因是这些大国在那时仍陷于地区性的争斗而无暇顾及中原事态，相应地《春秋》与《左传》也就没有记录那些地区所发生的事情。但由于《春秋》与《左传》是我们赖以了解那一时期历史的最重要文献，此二文献的记载方式势必影响我们对整个历史的理解。

事实上，在周平王东迁后诸侯混战的初期，大多数国家势力均很弱小。国家仅对国人与城郊的野人有一定管理能力，东周晚期兴起的集权国家在当时还不见踪影。大多数国家，甚至一些重要的国家如郑国、鲁国及卫国尚无常备军队，直到有战事时才发兵器给国人出战。这就决定了春秋初期的战争规模只能很小，持续时间很短，并主要发生在邻国之间。[①] 由于这一原因，当时中国大地上存有四个主要战争区域，诸侯间的军事冲突主要发生在每个区域之内的国家之间。这些区域是：以齐为中心的中原（东方）区，以楚为中心的南方区，以曲沃晋为中心的北方区，以秦为中心的西方区。史书上所记载的一些早期霸主，如郑庄公、鲁庄公，甚至是齐桓公，均是东方区中的地区

① 一些史家认为春秋战争规模小主要是当时国君的行为受到周礼的道德约束，其实当时即使没有道德约束，战争规模也不会大。

性霸主。

如果将春秋早期的战事与现代体育作个模拟，这四个战争区域内的战争就像现代体育中的小组赛，而齐、楚、晋、秦四国则是各小组涌现出来的“第一名”。这四国所以能在区域性的战争中胜出，有许多这里不能详尽的因素，但有一点可以很明确地指出：这四国都是在艰巨的竞争下逐渐获取区域性霸主地位的。这一点在齐国中原争霸的过程中体现得非常清楚。在郑庄公时，齐国的力量明显小于郑国，甚至在齐桓公刚刚即位时齐国还在与鲁国的交锋中失败[①]，直到在管仲的领导下逐渐壮大后，齐国才最终确立了其东方霸主的地位。

其他几国在取得区域性霸主地位的过程中也并不一帆风顺。在北方战区内，晋国的曲沃政权与翼政权在公元前739年桓叔指使潘父谋杀了晋昭侯后进行了长达六十余年的争夺战。在此期间，曲沃武公曾于鲁桓公八年（前704年）诱杀了晋小子侯并灭了翼，但在虢国的军事干涉下，曲沃武公不得不退回曲沃，翼政权因此得以复国。显然，直到曲沃武公在鲁庄公十五年（前679年）灭了翼政权统一了晋国前，晋在北方军事竞争中的领先地位尚未确立。

在南方，楚国一直是一个区域性的强国，但尽管如此，楚国花了十六年时间进行了三次战争才最终征服了随国，并且还在鲁庄公十九年（前675年）被巴国打败。显然，春秋初期楚国在南方的地位也有着一个逐渐壮大的过程。与其他三国相比，我们对秦国在西边的发展了解得更少，但有一点很清楚：从襄公到穆公，秦国与各类戎人部落进行了一百多年的征战才最终确立了“霸西戎”的地位。这一过程显然也来得不易。

当时，在取得区域性的优势后，一个国家一定会往中原发展。这种战略选择的逻辑十分显然：中原地区在当时不但富有发达，而且还是东周政治中心所在。因此，中原战区以外的三个主要国家（即

---

① 见《左传》庄公十年（前684年）及《国语·鲁语上》中所记的长勺之战。

楚、晋与秦)当巩固了他们在区域内的地位后,先先后后地想把他们的势力插入中原。大国的这种军事动作促进了四大区域性战区的合并。就楚国来说,在鲁桓公三年(前709年)《春秋》有了如下记录:"蔡侯郑伯会于邓。"《左传》则把这次蔡侯与郑庄公的会见目的点得十分清楚:"蔡侯郑伯会于邓,始惧楚也。"这是《春秋》与《左传》对楚国的第一次记载。蔡侯与郑庄公的畏惧并非空穴来风,在此后数年内,楚国势力不断北侵,逼近中原,相应地《左传》对楚国军事行动的记录也不断增多与变得详细。楚国往北方发展分两路推进。西边一路沿武当山东侧平原北上,直插南阳盆地,一路上它征服或消灭了权(约前700年)、罗(前699年)、邓(前703年,被楚灭于前678年)、绞(前701年),并于公元前687年进攻了南阳盆地北端的申。征服申后,中原已咫尺可见。东边一路则直指大别山,待征服了地处桐柏山与大洪山之间的随国后,挺兵出山消灭了位于中原南端的息(约前685年)并挥师北上,在郑庄公与蔡侯为楚之事相会的二十六年后(前684年)进犯了蔡并活捉了蔡哀侯。在鲁庄公十六年(前678年),楚的军队终于兵临郑都,把它的势力插入了中原腹地。面对楚国的北犯,齐桓公在鲁僖公四年(前656年)率中原多国之兵伐楚。虽然这一军事行动最后以楚齐之间的召陵之盟而告终,对于本文来说,此次事件标志着中原战区与南方战区的合一。用现代体育作比喻来说,争霸的角逐进入了半决赛阶段。

正当齐楚两国在南边角逐之际,秦晋两国在北方的冲突也在升级。鲁僖公十五年(前645年),晋在韩原之战被秦打得大败,晋惠公也被秦军所擒,秦的势力深入了河东地区。韩原之败迫使晋国"作爰田"、"作州兵"[①],进行税收与兵制改革以图强。

鲁僖公十七年(前643年),齐桓公去世。随之,齐国因国主继承纠纷内乱不断,并最终沦为了一个二流强国。不久,在鲁僖公三十二

---

① 见《左传》僖公十五年。

年(前628年)，秦军冒险远征郑国，在其回师路上，晋军抓住这一千载难逢的机会在崤山一举歼灭了秦军主力，活捉了秦军主帅孟明视、西乞术与白乙丙。秦军在此战败后，虽然能“霸西戎”，却已无力再与晋国抗衡。在齐、晋、楚、秦四国的交锋过程中，继齐之后，秦也沦为了一个二流强国，东周政治进入了晋楚争霸阶段。

在描写晋楚长达一百余年的争霸史中，大多数史书为我们刻画了一个晋强楚弱的景象。但由于那些史书的材料大多来自《春秋》与《左传》，而《春秋》与《左传》均出自中原作者之笔，他们在描述晋楚争霸史中的偏差是显见的。因此，笔者想用一些较客观的数据来比较一下两国的相对实力。首先，我们知道郑国地处晋楚之间，是一个较有实力的二流强国。晋楚虽然能压迫郑国臣服，却无力一下子灭掉郑国。因此，他们均想把郑国作为自己的跳板而把势力伸向他方。这样，当郑国与楚国结盟时，晋国就率领军队进攻郑国；而当郑国与晋国结盟时，楚国就进犯郑国。因此，春秋期间郑国被迫反复在晋楚之间选择盟友，整个晋楚争霸史也可以说是一个两国对郑国的争夺史；而郑国与某一国家结盟的时间长短，也从一个侧面体现了晋楚二国的国力。我们从《中国历史地图集》第一册上可清楚地量出，从楚都郢至郑都新郑之直线距离为460千米左右，而从晋都新田至新郑距离仅此一半左右。(古代军队的陆路进军距离平均每天仅在15千米左右，因此这直线距离直接体现了一个国家的军事辐射能力。)尽管如此，从齐桓公死后直到弭兵大会(前643—前546年)，郑国与楚结盟时间达49年，而与晋方达48年。如果以上比较显示了晋国在晋楚争霸过程中肯定不占上风，笔者收集的其他证据则显示了在晋楚争霸过程中晋不仅不占上风而且还更可能明显居于下风。在整个春秋历史中，楚国主动发动的战争达111次之多，而晋国主动发动的战争仅有90次。更有甚者，在春秋期间，齐国主动发动的战争70次，秦国仅44次，这些国家军事实力大小由此可见一斑。

此外，由于当时军事的后勤运输能力极其有限，因此春秋初期的大多军事争端均发生在邻里国家之间。从这个角度来说，主动发动战争一方军队在战争中的平均进军距离可体现该国实力之强弱。笔者通过测量对比得知，齐国军队的进军能力在齐桓公死后不久便从顶峰时的约 500 千米下降到了 300 千米左右，秦国在进军中原途中因受到晋国的阻挡而在整个春秋期间军队进军能力始终保持在 300 多千米。晋国军队的平均进军能力明显高于齐桓公以后的齐国，略高于秦国，但基本稳定在 300～400 千米之间。相比较而言，楚国在公元前 650 年以后的军队进军能力基本能保持在 400～600 千米之间，大大高于其他三个大国。①

从以上的任何一个角度来看，晋国在晋楚二国之间长达上百年的争端中不但并不占优势，可能还处于劣势。总体上，笔者可以得出这样一个结论：整个春秋期间大国之间的争夺基本上是维持在一个平衡格局下。

二、东周历史中春秋、战国二阶段分期法存在的问题

传统史家一般以《春秋》编年终年（前 481 年）为界将东周历史分为春秋与战国二期，并认为：春秋时代是争霸时代，战国是兼并时代；春秋战争规模小，战国战争规模大；春秋为封建时代，战国为官僚

---

① 笔者在测量前作了如下规范：(1) 战争距离的测量除个别明显有错的情况外，均以谭其骧主编的《中国历史地图集》第一册（中国地图出版社，1982 年）为准，并以直线距离计算。(2) 当历史记载仅写了两国之间的战争而未写明具体地点，或者写出具体地点却又无法查出该地为何处的话，笔者以两个战争国的首都距离为准。(3) 当历史记载中仅写明了其中一方出兵或交战的具体地点，那就以该地到另一国首都之间的距离为准。(4) 如果是一场数国打数国或数国打一国的战争，以参加这场战争的最主要两个敌对国家为准，然后应用前面三条原则来计算战争距离。(5) 如果一次战斗中军队分兵几路出发，以最远进军距离为准。

国家时代。这些说法均有道理，但问题是，从春秋到战国之间的政治转型并不是在公元前481年左右突然完成的。首先，当我们说战国为官僚国家时代时，我们实际上已忽视了战国官僚体制的许多雏形在春秋时期已经呈现。当我们说春秋时代战争规模小的时候，我们马上就会碰到这样一个问题：战国期间的典型大规模战争直到公元前405年后才慢慢出现。历史文献中共记载了20次战国时期发生的伤亡人数超过两万人的战争，最早一次发生在公元前405年，最后一次发生在公元前245年，但其中15次发生在公元前317—前256年之间的61年之间。因此，如果仅从战争规模考虑，公元前405年以前的所谓战国时代的性质就成了一个问题。其次，与春秋时代相比，战国时代的确可以被称之为兼并时代，但这并不能否认土地兼并在春秋早期也曾是战争的一个主要动力（这就是为什么在大国争霸的初期许多小国被灭），一直到了春秋的中后期，各国的土地兼并欲望才逐渐减小。最后，虽然与战国时代相比，春秋时代可以视为争霸时代，但笔者在本文中将会说明，春秋时期的争霸政治并不是结束于吴越的崛起与衰亡，而是终止于公元前546年的弭兵大会。

（一）封建危机

在春秋初期，一些国家纷纷进行了领土扩张，但战场上的成功马上带来了一个怎么对扩大了的领地实行管理的问题。因此，在春秋早期，我们看到了两个并存的趋势。其一是在占领的土地上实行郡县制。这些早期郡县制的建立为今后在法家思想主导下的国家改革提供了基础。其二是把土地分封给亲属或军功贵族。对于这后一种过程，与周朝的分封相对应史家把它称为“二级封建化”[①]。

在春秋时期，虽然官僚化与封建化两大趋势并存，封建化趋势显然是占有主导地位的。在“二级封建化”现象出现的早期，各国公室

① Hsu, Cho-yun. *The Spring and Autumn Period*. Chapter 8. 吕文郁：《春秋战国文化志》，上海人民出版社，1998年，第23页。

对分封贵族尚有约束力，新封贵族也尚且服从公室的控制与调动，因此，“二级封建化”曾对许多国家的发展与扩张起过积极作用。但是不管各国的“二级封建化”过程如何不同，“二级封建化”发达的国家最后均遇到了同样的问题：随着时间的推移，各国的封建贵族势力日益变得强大，而他们与公室的血缘或感情纽带却随着代际交替变得越来越疏远。这些关系变化，势必导致公室与贵族之间的冲突与争斗。但由于贵族们不但占有大量领地，而且还掌握着很大的对军队的控制权，因此，在公室与贵族之间的互相争斗中，公室往往败北。在公元前 6 世纪中叶前后，也就是在“二级封建化”发生了约一百年后，在晋国与一些中原大国中，公室地位变得日益减弱，而由之而来的冲突却日益增强。在晋国，自从赵穿谋杀了晋灵公后，贵族与公室之间及贵族之间的冲突从未停止过。到晋平公时，晋国政治已几乎完全掌握在互斗中幸存下来的六卿手中。在鲁国，自文公后，政治基本上被三桓所把持，发展到公元前 562 年，三桓甚至三分公室，即瓜分了公室的军队。在齐国，自从齐惠公去世后，权力也日益地向国、高、田等贵族势力倾斜。这种权力倾斜甚至导致了在公元前 553—前 481 年之间齐国的先后五位公侯竟有四位被贵族势力杀害。笔者把这种由君主与贵族之间或贵族与贵族之间争斗而不断加深的政治危机称之为封建危机。

在产生了封建危机的国家中，一般来说，一个国家越大，其封建危机的规模也就可能越大。其中原因很简单，国土越大，封建贵族的领土与势力也可能越大。此外，国土越大，能争夺的余地越大，随之封建贵族的野心也可能越大。因此，在众多产生了封建危机的国家之中，晋国的封建危机来得最为剧烈。由于领土扩张后所造成的“二级封建化”是导致封建危机的主因，并且国家越大封建危机越严重，这样许多国家在封建危机加深后，领土野心便减小了。这种领土欲望的减小又反过来改变了封建危机加重后的战争的性质。这就是为什么春秋时大多数的灭国均发生在公元前 7 世纪而不是在 6 世纪。

例如，晋国在公元前7世纪时灭国无数，但在公元前6世纪时则灭国很少，特别是在公元前592—前531年这段时间内，晋才灭了偪阳一国[①]，即使这样，晋仍把获得的土地转送给了宋[②]。

（二）晋楚弭兵

春秋初期出现的霸主政治及“二级封建化”过程在一定程度上延续了周王朝的封建政体，但当历史演进到公元前6世纪中叶前后，由于各国封建危机的不断深化以及其他原因，晋楚之间的霸权政治很难再维持。这就引来了公元前546年在晋楚与其他中原国家之间的弭兵大会。但是，晋楚弭兵的成功却又加剧了晋国内部封建危机的进一步深化，从而导致了霸主政治的垮台。

弭兵大会的两大主角是晋与楚，因此，让我们首先来考察一下晋国意欲弭兵背后的动因。从晋国政治这一角度来看，晋楚弭兵在很大程度上来讲与当时封建体制危机有关。在公元前6世纪的上半叶，随着晋国国君势力的减弱，晋国国内的主要冲突已不是发生在国君与贵族之间，而是发生在贵族与贵族之间。因此，在鲁宣公十三年（前596年），晋大夫先轸的后代先縠被杀，其家族被灭。在鲁成公八年（前583年），晋大夫赵同、赵括被杀，赵氏险些被灭。鲁成公十五年（前576年），在三郤的陷害下，晋大夫伯宗被杀，其子伯州犁逃往楚国。两年后，三郤及其家族又被灭。又一年后（前573年），谋害郤氏的主谋胥童又被杀。最后，在公元前552—550年之间，范宣子又灭了以栾盈为首的栾氏家族并杀害了与栾氏为亲的十个大夫。因此，在公元前6世纪中叶，随着晋国贵族互相倾轧，君臣离心，晋国贵族的主要关心点均从国际的称霸转移到了国内的争斗。这一背景即为晋国与其主要敌手楚国弭兵提供了可能。

楚国想要弭兵的动因与晋国很不同。与晋国相比，春秋时的楚

---

① 公元前530年后晋灭偪阳国之后所得的土地均为贵族私家独吞。

② 见《左传》襄公十年（前563年）。

国官僚体制较为发达，国家权力更多集中在国王手中。虽然我们对楚国整个官僚体系缺乏一个详尽的了解，从目前已有的一些资料中我们还是能看出楚国春秋时官僚制的一些特色的。首先，很容易想象，一个国家当时的官位名称留下来的越多，那个国家当时的官僚体制也可能越发达。明朝董说所著的《七国考》共记录了楚国官位 91 种。根据董说所提供的这些官位资料的出处，我们可看出这些官职中至少有 64 种在春秋时就已存在。相应的，《七国考》中所记的秦国官职共有 72 种，但从这些官位资料的出处看，这些官职中的大部分均产生在秦国采取了商鞅的二十级爵位制之后。《七国考》中所列其他国家的官职数量均大大低于楚秦两国。

我们还能从另一个角度来看春秋时期楚国发达的官僚体制。《左传》鲁宣公十一年(前 598 年)有这样一条记载：

> [楚]令尹艾猎城沂，使封人虑事，以授司徒。量功命日，分财用，平板干，称畚筑，程土物，议远迩，略基趾，具糇粮，度有司，事三旬而成，不愆于素。

这段记载记录了楚令尹孙叔敖在沂地(今河南省正阳县)负责修筑城墙一事。该记录中写到孙叔敖派封人筹划了工程计划，并把计划报告给司徒。计划包括了预计人工的多少，材料用具的分配，运土方与筑墙人力的搭配，各段城墙建筑的水源与土源，确立监工，运筹粮食，等等。该记录还不忘记告诉我们整个工程仅在三十天内就完工了，没有超过原定计划。这一段珍贵的记录不但让我们看出了楚国高层官僚的运作，我们还看到了楚国中下层专家的素质。

与晋国国君相比，楚王被大臣所害的可能性要小得多。即使是楚王被害，在很多情况下他也是被王子或其他对王位有一定合法继承权的家族成员所害。由于楚国在春秋期间的大多数官职已非世袭[①]，楚国贵族很难对国王权力形成严重威胁。事实上，从公元前632—前528年，楚国竟有八位令尹由于战败、腐败或国王不信任等原因而遭杀害或被迫自杀。在春秋时期，楚王权力始终大于贵族，因而在晋国及一些中原国家所发生的严重封建危机在楚国并没有出现。

那么，导致楚国寻求弭兵的动力又是什么呢？通过对《左传》记载内容的解读可以看出，楚国可能是被地域政治压力推到谈判桌上来的。在春秋争霸时代的早期，作为南方唯一的强国，楚国把主要精力投入到往北争霸这一目标上，但随着战争规模与区域的扩大，许多当时处在中原文明边缘的国家也慢慢地卷入了以中原为轴心的战事。地处东南的吴国即是这样的一个国家。《左传》第一次提及吴国是在公元前584年。那一年《左传》记载了吴国入侵地处吴都北边四百多公里的郯国。一个国家在当时能进行四百多公里的长距离入侵，可见它当时已经实力不俗。楚国大约从此以后变得在北方与东方两面受敌，势力有所受损。为摆脱这一局面，楚国当然也很希望能在北方弭兵。

在这一背景下，宋大夫华元穿梭于晋楚之间，在鲁成公十二年（前579年）成就了两国的第一次弭兵。此次弭兵由于楚国在公元前577年进攻郑国而迅速垮台，但三十多年后，即在鲁襄公二十七年（前546年），晋国贵族之间互斗更有所加剧，而吴国对楚国的军事压力也越来越大，双方的弭兵欲望显然有所加强，在这一背景下宋左师向戌出力促成了晋楚等十国在宋国举行了弭兵大会。

（三）霸权时代的终结

传统史家给了我们这样一个印象：随着弭兵大会后晋楚战事平

---

① 李玉洁编：《中国早期国家性质》，河南大学出版社，1999年，第297、305页。顾德融、朱顺龙：《春秋史》，上海人民出版社，2001年，第284页。

息，吴越打起了霸主的旗帜，因此，春秋的霸权政治终于吴越的兴起与消亡。这种看法与事实可能有较大的偏差。无须否认，在任何一个时代，一个国家一旦强大后一般会有控制他国之野心。但问题是，由于吴越二国地处南方一隅，向西发展因有长江、淮河两系水道相助，有着很大潜力，往北方中原发展则无法借助中国的东西走向的水道。（在古代的战争中，水路的运输能力在陆路的二至五倍之间。）以水军见长的吴越两国即使在修了邗沟、菏水等以军事目的为主的运河后仍显得力不从心。因此，随着晋楚弭兵，延续了二百来年的霸主政治走向了末路。下面我们为这一论点提供几个证据。

在争霸时代，当一个国家取得霸主地位时，这一国家一般就会召集诸侯举行盟会。因此，一个国家召集诸侯结盟的次数与来参加结盟的国家数往往能反映该国的实力。我们从《左传》的记录中可看出，晋楚二国（特别是晋国）在强盛时曾举行了十分频繁的结盟活动。即使在弭兵大会后，这两个国家力量相对衰落时，我们仍能经常看到他们与邻国结盟的记录。但是，在《左传》中，以越为主导的结盟记录仅一次，那就是公元前 468 年越与鲁在平阳的结盟。以吴国为主导的结盟记录仅两次。一次在公元前 487 年，当吴国攻入鲁国后鲁被迫与之结盟。另一次在公元前 482 年，吴、晋及中原国家之间的黄池之会。但在那一年，越国军队已趁吴国北上争霸之际袭击并攻入了吴都。吴国当时显然已扩张过度力不从心，因此在被越攻击后实力迅速下降，并在公元前 473 年为越所灭。吴的争霸在历史上最多只能算是昙花一现。

在霸权政治下，当一个霸主要对另一个国家发动战争时，它往往会带领一些附属国军队一起进攻他国。例如，在晋国称雄时，晋国有时能率领多达十三国的军队来对另一个国家发起战争。霸权政治下的这种战争性质为我们检验春秋时的霸权政治在弭兵大会之后是否还继续存在提供了思路。如果弭兵大会后参加一次国际战争的平均国家数显著低于弭兵大会前参加一次国际战争的平均国家数并且又十分接近于二(因为至少有两个敌对国家冲突才能构成一次国际战争),这就说明霸权政治在弭兵大会后已经垮台,否则就可以认为霸权政治还主导着当时的政治。因为晋楚弭兵发生在公元前546年,笔者选择了公元前611—前546年与公元前546—前481年作为两个对称的比较时间段。之所以把比较终止于公元前481年,是因为那一年被许多历史学家定为春秋与战国时代的分界。计算结果显示,弭兵大会之前,在由晋或楚发动的战争中,每次战争卷入的平均国家数为4.0,但在弭兵大会之后,这个数字降到了2.35。晋楚在弭兵大会后霸主地位的大大下降是显然的。弭兵大会之后,最有争霸实力的国家是吴国。弭兵大会前后,在吴国攻击他国的战争中,每次战争的平均卷入国家数分别为2.0和2.68。这显示吴国在弭兵大会后对他国的支配能力的确有显著增强;但从另一方面看,在弭兵大会后吴国所发动的战争的平均卷入国家数(2.68)并不比同期内晋楚二国发动的战争的平均卷入国家数(2.35)显著得大。换句话说,即使在弭兵大会后晋楚衰落的情况下,吴国对他国的支配能力也并不大于晋楚二国对他国的支配能力。显然,即使在其巅峰阶段,吴国也从未达到弭兵大会前晋楚二国统领天下的地位。

以上的讨论表明了这样一个事实：当晋楚从争霸政治中淡出后,其他有野心的国家自然想趁机争夺更大的空间,这就是为什么在弭兵大会后齐国、吴国及以后的越国均频频用兵。在这些军事行动中,吴越甚至创造过短暂的辉煌。在其鼎盛之时,吴国几乎灭了楚国,并随后在公元前486年(鲁哀公九年)修了邗沟,公元前482年完成了菏水建设。邗沟贯通了长江与淮河及淮河的支流泗水,菏水则贯通了泗水与济水。这两条运河修成后,吴军能直接通过水路挥师北上直达中原。吴国的一系列动作的成果之一便是在公元前482年由吴、晋、鲁及其他一些中原国家举行的黄池之会。但是吴国整年穷兵黩武过度扩张,早已是外强中干,因此在黄池之会后九年(前473年)便被越所灭。越灭吴后,也曾试图北上争霸,但是即使是越国将其首都从南方的会稽北迁到琅琊，越也没有达到在吴国鼎盛时期的辉煌。

楚晋衰落后，当时其他的大国或者由于地域政治的不利因素（如吴、越），或者是由于有限的军事力量（如齐国），均未能对整个时代的进程产生关键性的影响。因此，虽然吴、越、齐都曾想在历史舞台上一试身手，但决定春秋霸权政治垮台后历史进展的却是当时已是危机沉沉的晋国。弭兵大会后，在晋国的内战与分裂中，涌现出了一种新的国家形式——中央集权官僚制国家，与一种新的战争形态——全民战争。正是这种官僚体制与全民战争的互动，促进了战国时期国家动员能力的空前增强与战争规模的空前加大，并最终导致了秦国的一统天下。至于霸权政治，它已成了明日黄花。

三、转型期——晋国的崩溃与官僚制国家的兴起

公元前546年弭兵大会后，楚国在吴国的军事压力下很长一段时间内处于低潮，吴、齐、越在中原的争霸业均未成功，因此弭兵大会后主导中国政治走向的是晋国的分裂与魏、赵、韩三国的兴起。导致晋国内战与分裂的封建危机在弭兵大会之前已困扰着晋国政治。弭兵大会的意义在于，由于楚国在当时是晋国的一个最大的甚至可以说是唯一的主要外来威胁，弭兵的成功使晋国失去了一个外来的能使晋国贵族凝聚起来的压力。因此，弭兵大会后晋国的贵族们的注意力更转向内斗。从这个意义上讲，晋楚弭兵的成功可能加速了晋国内部的分裂。作为一个大政治家，晋国当时的执政范文子对这一点看得很清楚。在公元前575年，晋楚鄢陵之战前夕，范文子不想战而栾书与郤至均主战，据《左传》记载，此时范文子对郤至说了如下一段话：

> 吾先君之亟战也，有故。秦，狄，齐，楚皆强，不尽力，子孙将弱。今三强服矣，敌楚而已。唯圣人能外内无患。自非圣人，外宁必有内忧，盍释楚以为外惧乎？

这段话阐明了楚国作为晋国的一个主要外来威胁的积极意义。但是，《左传》里的范文子这种政治智慧没有能阻挡住晋国的历史发展。随着晋国内部危机的进一步加深，其贵族已越来越无意于把自己手中掌握的兵力用于与楚争霸，而弭兵大会后晋国贵族则更无暇于国际事务。因此，在公元前546—前481年间，晋国仅发动了15次战争，却被他国攻击了8次，而在弭兵大会前同样的时间段内（即公元前611—前546年）晋国发动了多达50次的战争却仅被他国进攻了11次。当然，这些数字并不说明晋国的整体军事实力在弭兵大会之后大大减弱了。为了重塑其在中原的霸主地位，晋国曾在公元前529年趁虒祁宫落成之际在平丘召集了一次有14个国家参加的会盟。为了显示其强大的军事实力，晋国派出了多达4000乘的兵力出席这次会盟。事实上，晋国的军事力量大大超过了此数。几乎在平丘会盟的同时，鲜虞在北方乘虚入侵晋国，结果被晋国荀吴率上军从著雍出兵打得大败。可见，仅从军事力量上讲，晋在当时无疑仍是屈指可数的强国。但是晋国的这种军事规模并不能隐藏在其背后已日益加深的危机。因此，平丘之盟时即使在晋国4000乘之盛威之下，郑国执政子产仍敢公然对抗晋国，迫使晋人同意减低郑国的纳贡数量。据《左传》记载，子大叔为此事责备了子产，说："诸侯若讨，其可渎乎？"子产回答道："晋政多门，贰偷之不暇，何暇讨？国不竞亦陵，何国之为？"[1]子产不愧是有眼光的大战略家。此时的中原，各个中小国家频频对他国用兵而晋不能制。齐国扩张，多次迫使中原中小国家与之结盟，晋也无意去管。如前文中提及，甚至连晋国出兵干涉在

---

① 见《左传》昭公十三年（前529年）。

公元前 518 年时周朝的王子朝与敬王之间的那一场冲突都是在子大叔的指责下才作出的。

随着局势的发展，在晋国早期互斗中幸存下来的六卿之间已越来越难以维持平衡。终于在公元前 455 年，晋国国内长期武装冲突中所幸存的最后三个家族——赵、魏、韩瓜分了智氏的土地并进而建立了自己的政权（史称三晋）。这一时期的三晋都在不同程度上受到了来自两个方面的挑战。首先，作为自公元前 6 世纪发展起来的封建危机的直接受益者，三晋国主比任何人都清楚封建危机的根源与危害。因此，尚在三家分晋之前，三晋在其已控制的领土上逐渐实行了非世袭、以郡县制为中心的官僚体制，并在土地所有制、税收与法制上作了不同程度的改革[①]。分晋后，赵、魏、韩三家更是理所应当地分别在自己控制的领土上继续推行改革以确保曾让他们得益的封建危机在他们的治下不再重现。（正是由于晋国是封建危机的最大受害者，作为这种危机的一个反映，那些今天被我们称为法家的学者绝大多数出自于三晋。）其次，在取得国家地位后，这三个国家的位置从地域政治角度来说均十分不利。在统一的情况下，晋国几乎独霸北方，而三家分晋后，魏韩两国地处内线，变成了四敌之国。再次，三晋所控制的土地均系他们早期的领地加上后来扩张所取得的土地。因为这一原因，三晋所占土地不但你中有我、我中有你，而且整个国形很不合理。比如说，早期魏国的主体（不包括被赵割开的北方的那部分）分东西两个部分，中间被韩国割开。两部分领地仅在北方上党地区窄窄一线得以相连，两地照应很不方便。

由于以上两个原因，三晋在独立后采取了内部改革、领土整合与对外扩张的积极姿态。赵往北方，韩向南方，魏取西方。在三晋中，可能是由于魏国在三国中实力相对较强而地域政治位置却十分不利，魏国率先进行了依正在兴起的被后世称之为法家思想为指导的

---

① 李孟存、李尚师：《晋国史》，山西古籍出版社，1999 年，第 272 页。

改革，并在较短的时间内把自己由一个封建政体转化成了一个中央集权官僚制国家。随着国制改革的进行，魏国国力大大增强，再加上官僚制国体消除了春秋时造成封建危机的根本原因，因此，改革后的魏国领土野心大增。魏国的扩张对周围邻国造成了重大威胁，以至于促进了在各国发生的一潮又一潮法家改革，这种法家改革又回过来增加了国家的军事能力与领土欲望。这种改革与战争的相互促进在转型期后成了历史发展的一个新的引擎，迎来了全民战争时代，并最终导致了中国的统一。

综上所述，虽然春秋政治在很大程度上的确是霸主政治，但对春秋政治是一种霸权迭兴的理解仅仅是一种神话。这是因为：(一)在整个春秋历史中，在中国大地上几乎没有出现过一国称霸的局面。春秋早期的几个霸主，特别是郑庄公与齐桓公，仅是中原地区的强国而不是全中国范围内的霸主。(二)传统史学均把以争霸为主轴的春秋政治延续到整个春秋以至于战国早期，但事实上霸主政治作为整个春秋战国时代的一种政治形态在弭兵大会后就已进入尾声，取而代之主导中国政治发展的动因则是中原国家特别是晋国整个封建体制的全面危机与崩溃，这一封建危机最终导致了三家分晋，促使了中央集权官僚制国家在三晋率先形成。(三)有鉴于此，笔者在传统的东周历史春秋战国二期说的基础上提出一个对该段历史的三段分期说：霸主时代(前770—前546年)，转型时代(前546—前419年)，与全民战争时代(前419—前221年)。

(本文发表于《学术月刊》2006年第2期，第132—138页)

政府能力和万历年间的民变发展

明朝万历年间，大规模战事不断，[①]加之税收系统效率低下、军制败坏，中央政府陷入空前财政危机。[②] 1596 年（万历二十四年），为扭转中央及皇室的财政颓势，万历皇帝朱翊钧开始向全国各地派遣宦官充任矿监和税使，以扩大财源和增加税收力度。万历的这一政策不但遭到了许多官员的反对，而且诱发了全国各地持续不断的抗税骚乱，史称"民变"或"兵变"。[③] 但是，虽然当时全国各地的反抗活动风起云涌，其结局却大相径庭。在 1601 年苏州的民变中，一个名叫葛成的丝织工人指挥成千上万的民众冲击了税使孙隆的衙门，杀死了多名税务官员，焚烧了他们的住宅，迫使孙隆逃往杭州，给了孙

---

① 主要指平定宁夏、播州叛乱以及援朝对日战争所需要的巨额军费，也就是所谓的"万历三大征"。

② 明初军队采取卫所制。在 16 世纪中期的抗倭战争中，一些东南省份采取了直接由将领在农村招募青年的募兵制。募兵的战斗力强，并因与将领的私人关系紧密而易于指挥。但由于募兵所耗费的饷银要大大高于卫所兵，这便给中央和地方财政带来很大负担。关于募兵制度和帝国财政关系的讨论，请参考黄仁宇（2001，pp. 374－385）。关于江南各省份募兵的组织结构及其与将领私人关系的讨论，请参见孔飞力（1990，pp. 128－129）关于戚家军的记述。

③ 参见汤纲、南炳仁在《断代史系列·明史》（2003，pp. 762－771）中关于由此项政策而导致的民变和兵变的统计。

隆临时增设的税务机关以致命的打击。可是，这场民变虽然起始规模巨大，它给社会和平民财产带来的损害却相对较小，随着葛成在第五天戏剧性地前往官府投案自首，当地政府体面地结束了此次危机。而在同时期的武昌，类似的抗税骚乱自 1599 至 1601 年间两次爆发并演变成当地军队和民众之间大规模的流血冲突，其最严重时甚至造成了湖广全境行政和交通的瘫痪。为什么在相似的历史背景下苏州和武昌的抗税骚乱会演变出不同的发展模式？换言之，为什么苏州民变能在短时间内迅速得到解决，而武昌民变的规模却一再升级，并最终发展成整个湖广地区局势的失控呢？本文将试图以国家社会关系理论为视角对这一问题作出一个初步解答。

本文的核心观点是：万历跨越地方科层及与之联系紧密的地方精英集团，以太监为税使直接在地方扩大税源，这使得明朝政权在税收问题上一定程度上有了一个从科层制国家（bureaucratic state）到寡头国家（autocratic state）的转变。[①] 太监税使只管税收而不管其他地方事务，其政绩也仅仅体现在税收数量上，与地方政府相比，他们的权力有很大的向上不向下倾向且行为具有很大的短期性，因此他们的许多杀鸡取卵的做法成了各地民变的根源。同时，万历的这种跨越地方科层和精英集团的做法因为“不合祖制”在中央遭到许多大臣的反对，在地方难以获得认同和有效合作，这就大大加剧了国家内各势力集团之间的矛盾，从而为国家对民变的处理提供了变数。但是，万历的税收新政虽然在多处引发了民变，这些民变的发展轨迹却大不相同。在比较了苏州和武昌两地的民变发展后，我们认为造成民变发展不同方向的最

---

① 寡头政体指的是由一个寡头作为国家最高权威的政体，该寡头权力的合法性来自传统或出于神授。与君主立宪制不同，寡头政体的执政基础不是法律而是寡头的个人领导能力；与科层制政体不同，寡头政体下的寡头不信任科层和组织的力量，并经常运用个人意志和权力跨越科层而作出种种决策。由于寡头喜好跨越科层，其决策不容易理性化。寡头政体也很难消化和吸收社会变化所带来的影响，即韦伯所说的“例行化”（institutionalization）的能力很差。关于寡头政体的详细定义请见迈克丹尼尔的论述（McDaniel，1991）。

为重要的因素就是在税使进驻后地方科层在处理地方事物上仍享有自主性的程度以及统治集团在民变发生后的理性决策能力。

苏州税务是国家财政命脉，苏州织造局因此自永乐年间就已经由皇帝派遣的太监来管理。苏州官员对税使太监的存在并不陌生，税使和地方官员之间的权限界定也因为有长期的磨合而比较清楚，或者说税使在苏州的运作已在常年累月中被例行化了(institutionalization)。具体来说，太监孙隆在万历二十七年二月被授命"带征苏松等处课税"之前已经是主管苏杭织造的太监，[①]苏州地方官员对孙隆早已熟悉，他们没有对万历的任命表示公开反对。由于苏州官员与税使之间在表面上相安无事，授命后的孙隆虽然权力大了一些，苏州官员在军事和行政方面仍然保留了很大的自主性。这种自主性使得民变发生后苏州地方官员能利用其政府能力与民变群众达成良性互动，并审时度势地将民变迅速加以控制。而在武昌，太监陈奉在万历二十七年二月被派遣到荆州市征收店税后马上就遭到了地方官员的反对，当地有的官员鼓动本地名流组织民众来驱逐税使及其委任的爪牙，[②]有的官员则通过巡按御史及科道官员在万历面前控告陈奉的不法行为。[③] 这种直接对抗税使的做法导致了万

---

① 《明神宗实录》，卷331。

② 根据汤纲和南炳文的统计，湖广地区有十二个行政府(州)县及商业市镇在第一次武昌民变前发生过当地民众驱逐陈奉的抗税骚乱。参见汤纲、南炳文(2003，p. 764)。

③ 以下是明代中央决策的一个主要模式：在明代，作为皇帝私人秘书处的内阁要比作为行政机关的六部享有更高的权力和地位。内阁大学士因此是中央政府实际的总长官，虽然在名义上大学士的品阶要比六部尚书低。作为皇帝的私人参谋，内阁大学士可以将自己的分析和建议由条旨票拟的方式附在各种奏章后面一同送交皇帝，皇帝通常会优先考虑内阁大学士的意见。皇帝批复后的诏书必须发给六部尚书，经六科给事中讨论后再予以实施。如有不妥，六科给事中可以实行封驳权，将诏书退回皇帝要求重新拟定。设在中央的监察机构是都察院，下设十三道监察御史，分别对应监察全国十三个省级行政单位布政司。都察院的最高长官和六部尚书同称"七卿"，是京城的主要高级官员。六科给事中和都察院的一百一十名监察御史都是七品衔，他们组成了中央政府中主要的低品级官员群体，并称为"科道官"。他们的品级虽然低，但却可以对皇帝的诏书提出反对意见，也可以弹劾任何中央或地方上的高品级官员。有关明代政治制度的详细讨论请见钱穆的论述(钱穆，2001)。

历的压制，一些官员因此丧职，而告御状行为却被万历理解为朝中官员有意向他的"新经济政策"挑战。两因相加的总体结果是，太监陈奉的权力在斗争中得到了进一步的扩大，地方政府沦为陈奉的附庸。武昌地方政府在平时缺乏对税使势力的约束力，因此税使行为张狂，而在民变发生后又无力成为独立于税使之外的一个能驾驭民变的力量，从而不能对民变作出理性的对策。再加上武昌地区官员在通过科道官告御状时卷入了京城的党争，这更激怒了万历，使得他在决策时偏袒税使。这些都加剧了社会矛盾，延缓了政府对民变的处置，武昌民变因此历时数年才得以平息。

一、理论背景

国内有些学者曾试用马克思主义理论对万历年间苏州和湖广地区的民变作出过分析(洪焕椿，1980；汤纲、南炳文，2003)。在他们眼里，万历时期各地反对矿监税使的民变和兵变是"资本主义萌芽"期的"许多阶级和阶层的联合行动"，而它们的失败则在于民变"反映了当时工商业者以及手工工人、小商贩在政治上的幼稚"，从而没有"从社会制度的高度上提出变革要求"(汤纲、南炳文，2003，p. 771)。这类解释敏锐地抓住了晚明时期中国市场经济高度发展这一事实，但是他们却没有意识到晚明时发达的市场经济并不是什么资本主义萌芽，因为市场经济与在英国首先兴起的工业资本主义之间有着本质的区别(赵鼎新，2006a)。同时，从阶级斗争理论出发，这些作者力图寻找出抗税骚乱者本身所能代表的阶级或阶层。但是，正如汤纲和南炳文先生自己所指出的："参加这些民变和兵变的人员，包括了城镇中的工商业者、手工工人、小商贩，由诸生、举人、乡官组成的乡绅，以及其他城市居民……地方官……常有以某种方式对民变加以支持者……"(汤纲、南炳文，2003，pp. 770 - 771) 民变和兵变的参与和支持者包括了如此广泛的社会阶层，除非我们能论证这些不同阶层人士参与骚乱的主要基础是他们的阶级认同，否则仅仅根据客观身份来推断他们的主观阶级认同是决不可取的（Mann，1993，ch. 15－18；Thompson，1968；赵鼎新，2006b，第七章）。更重要的是，从苏州和武昌两地的兵变发展来看，虽然万历时期各地发生了多次骚乱，它们的发展遵循着不同轨迹，可是我们看不出这些地方的百姓在阶级意识的强弱这一点上有什么差别，因此阶级理论很难对本文的研究提供有意义的启示。

通过对近代中华帝国和同时期欧洲国家抗税骚乱的比较，王国斌（Wong，1997，pp. 250－251）认为当欧洲近代民族国家开始渗透到地方社区进行征税的时候，中国的地方社会却因为中央政府权威的下降而出现了不同的权力集团，并开始挑战国家征税的权力。当中央政府力图增加税收以应对国内外危机的时候，这一政策因为不能获得地方官员及名流的支持而引发了抗税骚乱。王国斌对于近代中华帝国中央政府权威下降，由此引发对地方失控的描述符合明清晚期的历史事实，也和一些早先的研究成果互相呼应（Skocpol，1979；孔飞力，1990）。王国斌在他的分析中把国家作为一个相对独立的因素纳入对中国近代集体行动的考量之中，这些都是阶级理论所不具有的特点。但是在他的分析模式中，国家尚处于一个较为被动和抽象的地位，国家性质的改变在中国偌大的一个国度似乎有着一致的效应。王国斌所关心的是中国和欧洲在同一时期内的异同，他的理论因此不能回答本文所关心的问题，即为什么在万历年间这一历史背景下，苏州和武昌两地起源相似的抗税骚乱会有着截然不同的发展形式。为解答这一问题，我们必须跨越王国斌所采用的一种比较粗放的历史比较视角来考察苏州和武昌两地地方政府的不同性质，以及它们与税使和朝廷之间的不同关系对民变发展的不同影响。

国家及国家社会关系是本文的根本理论视角。对此我们将略加说明。自斯考契波发表了《国家和社会革命》(Skocpol,1979)一书以来,国家的性质及国家社会关系对于社会运动的起源和发展的影响已得到越来越多的重视(如 Collins,1993;Farhi,1990;Foran,1997;Goodwin,2001;McDaniel,1988,1991;Wickham-Crowley,1992;Zhao,2001)。[①] 这里,古德文在对有着殖民地经历的第三世界国家的革命运动进行研究后强调了不同的殖民统治方式往往会成为一个国家革命运动强弱和成败的关键。法国式的直接统治因为在政治上排斥地方精英而容易引发反法统一战线和革命的形成,而英国和美国式的间接统治(即在殖民地办学校、建立法制、培育当地中下级官僚、推行自治)则笼络了当地的精英,阻止了反殖民主义统一战线的形成和革命运动的进一步发展(Goodwin,2001)。古德文和斯考契波提出了关于国家性质与革命可能性的一般理论(Goodwin & Skocpol,1989)。他们认为一个国家的科层化程度、对不同政治势力的吸纳能力和对社会的渗透力是预测该国革命运动的产生和发展趋势的关键。如果一个国家的科层化程度、对不同政治势力的吸纳能力和对社会的渗透力都很高,这个国家就最不可能产生革命。反之,如果一个国家的科层化程度、对不同政治势力的吸纳能力和对社会的渗透力都很低,那么这个国家就最有可能产生革命。在对于西方工人运动的研究中,凯兹内尔森、曼及马克等人均采取了国家建构视角(如 Katznelson,1985;Katznelson & Zolberg,1986;Mann,1993,ch. 15－18;Marks,1989)。他们指出,一个国家中工人阶级的意识乃至阶级政治的特点,在很大程度上是由该国政府对待和处理工人

---

① 我们一般将以国家为中心的社会运动和革命研究视角的形成归功于托克维尔《旧制度与大革命》(Tocqueville,1955)一书。托克维尔在书中将法国革命的根源归于路易十四时法国国家集权的成功。他认为路易十四的成功集权把原来属于贵族的权力逐渐集中到国家手中,使得法国贵族丧失了其社会功能,国家权力直接插入民间,许多原本属于地方性的经济问题因而转变成了全国性的政治问题,由此埋下了法国革命的火种。

运动的方式以及与之相应的国家社会关系所决定的。以俄国十月革命和伊朗革命为基础，迈克丹尼尔对寡头政体现代化与革命之间的关系作出了分析（McDaniel，1988，1991）。与斯考契波和古德文的工作不同，迈克丹尼尔在他的分析中着重依赖了国家合法性和例行化这两个概念。他指出，寡头政体的执政合法性一般来源于传统而现代化过程却旨在打破传统，现代化过程因此会给寡头国家带来合法性危机。此外，寡头政体的执政基础在于寡头的领导能力，寡头因此往往不信任组织的力量而喜好通过个人意志和权力作出决策。这种政体很难适应在现代化过程中变得日益复杂的社会并缺乏对由现代化而引发的种种社会矛盾例行化的能力。因此，由寡头政体来领导的现代化过程无论成功与否往往都会引发革命。

以上这些工作，以及大量此处未能提及的研究国家和社会运动关系的工作，为本文的分析思路提供了很大的启发。但是目前对国家性质以及结构性行为和集体行动动态关系的研究一般以一个国家的中央政府为单位，而本文的分析重点则在两个地方政府。本文想说明，正是因为在万历新政后苏州和武昌地方科层所受的冲击不同以及两地的科层与朝廷的关系不同，两地的民变发展形态才会呈现出很大的差异。苏州地方科层体制在万历的税收新政后仍保留了很大的自主性以及与朝廷较为和谐的关系，这为国家在民变发生后采取理性对策提供了可能。武昌则因为地方科层在新政后得罪了万历、卷入朝廷中的党争并最后沦为太监税使的附庸，地方科层的无能和朝廷的党争使得它们对民变无法及时采取理性对策。

此外，目前对国家性质以及国家的结构性行为和集体行动动态关系的研究均集中在现代社会运动和革命上，而本文所研究的民变则发生在古代中国社会。关于把地方政府作为国家并以此来进行各种社会学研究的合理性在司丹墨的工作中已有了详尽的阐述（Steinmetz，1993），本文仅针对把国家社会关系理论运用于研究古代中国社会集体行动的合理性作出一个简要的回答。

罗马帝国垮台后西方的国家势力长期处于微弱的地位。在这些国家中，地方事务一般由地方贵族和教会自行管理，因此社会矛盾往往是分散和地方性的。在这种权力结构下，地方性的暴乱和骚乱时或有之，但全国性的社会运动、动乱和革命既没必要也没可能。在现代民族国家的建立过程中，西方国家的力量逐渐增强，原来属于地方贵族和教会的权力逐渐为国家所有（Anderson，1974；Tilly，1992 ）。国家既然接管了这些事务，就得为它所作出的政绩和败绩负责，地方性问题因此上升为全国性的和政治性的问题，大规模社会运动和革命应运而生（ Tilly，2004；赵鼎新，2006b，第六章）。从这个意义上说，西方社会运动和革命是现代国家形成的直接后果，国家社会关系理论也顺理成章地成了分析现代社会运动和革命的产生和发展的基础。

中国与西方的古代社会有着很大的不同。在现代民族国家形成之前，中国的科层制农业帝国是世界上对社会渗透力比较强、管得也比较宽的一种国家形态。此外，中华帝国的皇家统治又以"天命"作为一个主要的合法性基础（Creel，1970 ）。天命思想的核心之一就是只要统治者关心臣民的福祉，他就拥有由上天授予的统治人间的神圣权力，倘若他未恪尽其职便将遭受被推翻的厄运。这种"天命观"在西周初年出现时显然有着强烈的宣传色彩（赵鼎新，2006a）。随着时间的推移，它在中国政治思想中扮演了越来越重要的角色。但是，"天命观"的背后却暗含着"造反有理"的思想，即所谓"水可载舟，亦可覆舟"，人民有权推翻不称职的统治者。中国历史上难以计数的起义活动无一例外都带有这一观念的印记。这就是为什么在世界上各种形态的传统国家中，中国是唯一频繁发生意在夺取国家政权的大规模起义的国度。中国古代的强国家传统以及国家的合法性基础均决定了国家及国家社会关系在中国古代农民起义和其他集体抗争事件中的重要性，这也为我们运用国家社会关系视角来分析万历年间的民变提供了基础。

以下我们将从苏州和武昌万历“新政”施行开始，来分析两地民变的发生背景，以及这些民变如何在不同的地方政府能力和国家政治背景下走向了不同的发展方向。[①]

二、苏州民变(1601 年)

万历二十七年(1599 年)苏杭织造太监孙隆奉旨“带征苏松等处课税”，即督征苏州及杭州周边府县的各类商业税收。孙隆将其衙门设置在苏州城中由他主管的苏州织造局内。苏州织造局建于洪武元年，是国家控制的手工业工场，负责提供宫廷所需的岁造缎匹。[②] 从嘉靖年间开始，苏州织造局开始采取“领织”制度——即将岁造这一徭役的征收面扩大到所有当地的织户范围内，而只保留少部分的在籍匠户来完成剩余的岁造配额。明朝中叶后，这一商业税收方式至少有以下两个特点：第一在征收定额上有很大的弹性空间；第二需要地方政府的积极配合。因为徭役征收面可大可小，而征收面的扩大牵扯到户籍调查、价格制定以及分派解运等众多操作上的问题。一旦处置失当，就会引发民愤。

这两个特点使得苏州织造局与地方政府之间有着一种较为紧张的关系。钦差太监拥有扩大岁造定额的权力而又无需承担由此引发的社会不稳定。更重要的是，当地政府一般并不能从这项税收中获得利润。相反，为了完成指派的税额，当地政府有时甚至需要挪用部

---

① “新政”指万历派遣宦官到各地征税以及开矿来扩大财政收入的做法。下同。

② 有关明代苏州织造局组织及其运作的记述，主要依据孙所修的《苏州织造局志》以及一些碑刻资料如文徵明的《重修苏州织造局记》等(收录于《明清苏州工商业碑刻集》，第 1—2 页)。另外，也参考了段本洛、张圻福《苏州手工业史》第一章中关于苏州织造局在明代历史变迁的概括。

分资金去弥补亏空。当地官员因此往往不愿意配合太监来完成这项工作。孙隆奉旨"带征"后有权插手苏州地方政府的税收事务,他与本地官员的矛盾必然会变得更大。但是,毕竟苏州官员已有着长期和税使太监包括孙隆打交道的经验,故与武昌不同,孙隆的任命并没有马上引发地方官员的群起反对,从而避免了与万历直接对垒的后果。

明代由地方政府和户部共同管理的钞关以及税课司局所征收的商业税率一直很低(黄仁宇,2001,pp. 300 - 308),孙隆显然认为这里面有很大的增税潜力。他的扩税政策也正是从商业税开始,这就有了所谓的"税务初兴,民咸罢市"(《明神宗实录》,卷 361)。遭到苏州商民罢市的抵制后,孙隆调整了其税收策略,采取了只征"行商"不征"坐贾"的新法(《明神宗实录》,卷 361)。他模仿京城宦官同僚所采用的城门征税方式(Tsai,1996,pp. 170 - 173),在通往苏州城的主要水道及各个城门安插由自己委任的税官,向过往商贩征税。他们征税的范围极广,连小商贩及进城购买生活必需品的农民也不放过。[①]万历在任命中并没有提及太监税使和当地政府的税务系统(即"有司")的具体权限划分。孙隆的一些做法,特别是小范围多税卡的设置,势必造成严重的重征叠税。

这一税收政策施行后,丝织原料由于运输费用的提高而价格上扬,同时"行商"的减少又导致了对丝织成品需求的锐减。苏州地区的商业和手工业因此遭到了严重的打击。其中,丝织行业受到的冲击最大。

万历二十九年(1601 年)春,苏州地区暴雨成灾,不仅粮食减产,而且还因蚕桑地被淹而造成丝价进一步提升(参见朱国祯,《皇明史概》,1984,卷 44)。五月中旬,孙隆再次入驻苏州织造局,与当地官员商讨如何完成他在年初提出的税收预算。当地官员迫于形势答应

---

① 参见《吴葛将军墓碑》(收录于《明清苏州工商业碑刻集》,第 383—384 页)。

暂时挪用地方的库存银来填补部分预算亏空，其余部分则不得不取自于民间。应天巡抚右佥（都）御史曹时聘在苏州骚乱后发回的报告称："五月初，（孙）隆入苏，会议五关之税。额数不敷、暂借库银那借。参随黄建节交通本地棍徒汤华、徐成等十二家，乐委查税。擅自加增，又妄议每机一张税银三钱。人情汹汹，讹言四起。"（《明神宗实录》，卷361）而根据朱国祯《皇明史概》记载："每缎一匹，税银五分；纱一匹，税二分…… 所织纱缎，悉付玄妙观用印，而后准发卖。"（朱国祯，1984，卷44）从这两处史料中我们还可以看出孙隆此时甚至违背了自己曾承诺的"不征坐贾"的原则，开始向本地织户收取生产税。

明朝钞关和税课司局的大部分人员是从地方里甲征用上来的书办和隶卒。他们基本上都没有报酬，也不给工食，甚至还要缴纳指派的税额。这样的税官在征税时自然就会有很大的滥用职权的倾向（黄仁宇，2001，pp. 300 - 308）。问题是，政府常规税务系统至少有审核制度以确认税收代理人是否有舞弊行为，而孙隆临时设立的征税部门却没有类似的审核制度。[①] 因此，税监委派的税收代理人就变成一个十分有利可图的职位。税使本人和他的随从经常通过出售这些代理人职位来获取额外的财富。已然获取这些职位的人则当然就会通过敲诈勒索来为自己谋求更多的财富——只要交足税使分派的额度，剩余的就归自己所有。这就有了曹时聘的报告中"棍徒"这一字眼。可以想象，敢于谋取这些税收代理职位的人，不仅要有一定的"购买"能力，还要承担相当的恶名和人身安全风险。有社会地位的本地名流一般不会涉入此道，而普通民众也没有相应的财力和胆量来获取这些职位。于是，一些有帮派背景的无业人员就成为最佳人选。据称一位名叫丁元复的本地巨绅暗中支持了这些人投效孙隆，

① 官府的税收机构有胥吏代为核查。官员为了确保自己的升迁，也不希望下属有过分的贪污腐败行为而遭到科道官员们的弹劾。太监在这方面的压力显然要小得多。

并很可能为他们向孙及其参随黄建节支付了购买税收代理人职位的费用。其中不少"积棍"甚至可能是丁元复曾雇佣过的家丁仆役或者私人保镖,他们属于宋代以来在城市中产生的"帮闲"群体。①

孙隆违背他的许诺对丝织行业征收生产税是苏州民变的直接起因。② 进入六月,机户开始全面罢织。这马上就断绝了每日聚集在玄妙观前等待织户雇佣的数千机匠的生路。同样,几千名染工也因为染坊关门而顿时处于失业状态(参见《明神宗实录》,卷361)。六月六日,两千多名佣工聚集在苏州城东北的娄门附近,推选昆山机匠葛成为首领。随后,大家进城来到丝织业工匠的行会所在地玄妙观道院,举行了誓神仪式。葛成在誓神时要求大家只与税监及其爪牙作对,严禁趁乱哄抢当地居民的财物。随后将参与者分作六队,每队由一人率领,持蕉扇为号,其他人则手执绞棍跟随其后。

葛成并没有直接指挥队伍攻打临近玄妙观的苏州织造局,而是将队伍拉出了苏州城东南的葑门去捣毁东城外的税收站。明代苏州城东多为丝织业工人及机户的聚居地,而城西则分布着众多地方名流的住宅,也是当地官府衙门所在地。③ 苏州城内驻有约四千余名官兵,大部分分布在城西南的官府衙门区。葛成的行动路线显然是为了避开城西官军,或避免与地方名流的私人卫队发生正面冲突。在葑门外的觅渡桥边,孙隆的参随黄建节成为民变的第一个牺牲品。据称,黄建节当时正在殴打一名因进城购买生活用品而被重复征税

① 这个推断是有一定依据的。根据马莫(Marme,2005,p.243)的论述,苏州巨绅的住宅通常采用"委托—代理"制度雇佣社会无业人员作私人保镖,这些人通常来自一些诸如"打行"的黑社会帮派。另据同治《苏州府志》对苏州民变的采录,丁元复在事后雇佣杀手报复了一位取笑自己的当地名流,并杀人灭口。这显示丁的确控制了相当强的黑社会势力。

② 以下关于苏州民变的叙述,主要根据《明神宗实录》、《明史》、《定陵注略》和《吴葛将军墓碑》的描写综合而来。另外还参考了同治《苏州府志》关于苏州民变的相关记载。

③ 包括了苏州府衙和临近的吴县和长洲县衙门,甚至应天巡抚的主要办公地点也在万历时期从南京迁至苏州(参见 Marme,2005,pp.35-36)。

的哭泣着的卖瓜小农。愤怒的人群在葛成蕉扇的指挥下向黄投掷石块，当场将其砸死。事已至此，葛成再次要求众人宣誓："今日之事，为朝廷除害也。若因以为利，则天下其孰能说之。有听吾约束者从，否则去"(见《吴葛将军墓碑》)。众人再次对天发誓此次行动只针对税使及其委任的税官，而不得侵害苏州居民。民变群众并不是要"造反"，而仅仅是为了替当地百姓除害，并且其对象又是当地官员也甚为不满的太监税使，这就给当地政府在事态的发展过程中持观望态度留下了余地。

葛成率领大队人马返回苏州城，一路没有受到守城官军的阻拦。民变的组织者们事先都备有"手摺"插在腰间，上面书写有每一个需要惩罚的税官的姓名及住址。民变的参与者有组织地包围了这些税官的住宅，并纵火焚烧。来不及逃走的人员都被捉绑在大道上，很快被愤怒的人群殴打至死。因为有事先拟定的惩罚名单，这就降低了民变中产生趁火打劫的可能性。一条有代表性的证据显示："次日(指六月七日)，误入一民家。其家以经济为业，无他祸犯，跪而迎之门请罪。首者取腰间手摺视之，曰：误矣。盖一税官家与其人俱于腐店为邻故也。首者即率诸人罗拜……仍趋彼税官家。"(参见文秉，1976，p. 365)据已有史料记载，当地只有一户名流的住宅遭到了洗劫，即暗中支持征税的巨绅丁元复家。[①] 组织者甚至还告诉税官住宅附近的居民做好准备，防止火势蔓延。[②] 他们向邻里解释这次行动的原因和目标，并出示手摺核对每一个惩罚对象。有记载说，葛成还亲自击杀了一个趁乱抢劫平民财产的家伙，"起义者"因此而名声大震，越来越多的人开始加入到惩罚税使及其爪牙的行动中来。

到第四天(6 月 9 日)，几乎所有的税使委官都被消灭。民变的

---

① 还有一名曾充任税官的州判童某死于此次民变。但据称他是由于跳入税卡附近的河道中逃跑时"中寒"而亡的，因此没有足够的证据显示他的住宅曾受到过攻击(参见文秉，1976，p. 365)。

② 苏州城内广泛分布的河道为防火准备提供了充足的可能性。

组织者在苏州的各个城门上贴出榜文，再次表明此次行动的目的仅仅在于惩罚税使及其爪牙，而并非一次反政府的叛乱。榜文宣布本次行动已经取得胜利，同时告诫苏州居民注意维护秩序，不得借此次行动发动叛乱。这个榜文在很大程度上是民变者向当地政府提交的申诉报告，给了政府中的温和派官员反对大规模搜捕以对民变群众进行"秋后算账"的理由。同时，民变的组织者也力图通过这些榜文获得当地名流舆论的支持，从而给官府的事后清算政策带来压力。第五天，苏州当地政府开始下令抓捕骚乱的参加者。于是就有了本文开头葛成挺身而出的那一幕。当地政府于是顺水推舟以"大事化小，小事化了"的姿态来进行民变的善后工作。

回顾抗税骚乱的全过程，当地政府始终能够自主地决定如何应对不断发展的局势。这成为扭转局势的关键。民变参与者一度包围了苏州织造局内孙隆的署衙。在包围之前，孙隆曾恳求知府朱燮元派驻军镇压但被拒绝。知府的理由是，军队是用来抵御外寇的。没有派出驻军在民变发生之前将那些组织者逮捕，是他作为官员的失职；但民变既已开始，派出驻军镇压将造成大规模的平民伤亡，加重民变的祸害。同时，考虑到城中的军队官兵仅四千名左右，而参加和支持民变的人越来越多，派兵镇压将是"众怒难犯、抱薪救火"。无奈之下，孙隆只得翻墙避匿于附近的官宦家中。[①] 在焦虑不安中度过两天后，孙在一个夜晚偷乘小船逃往杭州，并从此往后再不敢前往苏州巡视。

拒绝了孙隆的请求后，苏州政府及时向骚乱者表达了自己的态度。知府及其属僚一同骑马进入街市，与民变的参与者展开对话。为了平息民愤，朱燮元出人意料地宣布杖责并逮捕了几个逃往官府寻求庇护的税使委官，人群的愤怒开始平息，聚众开始消退。朱太守

---

① 有学者考证说是退休的原苏州籍大学士申时行家中（参见段本洛、张圻福，1984，p. 183）。

的态度恢复了当地政府的公信力；对委官的逮捕也减少了民变组织者事先拟定的惩罚对象，民变于是迅速平息。由于苏州地方政府有能力控制民变，故无需借助中央力量来平息事态。相较于下文叙述的武昌民变，由于苏州民变能在当地官员的主持下顺利解决，中央政府内复杂的派系关系、皇帝和科道官员之间的意气之争，都没有为骚乱的平定增加变数。

与武昌的例子相似，民变后织造太监孙隆和当地巡抚曹时聘同时上奏万历汇报情况。孙隆的上疏言辞激烈，而曹的报告则详细地分析了民变的起因、经过和结果，并提出了一个解决问题的方案。与武昌的地方官员不同，曹在报告中避而不谈万历"新政"这一根本问题。他首先分析了苏州特殊的经济结构以及民变前那场水灾对经济的影响，然后强调了参随黄建节的种种舞弊行为如何恶化了局势，导致了民变的产生。曹在报告中明显暗示民变的参与者并无意挑战朝廷的权威，而葛成得以"一呼响应"主要是因为当地居民有着"轻心易动、好信讹言"的民俗。曹还强调了民变参与者只针对税官而不扰乱邻里的特点，并告知皇帝民变的主要头目葛成已经向当地政府自首。他在奏文中甚至还引用了葛成的供词，使皇帝相信这次民变确非真正意义上的谋反叛乱。曹时聘在奏文的结尾处还委婉指出，相比于苏州地区数百万的税收岁额，实在不值得为了所得才六万多的附加商税而破坏这个财赋重地的稳定。[①]

此后许多驻京高级官员也向皇帝表述了淡化解决苏州民变的好处。户部尚书赵世卿等诸多朝中高官联名上疏，希望皇帝注意苏州等地区的稳定问题（参见文秉，1976，p. 366 ）。这些奏疏的语气温和、观点务实，促使万历在巡抚和税监的报告之间做出了偏向巡抚的选择，而没有将它们视作科道官员反对自己"新政"的政治阴谋。万

---

① 指万历二十八、二十九年税监所进内库的税银（参见文秉，1976，pp. 264 - 271）。

历于是颁布了一道上谕，要求只追查葛成等民变组织者的责任，并且要求当地政府严厉追究那些已经被捕的税务委官的贪赃枉法行为。地方官员对这道圣旨做出了倾向性的解读——葛成等人在监狱里被加以礼遇，而那些税官则被判处死刑，成为了政府平息民愤的牺牲品。

三、武昌民变(1599—1601年)

武昌民变与苏州的相比无论在发生到发展上都有很大差别。太监陈奉是在万历二十七年(1599年)二月被派遣到荆州市征收店税的。与苏州不同，陈奉在抵达荆州后所面对的是当地官员的强烈不合作。例如，荆州府的推官华钰公开责打了擅闯府署的陈奉随从，并上报巡按御使要求严惩陈奉。华钰还同黄州经历车任重在临近的沙市、黄州等地暗中组织商民，武力驱逐陈奉派往这些地区的税官。另外，襄阳、荆门等地的官员也在不同程度上阻挠陈奉征税和开矿(参见《明史》，卷237、305;《明史纪事本末》，卷65)。同年夏季，在接到陈奉的上疏后，万历下旨逮捕了在鼓动民众阻挠陈奉征税和开矿问题上崭露头角的华钰及车任重，并对另外三名知府和知州做了降职任用的处罚(《明神宗实录》，卷338)。

万历年间，中央官员之间有着实利派和道德保守主义派之间的争斗。具体划分谁是实利派或道德保守主义派官员不是易事，但是一般来说实利派官员多为内阁大员，他们更能理解和接受万历的“新经济政策”。而道德保守主义派官员则以科道官为核心，他们认为万历在派遣宦官到地方开矿征税和其他一些问题上的做法“不合祖制”

而加以激烈反对。[①] 对万历来说，武昌地方官员的态度是对他“新政”的公开挑战，而武昌官员和太监税使之间的剧烈对抗以及万历任性的决策使得武昌问题马上就与中央的派系斗争交织在一起，其结果是武昌的地方科层成了中央党争的牺牲品。

武昌地区官员和太监税使之间的争斗发生后，地方官员通过巡按御史以及南北直隶的科道官员向皇帝反映陈奉的种种不法行为，但他们的报告往往被万历束之高阁（即“留中不发”，不发给内阁讨论）。万历有时甚至会把这些报告视作朝中官员有意向他的“新政”提出挑战，因而谴责提交报告的科道官员，迫使他们提出辞职。而对于陈奉递交的弹劾当地官员的报告，皇帝则立即要求内阁加以讨论并拟定处罚措施。这种偏袒陈奉的做法显然不能使得在京科道官员心服，而当时业已开始的京城官员的党争纠纷迫使高级官员们在这一问题上小心翼翼。[②] 高官的沉默加剧了皇帝和科道官员之间的对立，这些都大大减低了在武昌民变爆发后国家的决策能力。

更重要的是，万历和科道官员紧张的对立关系改变了湖广地区太监税使和州府官员之间的力量对比。一些地方官员被整后，陈奉被赋予的权力进一步扩大。除了拥有在湖广地区的主要行政及商业中心征税的权力外，陈奉还负有湖广境内采矿及铸币等多项任务（参见《明神宗实录》，卷 344；Tsai，1996，pp. 180 - 181），陈奉手中握有的权力要比苏州的织造太监孙隆大得多。此外，湖广地方官员面对上疏无效（甚至会带来更倒霉的结局）这一事实，只得对陈奉和他的税官表示顺从。于是乎地方科层的自主性急剧萎缩，而税使则肆意

① 这主要指万历怠政以及在储君问题上想“废长立幼”等举动。实利派官员在第二个问题上也持反对意见。但与道德保守主义者相比，实利派官员对万历要宽容许多。

② 我们一般可以认为，从万历十四年后持续不断的“争国本”斗争是万历中期京城党派纠葛的肇始。而万历二十一年的“癸巳京察”则基本奠定了朝中“实利派”和“道德保守主义派”的人事布局。有些史书沿用历史上的“邪（阉）党、正党”来命名它们，我们则运用了比较中性的命名（参见汤纲、南炳文，2003，pp. 666 - 699）。

攫取地方税收以及其他相关权力，直至能动用地方的行政及军事力量为自己服务。

地方科层权力的萎缩不但危害了当地的一般百姓，而且危害了地方精英的财产和人身安全。史料如此记载了陈奉和他的征税人员敲诈勒索武昌、汉阳等地士绅和富裕商人："陈奉暨常千户等指称搜税，诈骗官民之家。武汉二府尤甚。如常乡官周乡官等家……其次生儒之家……又次商贾之家……各勒数千百金，总计不下十余万。"（文秉，1976，pp. 353－354；《明史》，卷305）这种敲诈勒索可能还不仅仅限于武汉两府。大学士沈一贯在奏章中提到："……不独省城，即通省无不怨奉。"（《明神宗实录》，卷358）

陈奉还借口开矿，大肆开掘湖广各地的古墓。鉴于中国民众历来信奉风水之说的传统，这种行动引起了古墓附近居民的恐慌和怨恨。征税人员还经常诬陷当地名流盗取古墓财宝，以便勒索更多的钱财。湖广巡按曾上疏要求皇帝阻止这种随意开掘古墓的行动，但他的上奏同样被"留中不发"（参见《明史》，卷305；《明神宗实录》，卷340，345）。

不同于苏州民变，湖广地区第一次大规模的抗税骚乱是由武昌的一名生员发起的。[①] 据记载，陈奉的税官在该生员家敲诈钱财的同时，还侮辱了他的妻女。这显然突破了当地名流可以承受的心理极限。万历二十七年十二月初二日，众生员一齐前往设在武昌的湖广（巡）抚（巡）按衙门口击鼓鸣冤，要求当地官员为他们讨回公道。

隆隆鼓声迅速引来了数万名曾经遭受过陈奉及其爪牙欺诈的当地士民，但是抚按及其他当地官员却不敢露面解决这一争端。于是就有人开始大哭鸣冤，悲情很快在人群中蔓延开来。这时，有人开始攻击临近的陈奉署衙，向其丢掷石块并纵火焚烧。许多人乘机涌进

---

① 以下关于武昌民变的叙述，是根据《明神宗实录》、《明通鉴》、《明史纪事本末》以及《定陵注略》的相关记载综合而来。

署衙。地方官员动用军队驱散了涌入陈奉署衙的民众,但陈奉已被打伤,陈手下的许多税官也在冲突中丧命。愤怒的士民在巡抚、巡按和其他湖广主要官员的反复劝告下几天后逐渐散去,但陈奉却借此机会调动武昌驻军配合自己的私人卫队对当地士民进行了报复。许多当地居民因此丧生,住宅被毁无数。

次年二月(1600 年),南京吏部主事吴中明将此次民变的详细情况上奏万历,希望能够惩办陈奉和隐瞒真相的湖广巡抚支可大。根据吴的奏报,在大规模骚乱发生前就有居民向当地官府报案,要求惩处滥用权力的税官。但当地相关部门的反应却是“付之长叹,无可奈何”(参见文秉,1976,p. 354)。吴中明的奏疏同样没有得到万历的批复。更为不幸的是湖广佥事冯应京,因为他曾逮捕过陈奉的下属,还上疏皇帝弹劾过陈奉,故而于万历二十九年(1601 年) 二月遭到降职并调边疆地区的处罚。这一圣旨发往吏部后,遭到京城科道官员的联合抵制。户科给事中田大益和御史李以唐等联名上疏,要求皇帝收回成命。万历接到救疏后气愤异常,指责田大中等人结党营私包庇冯应京,并索性将冯革职为民永不录用。三月六日,刑科给事中杨应文等再次上疏援救冯应京。万历索性一不做二不休,除了训斥杨应文等人之外,将对冯应京的处罚进一步上升为就地逮捕。为避免官员的阻挠,皇帝使用了由宦官掌握、并对他直接负责的情治系统锦衣卫来执行这一命令。锦衣卫缇骑持圣旨星夜兼程奔赴湖广,要将冯应京扭解回京治罪。同时遭到逮捕的还有两名襄阳府的官员,一名武昌府的同知和一名枣阳县的知县(参见《明史》,卷 237;文秉,1976,pp. 323 - 324)。

万历二十九年三月,锦衣卫缇骑进入武昌,当地士民“向率痛哭”,为冯应京等人喊冤。缇骑进入武昌后,陈奉得意之余竟然派遣随从在全城张贴告示,揭示冯应京的“祸恶”。这等于公然挑衅士民的情绪,并把冯被逮捕的消息传播开来。面对陈奉这种做法,当地政府竟然慑于淫威而给予了默许(参见《明史》,卷 237,305)。这些告示一经出现后，马上就有几万名愤怒的士民涌向税使署衙。一个规模达整个湖广地区的民变由此引发。陈奉见情势危急不得不躲入附近的楚王府中。因为楚王府守卫森严，且冒犯王府是谋反的重罪，士民转而泄怒于地方政府。他们放火焚烧了巡抚衙门的正门，痛骂巡抚支可大袒护陈奉，并把多名来不及躲进楚王府的税官手脚捆绑后扔进长江，两名锦衣卫缇骑也在动乱中被砍伤。

由于武昌当地政府的军事力量已被税使控制，因此陈奉在躲入楚王府后，暗中派遣参随三百人带领赶来的官兵追杀起事的士民。聚众的士民虽然被杀散，整个事态并没有因为镇压而平息下来，事实上军事镇压成了整个骚乱走向扩大化持久化的一个转折点。

武昌民变的消息传开后，整个湖广地区的主要府、州和县都发生了类似的抗税骚乱，全省的行政和交通陷于瘫痪。具有讽刺意味的是，正是由于被捕的湖广佥事冯应京在囚车中一再呼吁士民不要和朝廷对抗，才稍稍平息了武昌的局势。但是，其他湖广地区的骚乱依然在延续着。陈奉躲在楚王府中，一个多月都不敢外出。

至此，当地政府完全丧失了自主平息民变的能力，不得不求助于中央政府的干预。而京城的党争连同皇帝和科道官员的意气之争却给民变的妥善处理带来了极大的干扰。湖广巡抚支可大见局势已经失控，遂请求万历将陈奉调回。陈本人也表达了这个意愿，但万历却拒绝回应这些请求，并荒唐地扣押了这两份十万火急的报告。从万历接到支可大要求撤回陈奉的报告开始，到大学士沈一贯第一次上奏请求撤换陈奉和支可大为止，整整间隔了19天。而又经过了8天后，皇帝才给内阁作出了正式的答复。[①] 但此时万历仍认为群臣是在借助武昌事件来挑战他的新政。

万历此时可信任的只有太监了，他于是决定派江西税监李道前

① 关于日期的估计，按照《明神宗实录》卷357、卷358以及卷360几次主要奏疏的入报时间为基准进行推算。

去调查情况。李道于四月发回的报告中证实了陈奉贪赃枉法的行为并提到陈奉“征多解少，欺匿国课”。至此万历才传谕内阁讨论平息湖广局势的事宜。然而，万历又不能容忍群臣以此为借口，在开矿收税的问题上质疑他的所作所为。[①] 于是，在传谕内阁的同时，万历同时指责了中央及地方各级官僚不能及时处理此次民变来替他分忧。[②]

万历对巡抚紧急报告“留中不发”的做法固然是导致武昌民变加剧的一个主要因素，但是，在京高官因为害怕卷入这一政治风波而不愿挺身而出陈请皇帝，这也肯定延缓了民变的处理。从沈一贯的第一次上奏中可以发现，他对湖广局势的了解程度比起支可大此前透露给皇帝的信息要深入得多。那么，他为什么不马上将这些信息传递给皇帝呢？沈是京城官员中的“实利派”，[③]这也许就是为什么他不愿去催促皇帝撤换税使的原因。因为这不仅会得罪万历，而且也不利于自己在实利派阵营中的领袖地位。所以，直到形势发展急转直下后，沈一贯才递交了这封语气颇为无奈的奏疏，反复强调撤换陈奉并不影响新任税使征收同等的税额，并希望万历能够理解他“不得不奏”的苦衷。

沈一贯的第一次上奏在8天后才得到万历的回应。与苏州的例子相比较，这种迟缓也许和万历与保守主义派官员之间的紧张关系有关。据史料记载，直到湖口税监李道发回了一份弹劾陈奉的奏疏

---

① 事实上，这种激进的质疑往往充斥于科道官员以往雪片般的反对报告中。“新政”的收入归于皇帝私人账户这一事实是产生这种质疑的重要原因，尽管万历强调会将这些收入用于赏赐军队。万历平时还经常迫使户部支付他个人的小额账单，这引起了持道德保守主义立场官员的不满(参见黄仁宇，2001，pp. 395 - 397)。

② 万历的上谕颇有强词夺理的意味。他指责地方官员不能在平日维护税使和当地居民的关系，还指责朝中官员不及时向他奏报湖广的局势并拿出应对方案。他似乎忘记了自己以往偏袒税使、连续处罚当地官员这一事实。他肯定也不会意识到自己冷处理各种奏报的行为是降低行政效率的直接原因。关于万历的上谕请见《明神宗实录》，卷358。

③ 这并不是毫无依据的推测，可以从后来沈一贯和另一位道德保守主义派大学士沈鲤的政治斗争中得到印证(参见汤纲、南炳文，2003，pp. 680 - 689)。

后，万历才要求内阁针对沈一贯的奏章提交详细的应对措施。[①] 但万历在措辞中似乎更在乎惩处当地平乱不力的官员而非税使本人。

在把握了万历的心理后，沈一贯在前后两次连续的奏疏中提出了一个折中方案。[②] 他避谈"新政"，只是建议革除湖广巡抚支可大的职务，并派遣工部左侍郎赵可怀接替他。考虑到新任巡抚的资历威望对平息民变的作用，沈一贯力主派文职官员前往，以免引起当地百姓"再生他变"。沈建议新任巡抚应该以安抚为主，其次才是暗中查访民变的组织者以及民愤极大的税收人员。等局面得到控制后，再将他们逮捕治罪。另外一个有意思的地方是，沈在奏章中强调了推选赵可怀是经过内阁、六部及都察院的高级官员秘密讨论后决定的，这样就避免了公开廷推这一关。在当时的情况下，公开廷推势必造成科道官员趁机挑战"新政"从而惹恼万历的糟糕后果。一旦万历被惹恼，新任湖广巡抚的人选问题就可能被再一次搁置，这会使局势变得愈发不可收拾。

接到沈一贯的奏疏后，万历马上发布了一道上谕给吏部，批准了赵可怀的任命，限五日之内启程赴任。赵可怀到任后便发回报告描述当地局势的发展情况。根据赵的描述，当他进入荆州的时候，数万名士民包围住他的车队，哭诉陈奉的罪行，在他反复告知陈奉已经"取回治罪"后仍不散去。惶恐中，新任巡抚只好拿出随身携带的吏部咨文交给士民传阅。众人看到了上面的确写有处罚陈奉和支可大的字样，方才满意并逐渐散去。这时距离中央政府接到最初的警报已经过去了 75 天，而从万历二十七年的民变初发算起，湖广地区民

① 在沈一贯上奏后的第三天，万历收到了李道的这份报告(见《明神宗实录》，卷 358)。

② 两次上疏只间隔一天，沈一贯在第二次上疏的奏章中明确提出了接替湖广巡抚支可大的人选(参见《明神宗实录》，卷 358)。

变竟前后断断续续两年才最终得以平息。[①]

四、总　结

苏州民变之所以能在短时间内得到有效解决，关键在于税使进驻后地方政府仍保留了处理当地事务的自主性，这使民变能够在地方科层的主导下得到处理。在民变发生前，苏州的地方科层并没有鼓动当地士民反对税使，这就避免了地方政府在税使问题上过早与万历形成正面冲突从而被击垮。在民变发生后，苏州地方科层因握有基本的行政和军事资源而有能力独立制定应对措施，无需受制于税使（及其代表的皇权）。苏州地方官员拒绝了税使孙隆派兵镇压的要求，从而避免了大规模的流血冲突，使得地方政府能够在民变过后有足够的权威去恢复社会秩序。在对待抗议民众方面，苏州政府审时度势采取了合理的介入，从而控制了事态的发展。苏州知府下令逮捕了几位到官府寻求庇护的税官，并进入街市向士民宣布了这一消息。在当时的情况下，这一做法无疑是明智的：它既向民众做出了一种支持的姿态，又含蓄地警告了闹事者——政府依然拥有执法的能力，抗税行动应该适可而止。这一逮捕行动还缩小了民变的打击范围，提高了地方政府的威信，为重新恢复地方秩序打下了基础。

苏州地方政府的自主性还削弱了中央政府内部派系斗争对解决民变的负面作用。没有证据显示京城的党争和科道官员激进的道德保守主义立场在苏州民变的处理上显示出很大的影响。中央官员对此次民变的唯一一条评论是：户部尚书赵世卿提醒皇帝注意近期系列民变对地方治安带来的不良影响（参见文秉，1976，p. 366 ）。万历

① 事实上，陈奉调回京城后并没有治罪。万历拒绝对此发表评论，并继续处罚上疏弹劾陈奉的科道官员（参见《明史》，卷 305）。

皇帝也按照常规的行政程序及时对苏州民变的处理方式给出了意见。他的意见是相对温和的，仅仅要求追查葛成等“为首鼓噪”的人，同时还明确要求地方官员严加追查那些在民变中幸存的税官的贪赃枉法行为。中央政府的及时反应更加强了地方政府在民变后对局势的控制，这和中央政府在武昌民变中扮演的角色形成了强烈反差。

反观武昌的民变，湖广当局的自主性和政府能力的缺失是导致民变失控的最大原因。湖广部分官僚在税使到来之际就纵容甚至鼓动本地名流组织民众来驱逐税使及其委任的税官。[①] 湖广部分官员还通过科道官告御状攻击税使并连带攻击万历“新政”。万历无法处罚上疏的科道官员，只好以地方官员依托在京官员实行“党护”为借口，通过处罚他们来发泄对科道官员“不敬”的怒气。[②] 就这样，湖广官员卷入了京城的党争，成了皇帝和科道官员之间斗气的牺牲品。此后地方科层的权力在皇权的威慑下迅速萎缩。由于害怕丢失官职，当地主要官员不得不依附于税使，这就降低了湖广当局在地方精英和民众心中的威信。在平时，人们对湖广当局的不满很快随着税官肆无忌惮的敲诈行为而蔓延，湖广官员的无能被当地民众视为和税使沆瀣一气的表现。当民变发生时，湖广当局和税使一并成了被攻击的目标。

由于自主性的丧失，湖广当局面对民变显得毫无能力。就军队的调度权而言，由于税使陈奉对当地官军有实际的支配权，[③]民变发生后当地政府不仅不敢处置违法的税官，甚至还在陈奉的指挥下动用了官军镇压民变。然而，在当时的军队和民变群众的数量对比下，

---

① 根据汤纲、南炳文(2003,p.764)的统计，湖广地区有十二个行政府(州)县及商业市镇在第一次武昌民变前发生过当地民众驱逐陈奉的抗税骚乱。

② 有很多科道官员为反驳皇帝的这种“党护”指责，会马上提出辞职。这种英雄般的做法通常会博得同僚们的掌声，但却并不能解决地方官员和矿监税使之间的矛盾。

③ 陈奉也拥有自己的私人卫队(参见《明通鉴》，卷72;另见《明史纪事本末》，卷65)。

军事镇压不仅不能扑灭骚乱，反而触犯了众怒，民变于是往整个湖广地区扩散。湖广当局的行为模式还破坏了其与本地名流之间的关系，从而把地方精英推向骚乱参与者一方。由于沦为税使附庸的地方政府完全站在了民变的对立面，处在骚乱中的地方精英无法不站在民众一边；在这种紧急关头任何亲地方政府的姿态都会使他们的财产甚至生命受到民变的威胁。至此，除了撤换当地主要行政官员或调动军队进行全面的武力镇压，中央政府已没有其他较为可行的办法来扭转局面了。

在缺乏独立处理民变能力的情况下，湖广地区政府不得不求助于中央政府的干预，这就在民变的处理过程中带入了京城复杂权力斗争的因素。民变发生后，京城中众多持道德保守主义立场的科道官员趁机上奏，要求皇帝处罚税使，并连带攻击万历“新政”乃至质疑皇帝的个人道德品质。在这种情形下，万历当然不肯让步，高级官员也不敢轻举妄动，以免误落政治陷阱。[①] 在这种情况下，武昌民变的信息传到中央后，为了避免遭到科道官员们的新一轮指责，万历迟迟不愿与在朝官员商讨局势对策。中央的高级官员们又在复杂的权力斗争下瞻前顾后，统一意见经久不能形成，这些都延误了解决民变的时机，使得整个湖广地区的局面在很长时期内失控。

参考文献

段本洛、张圻福：《苏州手工业史》，南京：江苏古籍出版社，1984。

《二十四史·明史》，北京：中华书局，2000。

---

① 六科给事中和监察御史品阶虽低，但其舆论却能够影响高级官员的仕途升迁。六科给事中还可以参加“廷推”、“廷议”和“廷鞫”。因此，京城的高级官员通常自觉地与任性的万历保持一定的政策上的距离，以免成为这些年轻的科道官员们政治攻击的靶子（钱穆，2001：104、105）。

冯桂芬总撰：《同治苏州府志》(清光绪九年刊本)，芝加哥：芝加哥大学东亚图书馆。

谷应泰：《明史纪事本末》，《万有文库》，上海：商务印书馆，1932。

洪焕椿：《明清苏州工商业碑刻集·后记》，南京：江苏人民出版社，1980。

黄仁宇：《十六世纪明代中国之财政与税收》，北京：生活·读书·新知三联书店，2001。

孔飞力：《中华帝国晚期叛乱及其敌人》，北京：中国社会科学出版社，1990。

《明清苏州工商业碑刻集》，南京：江苏人民出版社，1981。

《明实录》(附校勘集)，台北："中央研究院"历史语言研究所，1961—1966。

钱穆：《中国历代政治得失》，北京：生活·读书·新知三联书店，2001。

孙珮：《苏州织造局志》，南京：江苏人民出版社，1959。

汤纲、南炳文：《断代史系列·明史》，上海：上海人民出版社，2003。

文秉：《定陵注略》，台北：伟文图书出版社，1976。

夏燮：《明通鉴》，长沙：岳麓书社，1999。

赵鼎新：《东周战争与儒法国家的诞生》，上海：上海三联书店，2006(a)。

——：《社会与政治运动讲义》，北京：社会科学文献出版社，2006(b)。

朱国祯：《皇明史概》(明崇祯间原刻本)，台北：学海出版社，1984。

Anderson, Perry. *Lineages of the Absolutist State*. London: Verso, 1974.

Collins, Randall. "Maturation of the State-Centered Theory of Revolution and Ideology." *Sociological Theory*, Vol. 11, 1993.

Creel, Herrlee G. *The Origins of Statecraft in China*, *Vol*. 1: *The Western Chou Empire*. Chicago: The University of Chicago Press, 1970.

Farhi, Farideh. *States and Urban-Based Revolutions*: *Iran and Nicaragua*. Urbana, Ill.: University of Illinois Press, 1990.

Foran, John (ed.). *Theorizing Revolutions*. London: Routledge, 1997.

Goodwin, Jeff. *No Other Way Out*: *States and Revolutionary Movements*, 1945-1991. Cambridge: Cambridge University Press, 2001.

Goodwin, Jeff & ThedaSkocpol. "Explaining Revolutions in the Contemporary Third World." *Politics and Society*, Vol. 17, 1989.

Katznelson, Ira. "Working-class Formation and the State: Nineteenth-

Century England in American Perspective." in *Bringing the State Back In*, eds. by Peter Evans, Dietrich Rueschemeyer & Theda Skocpol. Cambridge: Cambridge University Press, 1985.

Katznelson, Ira & Aristide R. Zolberg (eds.). *Working Class Formation*. Princeton: Princeton University Press, 1986.

Mann, Michael. *The Sources of Social Power, Vol. 2: The Rise of Classesand Nation-states*, 1760 – 1914. Cambridge: Cambridge University Press, 1993.

Marks, Gary Wolfe. *Unions in Politics: Britain, Germany, and the United States in the Nineteenth and Early Twentieth Centuries*. Princeton: Princeton University Press, 1989.

Marme, Michael. *Suzhou: Where the Goods of All the Provinces Converge*. Stanford: Stanford University Press, 2005.

McDaniel, Tim. *Autocracy, Capitalism and Revolution in Russia*. Berkeley: University of California Press, 1988.

——. Autocracy, *Modernization and Revolution in Russia and Iran*. Princeton: Princeton University Press, 1991.

Skocpol, Theda. States and Revolutions: A Comparative Analysis of France, Russia, and China. Cambridge: Cambridge University Press, 1979.

Steinmetz, George. *Regulating the Social: The Welfare State and Local Politics in Imperial Germany*. Princeton: Princeton University Press, 1993.

Thompson, Edward Palmer. *The Making of the English Working Class*. Harmonds-worth: Penguin Books, 1968.

Tilly, Charles. *Coercion, Capital, and European States, A. D.* 1990 – 1992. Cambridge, Mass.: Basil Blackwell, 1992.

——. *Social Movements*, 1768 – 2004. Boulder: Paradigm, 2004.

Tocqueville, Alexis de. *The Old Regime and the French Revolution*. New York: Anchor Books, 1955.

Tsai, Shih-shan Henry. *The Eunuchs in the Ming Dynasty*. Albany: State University of New York Press, 1996.

Wickham-Crowley, Timothy P. *Guerrillas and Revolution in Latin America: A Comparative Study of Insurgents and Regimes Since* 1956. Princeton: Princeton University Press, 1992.

Wong, R. Bin. *China Transformed: Historical Change and the Limits of European Experience*. Ithaca: Cornell University Press, 1997.

Zhao, Dingxin. *The Power of Tiananmen: State-Society Relations and the* 1989 *Beijing Student Movement*. Chicago: The University of Chicago Press, 2001.

（本文为与徐进合写，发表于《社会学研究》
2007 年第 1 期，第 1—22 页）

中国大一统的历史根源

中国为什么能在春秋战国的历史发展中走向统一，并在以后两千多年的大多数时间内保持了统一，而欧洲却在罗马帝国垮台后始终处于分裂局面？面对这个问题，人们首先会想到地理因素。在春秋时代，中国的核心地域东邻太平洋，西靠崇山峻岭，北为大漠，南是蛮夷之地，其面积仅仅在150万～200万平方公里之间。相比较而言，欧洲国与国之间的竞争从古希腊开始就涉及北非、西亚、东欧等地，其面积可达春秋时代中国的近十倍。统一这一“任务”对欧洲来说显然要艰巨得多。地理条件虽然重要，但却不是决定性因素。比如，印度次大陆的面积200多万平方公里，且四面都与外界有很大的隔绝。从地理来说，其形成统一的条件应该与中国差不多，但是印度却在历史上从来就没有过长时间的统一，而第一次把全印度持久地“统一”起来的竟然是大英帝国治下的东印度公司。此外，在秦朝统一之初中国的核心地域有限，虽然统一之后中国的版图不断扩大，有些朝代的地域甚至大大超过了今天中国的版图，但是古代中国版图的增大并没有摧毁中国的大一统局面。因此，地理条件显然不是决定中国统一和欧洲分裂的根本性因素。以下，我想就中国是怎么获得统一以及这大一统局面是怎么得以维持这两个相关问题，为读者作出分析。

一、中国是怎么走向统一的？

一个国家为了赢得战争就必须拥有良好的军队、有效的经济生产和税收能力以及对国家的管理能力。战争因此会促进国家机器的发展和国家战争能力的进一步增强。当一个地区国家力量的发展形成了“一山难容二虎”的局面时，统一就在这一地区成了可能。在古代，一个地区的统一基本上都是长期军事竞争下的结果。但是，虽然国家力量在战争中总会得到发展，它的发展程度却会受到一个地区所特有的结构条件的约束，战争与国家力量的发展之间并不具有一种简单的线性关系。比如，罗马垮台后欧洲逐渐形成了四个主要权力阶层：国王、贵族、教廷和后起的城市中产阶级。欧洲中世纪的战争虽然也大大增强了国家的力量（比如，英法两国在百年战争（1337—1453 年）的推动下同时产生了隶属于国王的常规军和对百姓的直接税收能力），但是在贵族、教廷和城市中产阶级多重力量的钳制下，欧洲的国家力量始终不能得到中国式的发展。

与欧洲相比，春秋战国时代中国的社会结构显得十分简单。春秋之初，中国社会仅有两个权力阶层：君主和贵族。春秋早期，中国北方地区国家的军队大多数由贵族所控制，因此战争往往有助于该地区贵族势力的发展（在同一时期，鲁国出现了“三桓”，齐国出现了“田氏”，宋国出现了“七穆”，而晋国则出现了“六卿”）。公元前 6 世纪至前 5 世纪中叶，北方各国的贵族势力不断坐大。于是就出现了“封建危机”，导致了“田氏代齐”和“三家分晋”。当年的贵族摇身一变成了国君。

在晋国，魏、韩、赵等贵族势力在分晋之前，已经在自己控制的领土上逐渐推行旨在削弱他们属下的贵族势力的、以郡县制为中心的、非世袭性官僚体制，并在土地所有制、税收与法制上作了不同程度的改革。三家分晋后，为了进一步加强君权以及国家的战争动员能力，魏、韩、赵三国先后发起了在法家哲学思想指导下的全面性的改革。“三晋”中，魏国率先进行了改革。此后魏国实力大增，称雄战国，迫使其他国家加以效仿，于是就形成了一个从公元前5世纪后半叶至前4世纪中叶的旨在强国厉兵的法家改革浪潮。由于没有欧洲式的教廷势力和城市中产阶级势力的抗拒，更加上北方各国的贵族势力在“封建危机”后均走向式微，战国时的国家因此就能在战争的推动下几乎毫无阻挡地走向强大。显然，中国强大的官僚制国家并不是通常所说的“治水农业”的产物，而是产生于春秋战国时代战争背景下国家和社会的互动。

在战国诸雄中，秦国的贵族势力相对薄弱，因此改革更为容易推行。同时，秦国因为发起改革较晚而能借鉴他国之经验。因此秦国能采取相比其他各国来说更为彻底的改革。改革后，秦国借助其有利的地势，从渭水顺流攻击“三晋”，依长江直下包抄楚国，不久就在战国七雄中取得一国独大的地位。一个“一山难容二虎”的局面逐渐成形。

我们知道“国际社会”、“国际法”和“主权”观念的产生，以及民族主义的形成是近代欧洲没有能形成大统一的两个重大原因。“国际社会”等观念不但约束了欧洲各国的行事方式，而且保证了不同的国家在面对“国际规则违反者”时能团结起来（这就是为什么在面对路易十四、拿破仑和希特勒时，欧洲都最终能达成持续的团结，直至胜利）。同样，民族主义的产生促进了统治精英和百姓对异族统治者的反感，从而大大加强了征服的代价。在中国，法家改革的成功和法家思想在政治层面上的一家独大使得“现实主义”成了战国时期国际关系的唯一准则。任何类似于“国际社会”、“国际法”和“主权”等以价值为主导的国际关系观在战国时期都失去了市场。于是乎，不但反秦“合纵”难以持续，各国还“以邻为壑”，试图把秦国这一祸水引向他方。秦国因此能施行“远交近攻”，各个击破，把中国带向统一。

法家改革的成功还避免了一种“类民族主义思想”在当时中国的形成，这也加速了中国的统一进程。为了吸引民众从军，国家一般会采取以下三种方法（当然，一个具体的国家不会仅仅依赖一种策略来动员民众加入战争）：第一，用金钱来雇佣民众；第二，通过一种意识形态，使得人们觉得是在为自己的命运而战；第三，采取“大棒加胡萝卜”的方法通过强制来胁迫民众从军，并通过奖励勇敢来鼓励献身。理论上来说，强制性能力差而财源滚滚的国家会采取第一种方法，强制性能力很强的国家会采取第三种方法，而财源不够同时强制性能力不强的国家会采取第二种方法（现代民族主义正是在这一背景下在欧洲形成的）。战国时代法家改革的成功大大加强了国家的强制性能力，使得当时的统治者无须通过煽情让人们觉得他们是在为自己的命运而战，而直接采取了“大棒加胡萝卜”的方法通过强制性手段来迫使民众从军，这就阻止了“类民族主义思想”在当时中国的形成，从而大大便利了中国的统一进程。（楚国的法家改革比较不成功，楚国延续了数百年的贵族势力因此也得以持续。正是由于有着很强的贵族文化和贵族认同的存在，使得楚国成了战国七雄中唯一出现了像屈原这样能被今天的历史学家塑造为“爱国主义者”的地方。）

在描述战国晚期的历史时，《史记》里出现了如下类型的记载：秦国在打仗前会派奸细到他国传播比如他国的将军将要投靠秦国的谣言，使得他国的国王撤免（甚至是杀害）这一将军，并任命一个无能者替换，从而导致了秦国的军事胜利。对于这类记载，传统史家往往会通过指责他国国王的无能来解释。事实上，这儿有着一个很简单的规律：一旦没有“民族主义”和“爱国主义”这类思潮，国家就会像一个个公司，政治家们可以自由跳槽，择木而栖。在这一结构下，大公司（秦国）不会惧怕它的CEO去他方屈就，而小公司则得时时防范雇员跳槽,《史记》中的这类故事正是在这一背景下出现的。民族主义的缺乏也在这一意义上加速了中国的统一进程。

二、中国的大一统局面是怎么得以维持的?

秦朝在始皇帝统一中国15年后就走向崩溃。但是,秦朝所建立的大一统帝国模式却成了今后两千多年中国社会的主流历史形态,即使是南北朝时期的长期分裂和儒学式微也未能彻底打破这一状态。中国的大一统局面是怎么得以维持和发展的呢?这儿我想就这一问题作出回答。

我的分析将从古代帝国所面临的一个共同困境入手——有限的运输能力和交通手段一直是古代帝国所需面对的一个重大约束条件。面对这一问题,古代帝国采取过以下对策:第一,通过军事威慑和外交手段迫使周边的部落领袖向中央政权效忠,虽然效忠后当地的政治仍然由地方部落领袖自治管理。第二,通过强制周边部落的领袖把他们的儿子送往中央作为人质,以加强对周边的控制。以上两种方法有着共同的弊病,那就是一旦中央政权走向衰落,周边的贵族马上就会"树倒猢狲散",甚至是转而效忠于敌国,从而加速帝国的垮台。当年周武王克商,牧野之战商朝一日而亡,其背后就是这一原因。古代帝国的第三个常用控制手段就是向周边地区派出特使或官员,对其进行直接控制。这一方法当然比起前两种方法有效。但是,在通信和控制极其不便的情况下,中央不能保证派出人员不与地方势力勾结,甚至经营独立王国,造成尾大不掉。因此,为了提高对帝国辽阔国土的管理能力和减低控制代价,古代帝国的下一步发展就是形成统一的精英文化,甚至是精英的认同感,以文化的同质性来弥补直接控制能力的不足。罗马帝国的发展就达到了这一境界。在罗马帝国的成熟期,罗马各省的贵族都在露天剧场中看奴隶角斗,在罗马浴池洗澡，享受着相似的世俗生活，有着一定的认同感。一般来说，一个帝国会同时运用以上四种方法对周边地区实行控制，但是成熟的帝国主要会运用第三、第四种方法，而较为原始的帝国依赖的主要是第一和第二种方法。

中华帝国的政治控制手段也不外乎于以上四种。但是，在中国的历史进程中，这些控制手段的发展却也展示出了自己的特殊性并对中国历史产生了重大的影响。西周建立之初，其统治者面临来自宗室成员和商朝旧势力的严重威胁。对此，周初的统治者采取了两个对后世有着深远影响的创举性对策。第一，为了与商朝遗民达成和解，周的统治者声称他们推翻商朝的举动具有正义性：商王因其暴虐的统治而丧失了天命，周则是天命的合法继承者。“天命观”在其出现时有着强烈的宣传性质。但随着时间的推移，它在中国政治思想中扮演了越来越重要的角色。在春秋战国时代，被后世所标称为儒家的学者将天命思想加以系统化，此后，该思想体系逐渐被神圣化并最终成为中国帝制时代王朝合法性的基础论述。但是，“天命观”的背后却暗含着“造反有理”的思想，即人民有权推翻不称职的统治者。中国历史上难以计数的农民起义无一例外都带有这一观念的胎记。第二，接受了商王朝一日而亡的教训，西周的统治者开创了一个新型的帝国形态：他们不再在占领土地上树立自己的傀儡，而是派遣王室成员到各战略要地建立邦国，并建立了一套复杂的礼仪系统对各邦国诸侯进行控制。西周统治者的这一创造性的手法不但加强了其对周边地区的有效控制，更为重要的是它还深化了血缘关系在中国政治中持续的重要性，为儒学的产生提供了基础。

西汉时，经汉武帝的推崇，由董仲舒等多人改造而成的“官方儒学”上升为政治显学和国家意识形态。此后两千多年中国的政治形态基本上可以被看作是一个“儒法国家”，即一个奉儒家学说为合法性基础，同时采用工具主义的法家作为御民之术的、中央集权的官僚制国家。在这一政治体制中，皇帝被神圣化为“天子”，而“天命”的解释权则掌握在从知识精英中选任的儒士型科层官僚手中。这一政治体制在国家政权与儒家精英之间建立了一个相互依赖的共存关系，为国家的统治提供了合法性基础，为臣民的生活提供了道德准则，在社会精英层面上维持了一个同质性的文化，为社会下层群体提供了一定程度的从政入仕的机会。我在以下的分析中想要指出的是，官方儒学的产生给予了帝国的精英统一的文化和认同感，弥补了帝国控制能力的不足，这就是大一统局面在两千多年中能得以维持的关键。

罗马帝国的精英阶层也有着同质性的文化。但是，罗马的同质性文化是世俗性的。罗马的世俗性文化在基督教兴起后受到了挑战。基督教的教义和礼仪极其简单，容易在平民中传播，生命力很强。罗马帝国根本就没有能力加以镇压和扑灭。同时，罗马帝国也很难将基督教树立为像儒学一样的帝国政治学说。这是因为基督教强调"上帝面前人人平等"，非常有损帝国权威的树立。同时，基督教还强调"因信称义"（justification by faith），或者说只要相信上帝的都是上帝的子民。它因此而造就了一个超越罗马帝国的认同感，减弱了人们对帝国的情感。基督教力量的壮大不但促进了罗马帝国的灭亡，而且还为欧洲在罗马帝国崩溃后达成统一加大了难度。在整个中世纪，天主教教廷一方面需要国家的保护，另一方面又不希望国家力量变得太强大，从而侵蚀教会利益，欧洲就这样在国家与宗教的合作和竞争中四分五裂，再也不能恢复昔日罗马时代大一统的"辉煌"。

在中国，自汉武帝后，儒学始终保持着作为一个统治意识形态的优势。即使是在儒学相对式微的南北朝时期，如日中天的佛教也无法取代儒学而成为中国的统治意识形态。与儒学相比，佛教有着一种为统治阶级所不喜欢的"佛祖面前人人平等"的情怀。况且，佛教追求来世轻视今世，难以与经世致用的儒学在政治层面进行竞争。这就是为什么当时北朝的统治者会从兴佛转向抑佛甚至是灭佛，为什么北魏孝文帝会主动发起对自己族群文化的打击，并着力提高儒学在北魏的统治地位。孝文帝的所作所为都在无意间为中国重新回归大一统局面做了准备。

中国历史上有着周期性的"朝代循环"。但是稍作考察我们就可以发现,这朝代循环的背后并不具有什么周期性规律。如果有什么规律的话,它应的也是"一样生百样死" 这样一句俗话。中国每个朝代的倒台原因非常不同,但是新的大一统局面形成的背后却都有着相似的原因,那即是统治阶级在上台后马上会发觉儒学是最为适合的统治意识形态,并且为了获取政治稳定他们必须取得儒家知识分子的支持。汉朝时就已形成的"儒法国家" 政治形态就这样在新的条件下不断被"复制",虽然这一复制在每一朝代都会因为受到当时的结构与人事的调节而显得不尽相同。

就这样,儒学为中华帝国提供了一个同质性的文化和认同感基础,从而在很大程度上弥补了古代帝国控制能力有限这一局限。儒学的存在使得帝国这一国家形态在中国这块土地上发展出了一个难以逾越的高峰:古代中国有着强有力的国家,发达的官僚体制和精英层面上的认同感。除了当时的百姓尚没有现代意义上的民族认同感外,中华帝国在很大程度上犹如一个现代"民族国家"。19 世纪末以来,中国的历史学家一般都会把中华帝国的这一形态看作是中国社会发展的桎梏。而现代的学者更会把诸如"反右"、"大饥荒"、"文化大革命"等悲剧看作是由于中国长期大一统而带来的"东方专制"文化的结果。其实,类似的灾难性国家政策在德国、日本、苏联、柬埔寨、伊拉克等许多文化和历史完全不同的国家中都发生过。它们构成了"现代化"的黑暗面,属于后发展国家在帝国主义、民族主义和国内政治多重互动下走向极端的例子。当然,由于有着长期大一统而带来的强国家传统,中国在错误和正确的道路上都会走得很快。这就是为什么我们的国家能在将全国飞快地带入"大饥荒"和"文化大革命"后,马上又能把全民带入一场致富运动,在世界上创造了另一种奇迹。

(本文发表于《文化纵横》2009 年第 6 期,第 102—106 页)

阳儒阴法，双面皇帝

——芝加哥大学赵鼎新教授专访

20 世纪 70 年代中期，一场“批林批孔”的闹剧正在中国大地上如火如荼地展开。年轻的赵鼎新在他所在工厂的宣传干事牵头下，参加了一个由五名青年工人组成的学习和写作小组，在这片火热的革命海洋中看尽世态炎凉。

这是他对儒法斗争最切身的体会。

他记得，工厂里的一位青年工人因为在批判刘少奇的《论共产党员的修养》时勇敢地说了一句“刘少奇说的都是大实话”而受到批判。面对此情此景，赵鼎新沉默了。在小组中，有一年的时间，他没有写一句批林批孔的文字。他让自己沉浸在阅读中。正是在这个小组中，他第一次有机会读到荀子、韩非子乃至孔孟的著作，还有郭沫若的《十批判书》和范文澜的《中国通史》。很多材料本是批判的对象，却成为这位如饥似渴的青年最初的学习养料。

他发现，中国不仅是一个有着儒学传统的国家，强权与帝制思想也是根深蒂固。它们的结合形成的是一种帝国儒学：法家政治权力与儒家意识形态的合一。几千年来，在这帝国的疆域上，在儒家温文尔雅表象的背后，则是法家残酷的屠戮与权力斗争。

这就是为什么，在欧洲，相似的中世纪列国战乱时代导致的是工业资本主义、民族国家和代议制政府的产生，而在中国，东周战争最终的结局是秦始皇一统天下和几千年的帝制。

2006年，赵鼎新写下了一篇英文长文，阐述他对中国历史的理解，这篇长文就是后来由华东师范大学出版社和上海三联书店共同出版的《东周战争与儒法国家的诞生》。这本在学术界引起层层涟漪的著作其实只是赵鼎新庞大写作计划中的一个提纲。

这两天，赵鼎新教授正忙着完成这个写作计划的初稿，恰逢辛亥革命百年，回顾中国的历史，反思中国社会和思想的变迁，挖掘其根源，亦可以观照当下，思考中国的未来。

一、东方专制的儒法国家

新民周刊：对儒家与资本主义之间的阻碍关系前人多有论述，但是对于法家，学者则涉猎较少。相对于儒家，法家导致的东方专制主义，排斥了社会中的多元化因素，是不是更成为一种阻碍性的力量？

赵鼎新：我想是这样的，不论是基督教、伊斯兰教还是佛教和印度教，宗教都对资本主义的兴起起到了阻碍作用。欧洲和其他地区的区别在于，它在中世纪时出现了新型的城市，以及欧洲权力关系的高度复杂。在中世纪，欧洲的国家权力和神学权力始终处于一种合作性斗争状态，斗来斗去的结果是国家权力始终不能独大。比如，神圣罗马帝国在公元10世纪的时候曾经是个强大的国家，就是因为教皇、各省的教会和君主之间始终有矛盾，其结果是，在教廷的压力下，整个国家就垮了，导致其核心区域上的德国直到19世纪才重新走向统一。在欧洲，国家力量、基督教力量和贵族力量之间形成了制衡，于是为中世纪独立城市的兴起创造了条件，这些城市处于自治状态，它们的管理方式继承了罗马的共和体制，它们还有自己的军队，并且发展出了自己的文化和思想理念。韦伯所提出的、对资本主义在欧洲的兴起有着关键性作用的加尔文主义就是这一文化和思想理念发展的产物，或者说加尔文主义其实就是为资本主义、个人主义谋划，一个以城市中产阶级利益为核心的宗教改革。从这个意义上来说，韦伯关于资本主义起源的解释是没有力度的。加尔文主义就是一个推崇资本主义和个人主义的宗教学说，其产生的本身就象征了资本主义和城市力量的胜利，因此用加尔文主义来解释资本主义在欧洲的兴起就像是在拿资本主义来解释资本主义。我们必须注意的是，中世纪的天主教神学绝对不会比我们的儒家和法家的学说更有助于资本主义的形成。

新民周刊：这些城市还是自治性的城市，不是帝国统治下的城市。

赵鼎新：在欧洲，许多城市是自治性城市，有些应当被称为城市帝国。此外，即使是在法国、英国等有着相当领土的国家内所发展起来的城市，它们也有着很大的自主性。

新民周刊：如果说儒学为社会生活风俗习惯符合政治权力树立了道德规范的话，那么法家就直接为国家主义张目，它们共同构成了一个维护现存国家体制的关系网，用儒家的说法也许可以这样来说明："内圣外王"。可以看到，其中，法的效力通过政权表达出来，它具有更直接的威慑性，而一旦脱离了法的监护，儒家其实也面临着诸多危机，它可能会被其他意识形态所取代。这是不是最终使得儒家在整体上越来越依赖于法，依赖于政权？这样的话，儒和法其实是必须统一于国家的旗帜之下，并且逐渐互相吸收，儒家法家化，法家儒家化了。

赵鼎新：可以这么理解。单讲儒学，只会清谈，你怎么治国？治国需要具有强烈现实色彩的法家学说。但是法家学说不能给国家的存在提供一个合法性基础，并且法家学说只能为国家权力张目而不能对国家权力进行限制。法家学说的这些弱点正是儒家学说的所长，这就为古代中国社会儒法理念的长期相互依存提供了基础。“儒法斗争”是有的，有时候统治者更讲“道德”，儒家就占上风，有时候现实感主导了国家政治，于是法家就会更具吸引力。所以左右摇摆是必然的，事实上，中国古代的士大夫多少都会受到儒家和法家的双重影响。

新民周刊：官方儒学和孔子的原教旨儒学之间其实并不能完全画等号，在官方儒学占据主导地位之后，是否也会有一种潜在的民间儒学存在？

赵鼎新：没有完全的民间儒学，但是与儒学正统有显著区别的儒学思想始终是存在的。晚明的泰州学派，以及明末清初东林党人的思想都是例子。儒学有着自己的生命，它一直在变化，它的内部有张力。这种张力对于皇权的限制有着很大作用。比如，儒生在当了官之后，就会用儒学教条对国家和皇权加以限制。即使是官方儒学，它虽然强调皇权，同时也要强调：皇帝要像个皇帝样。皇帝如果太不像话，施政上和孔孟之道太不符合的话，儒者就会出来规劝他。这实际上是个很大的权力。此外，古代中国也有着很多对权力限制的程序，如果认为皇帝做得不对，一些大臣可能会不断上书，和皇帝叫板。皇帝可以杀一两个大臣，但却不得不依靠整个官僚体制，因此经常是选择妥协甚至是消极对抗。一方面，皇帝需要儒学为其提供合法性，另一方面，皇帝又需要一批精通儒学的学者来做他的官，这样，皇帝就把自己束缚住了。所以，中国古代的皇权，从来就不像“东方专制主义”所描述的那么可怕。将“文化大革命”与中国古代的专制相提并论，是毫无道理的。中国古代皇权没有那么专制，也没有现代技术的支撑使得它能将国家专制向社会深入贯彻。

新民周刊：中国古代一直在进行一种循环，从建立皇朝、初期休养生息、中期鼎盛到出现危机、中兴、农民起义、灭亡，总是在经历这样的轮回，为什么这样一个儒法国家体系必然会走向它的反面？是儒法的规范早就为它的衰亡奠定了基础？

赵鼎新：儒学没有起什么作用。中国古代王朝大多数也不是被农民起义推翻的。比如说汉朝，黄巾军起义对东汉的灭亡起了很大的作用，但是汉朝在黄巾军起义之前就已经不行了，内部的宦官外戚皇权斗得一塌糊涂。西汉的灭亡则和农民起义几乎没有什么关系，而是王莽篡权的结果。唐宋呢？唐朝安史之乱后藩镇割据才是问题所在，黄巢起义只是唐朝灭亡诸多因素中的一个，宋的灭亡则主要是因为外族入侵。所以你看，并不是所有的朝代都是农民起义推翻的。

王朝更迭的背后有许多原因。建国的皇帝往往是比较有能力的，并且他能接受前朝的经验教训，搞一些改革，于是就出现了新的气象。此外，改朝换代的动乱和战争在一定程度上摧毁了原有的社会结构，大大减少了人口压力，使得开国之初的皇帝有比较大的自主性，之后的皇帝自主性越来越差，官僚体制的效率也越来越低。成功本身也会导致失败，康乾盛世，国家繁荣，但是繁荣导致了人口的大大增加，结果清朝康熙乾隆年间 150 年里人口翻了超过一番。传统农业国家粮食亩产量提高不了多少，人口大大增加于是就带来了众多危机，明朝、清朝都是如此。还有异族，元朝、清朝都是长城以北游牧民族入侵而建立的帝国。所以中国古代王朝的消亡有很多原因，不能都归咎于儒家政治系统，世界上没有一个帝国、一个政权可以永远保持不衰败，东方西方，过去将来，都一样。

新民周刊：儒法政治系统对国家的治理和延续起到了很大的作用？

赵鼎新：对，儒学对王朝的倒台不见得负有很大责任，但它对王朝形成后的走向却有着很大限制。不管谁统治了中国这片土地，满人也好，鲜卑人也好，朱元璋也好，他们都会发现，治理一个国家，还是儒学思想最好用。第一，儒学比其他的任何思想和宗教更能为政权提供执政的合法性。第二，儒学在中国的士大夫阶层扎根后，一个新兴的政权如需要获得政治稳定就必须依赖儒学。这就是为什么在中国这块土地上的每一个王朝在兴起后都捡起了儒学这一块“敲门砖”。

二、中国古代为什么没有接受科学?

新民周刊：西方的科学思想在明朝的时候已经开始进入中国，它们没有快速地发展壮大起来与儒学思想的保守性有没有关系?

赵鼎新：儒家的思想肯定是不利于现代科学的产生和发展的，但是科学思想在中国没有发展和儒家也没有什么必然关系。中国整个的哲学基础——不管是儒家也好，法家、道家、墨家也好——都不是从因果关系看问题，都喜欢从历史的长距离来审视问题，这样一来，中国就很难形成科学思维。什么是科学?科学就是片面但是深入地看问题，就是把其他条件进行“控制”，从而思辨和考察一个变量对另一个变量的影响以及内在机制。在中国，不仅儒家，其他哲学都是一样，即认为社会的众多方面是互相联系在一起的，并且历史与当今社会有着很大的关联。因此，中国人擅长宏观全局地看问题。但是，正是中国人的这一历史理性精神，使得我们不能接受把问题进行割裂并加以深入研究的科学方法。所以这样一来，西方科学思想不可能在明朝的中国产生很大的影响。儒学、法学、道家都一样，不要只怪儒学，这是中国的传统。

特别需要指出的是，西方科学传统也不是没有问题，西方科学方法在自然科学领域取得了很大的成功，但是在现代人文科学中就暴露了其多重局限。简而言之，他们的研究方法使得我们对社会的各种微观机制有着越来越清楚的了解，但是却往往是只见树木不见森林，并不增进我们的智慧。

新民周刊：道家思想在中国历史上是否并不总是一种消极性的力量？汉初的“文景之治”是“无为而治”的成功范例，在中国历史上，历朝历代建立之初，开国君主往往采取比较宽松的休养生息政策，这些政策和道家思想是否有关，还是说更多是从国家健康发展的角度作出的决策？

赵鼎新：我想这两个方面的考虑都有。汉初流行黄老之说，如果建国之初不进行休养生息的话，那该怎么办？经过连年的战乱，国家急切地需要一次社会休整。同时，黄老学说又为执政者提供了一种理论的依据，使得他们可以名正言顺地实行自己的政策。

庄子把世界看得比较淡，因此比较消极，老子却不同。老子一方面寄希望于“无为”，另一方面，《道德经》大量地在为君主提供君王之术，只是说“无为”比“有为”更有利于统治。法家是对抗性的统治策略，你不服从就打你；而老子采取的是非对抗性的统治策略，区别如此而已。

新民周刊：其实中国很多的发明和道教炼丹术有关，比如火药，道教的发明为什么没有走向西方式的现代化文明，和他们的目的——长生不老——有关吗？

赵鼎新：世界上有两类发明，一类发明并不需要许多科学知识和技术作为铺垫，因此在任何时候都有可能发生，而另一类发明则需要很多科学知识的技术作为基础。中国的大多数发明属于前一类，而西方蒸汽机发明则需要物理学的发展，也需要许多技术的保障，因此属于后一类。近代西方，科学和技术的发展形成了正反馈互动，社会又给予发明创造以巨大的市场，刚开始搞发明是很穷的，可是一旦他成功之后，他就可以很有钱很出名，这都为西方的科技进步打下了坚实的基础。可是反观中国，我们的技术发展既没有西方这样的激励机制，也没有科学作为后盾，因此也难有西方那样的关键性突破。

三、晚清之后，中国是否一定发生革命？

新民周刊：刚才您提到康乾盛世时的人口问题，您是否认为人口问题是清朝走向没落的根本原因？

赵鼎新：有没有西方的兴起，清朝都会走向没落，但是人口却并不是清朝走向没落的一个最为主要的原因。清朝这个朝代还是非常了不起的。历史发展的过程中，几乎每个朝代都在“进步”，清朝的不同在于：第一，他们作为一个游牧民族的朝代，把对游牧部落的认同感一直保留了下来，这是很不容易的。很多游牧民族一进入中原就“腐化”掉了。第二，他们锐意改革，到了清朝晚期，皇族中还出了许多改革派，这也非常难得。如果没有西方殖民者的入侵，清朝可能还能维持更长的时间。

但是清朝在 19 世纪的积弱却有着其特殊性。在当时，谁统治中国都要倒台。这是因为中国在当时碰到了一个全新的对手，即新兴的西方资本主义世界。它与传统的北方游牧民族的威胁完全不同。所以当时即使是汉族统治者也一样要垮台。

新民周刊：经济、城市和人口的发展在唐、宋、明、清时都达到过高峰，彭慕兰指出：“从 1400 年到 1800 年间，中国不仅是东亚纳贡贸易体系的中心，而且在整个世界经济中即使不是中心，也占据支配地位。”如果没有西方殖民入侵，清朝这样一个经济体是否在一个比较长的时间段内仍然可以保持繁荣昌盛？

赵鼎新：那也不会。当时清朝繁荣主要集中在江南，江南富强也没有到可以维持清朝统治的程度。因为江南还是以传统手工业为基础的经济。宋以后，中国技术发明的速度大大减缓，不足以维持经济长期的繁荣。

新民周刊：日本的问题对于中国似乎也是有镜鉴意义的。通过一次自上而下的明治维新，日本就走上了富国强兵的资本主义道路，可是在中国似乎就不可行，是不是中国必然要走上革命的道路？

赵鼎新：历史有很多可能，中国也不见得一定就会走向革命。但是就具体的历史现实来说，革命在中国有着一定的必然性。首先，中国最后一个朝代是少数族群统治的王朝，具有国内的族群矛盾和对外的民族矛盾两大矛盾，曾国藩和李鸿章镇压了太平天国之后，满人和汉人之间的族群关系大大增进，所以像军机大臣这样的要职都交由汉人来担任。但是孙中山们提出“驱除鞑虏，恢复中华”这样的口号之后，满汉关系就不一样了。慈禧太后搞改革，一方面希望能通过改革富国强兵，但是另一方面想通过改革来加强满族人的势力。她的做法给汉族精英带来了失望，袁世凯这样的高层官员以及各省的汉族地方精英于是就离心离德，这才是革命得以成功的关键所在。武昌起义本来并不是很大的事，但是武昌起义之后，十三个省的汉族地方精英马上就宣布独立，这就不好办了。即使如此，如果袁世凯想镇压武昌起义的话，这也是一件并不困难的事，只是袁世凯不想镇压。你排挤我，还差点杀了我，我为什么要忠于你呢？内部的族群矛盾和对外的民族矛盾交织在一起，使得中国历史向着革命的方向发展。

新民周刊：王国维自杀也有被解读为“殉清”的，清亡后，汉族是不是也有许多人在心态上成了遗老？

赵鼎新：当然会有，剪辫子的时候很多人都哭了。废除小脚的时候也有不少人去自杀。如果是你，缠了许多年小脚，让你放掉你肯不肯？清军入关的时候，为了留辫子问题杀了不少人。清末也是，为了剪辫子死了一些人。这同样都是历史事实。

（采访者：何映宇，发表于《新民周刊》
2011 年 5 月 30 日，第 76—79 页）

文明竞争中的决定因素

众所周知，中国是个多族群国家，至今还存在不少族群矛盾和冲突，这和农业政体与草原政体之间几千年的冲突历史不乏关系。所谓“农业政体”和“草原政体”，便是指代惯称的“农业帝国”和“游牧部落”，前两个词更加中性、对称一些。

游牧族群对整个欧亚大陆都曾产生影响，但一些大型的游牧帝国主要出现在中国境内，比如匈奴、突厥等。中国北方的游牧族群可以分为三类，一类是西部的羌人、藏人；一类是北部的蒙古人、鲜卑人；一类是居于东北，渔业和游牧混杂的满人、女真人、辽人等。历史上，羌人、藏人对中国的影响不大，仅仅出现在东汉和唐朝初期。北方蒙古帝国虽然军事力量强大，但占领中国全境也不过几十年而已。真正对中国产生较大影响的是东北游牧群体，即便他们的军事力量并不非常强大。

草原政体与农业政体真正起冲突始于战国晚期。此前的戎人和狄人都是以放牧为生，但不是骑在马上的族群。到公元前 8 世纪，由于培育的马越来越大，北方人民才慢慢开始骑马，成为“马背上的民族”。南宋时期，中国北方曾被多个游牧或半游牧帝国控制。元朝和清朝的统治者在占领中国之前也是游牧或半游牧的族群。

游牧族群虽然传入了很多新的历史和文化，但并没有根本改变中国儒法国家的政治结构。历经千年，中国游牧族群始终能在地缘政治竞争中保持活力，主要依靠三个结构性因素及相关机制：气候条件、双方领导者的视野，而更重要的是草原政体和农业政体在地理、生产方式、组织上的比较优势，他们相互学习模仿，以及在竞争中同化。以下介绍决定竞争胜负的几大因素。

一、气　候

纵观历史上草原政体与中原农业政体间此消彼长的关系，不难发现气候条件的重要性。结合著名气象学家竺可桢重建的中国千年气候变化的规律来看，每一段寒冷期，碰巧都有游牧族群移民或入侵中原。如公元前1000—前700年，猃狁、戎、狄进入中原。公元1000年后持续了较长一段寒冷期，游牧族群则不断进犯中原，导致西夏、辽、金、元、清王朝的兴起。不过，公元1000年以前，游牧族群入侵带来长期战乱，而之后却只导致王朝的更替，可见西汉开始出现的儒法国家系统比较稳固。

西周垮台时，气候变冷导致游牧族群迁徙，到战国时期气候变化终止，双方的冲突开始减少。到魏晋南北朝，气候又变冷，再次导致游牧族群南迁，并与中原汉人发生大规模的战乱。汉朝时期，匈奴帝国的衰弱不仅仅缘于汉武帝的军事胜利，也和其内部分裂以及气候恶化有关。严冬时期，马、羊数十万计地死亡，经济上的严重损失逼迫南匈奴向汉朝投降，变成半农业半游牧的形态。

游牧族群的活动与气候之所以密切相关，缘于气温下降对游牧地区的影响远胜于农业地区。第一，由于气温波动大，大部分草原牧民的植物已经到了存活极限，即使很小的温度变化对作物也会产生很大的影响。第二,游牧式生活对人口压力更敏感。对他们来说,牲畜既是"种子"也是食物。气候变冷时,游牧地区的植被产量减少,牲畜大量被冻死,再加上营养不良,马奶、羊奶产量大大减少,不能再为牧民提供足够的食物。但是,牧民却不能靠大量地吃马肉、羊肉解饥。因为把马和羊吃掉太多的话,来年气候变暖后牲畜来不及繁殖,后果极其严重。游牧族群因此需要在马尔萨斯人口压力发生之前就进行有效的人口控制,保证资源与人口的平衡。第三,寒冷的气候不仅降低游牧地区土地的承载力,还会增加暴风雪等其他自然灾害发生的可能性。灾害同样会迫使游牧族群南迁。

二、时机与领导者的视野

气候变化仅仅描述了游牧族群活动的粗略轮廓,要解释其入侵的成功与失败,就要看影响农业政体和草原政体关系的第二个结构性因素——领导者的视野。中国的许多王朝都有游牧或半游牧血统,王朝疆土面积与统治家族的族群血统息息相关。即使已经统治中国多年,清朝皇帝仍然有控制草原的强烈欲望,因为其骨子里就一直企图征战亚洲内陆。而汉朝、宋朝、明朝等中原帝国的疆域则相对小一些。

从西汉到清朝,中国一直是儒法国家。除了儒学思想外,重视工具理性的法治也很有影响力。中国古代开国皇帝倾向于法治,很少受儒家思想的束缚。由于他们通常靠战争获得政权,而且建国初期儒家官僚系统未正式建立,更倾向于用武力征服周边部落,因此中国历史上的远征军通常出现在王朝初期。

到了王朝的中期,不同性质的政体开始显现出区别。农业政体一般靠封君、联姻、赐礼等来控制游牧族群。其统治者对草原上的贫瘠之地兴趣不大,一方面出于安全考虑,一方面征战草原耗资巨大,一般国家很难支持。而更重要的是，中原血统的君王受儒家官僚的影响，更倾向于通过支配，而非武力夺取来处理外交关系。

继承了游牧族群血统的王朝君主，即使有不同的视野及执政自主性，迟早也会被儒学统治意识同化，最后依靠儒家官僚体系。虽然清朝统治者更有野心征服亚洲大陆，也更擅长对付游牧族群，但多数情况下，清朝依然延续了以费正清式"中国的世界秩序"作为意识形态之本的儒家外交政策。

时机对于游牧族群的成功也很重要。在农业地区，帝国是一种比较稳定的政体形态，而在游牧地区，稳定的政体形态则是部落联盟。游牧地区之所以能产生帝国，一般是由于产生了一位克里斯玛式的领袖，而他的权威则来自于带领部落成员进行成功的抢劫和掠夺。一旦抢劫与掠夺不成功，部落就会产生内乱与分裂。这时，时机与游牧部落领袖的视野都变得很重要。

如果一个游牧帝国在兴起后面对的是一个已经获得统一的农业帝国，比如西汉初年的匈奴、唐朝初年的突厥和清朝康乾时代的准噶尔，这时农业帝国只要与游牧帝国打成拉锯局面，游牧帝国就会发生内乱。

有的时候，游牧帝国是在农业帝国衰弱时形成的，比如辽、西夏、金、元与清，这些游牧帝国往往能入主中原。这些游牧帝国能够入主中原不单单是因为时机，还因为其领导者的视野。这类游牧帝国的早期领袖一般是中央农业帝国的"少数民族干部"，他们的祖上在农业帝国强盛时被吸纳进入政府，为农业帝国戍边。他们手下也往往有许多汉人谋士，并且熟悉农业帝国的组织构造。当中央农业帝国衰弱时，这些"干部"中具有帝王野心与视野之人就会与中央帝国离心离德，并伺机反叛，成功者则入主中原。

三、农业政体在组织技术上拥有优势

影响草原政体与农业政体之间关系的最重要因素，在于比较优势以及两类政体在竞争中的相互学习。这些因素的背后，蕴藏着很多复杂的机制。草原政体擅长军事，农业政体的优势在于组织、文化、人口和积累。历史的发展一直是二者相互学习的过程。

（一）生产方式

一般的研究会用生产方式来解释草原政体相对于农业政体的优势，现有的分析理论包括自然战士理论、贪婪理论、需求理论和解构理论。

笔者的研究是从气候条件入手。降水量和温度会影响当地的生产方式、食物链和人口。长城一带大致可以看作400毫米等降水量线，降水量低于400毫米的地区无法开展种植业，只能发展畜牧业。草原政体位于长城以北，以畜牧业为主；农业政体位于长城以南，以种植业为主。生产方式的差别会进一步影响到食物链。中原人以吃植物为主，游牧民族以吃肉为主。食物链的原则是每高一层级，就需要十倍的能量。这意味着在两地同等肥沃的情况下，游牧地区承载的人口只是农业地区的十分之一。更何况长城以北地区温度比较低，植物生长困难，恐怕能承载的人口连十分之一都不到。

人口密度的巨大差距给了草原政体在与农业政体竞争时的一个巨大的不利因素。比如，在草原政体取得胜利占领了农业地区后，他们就不得不面对巨大的农业地区人口带来的同化压力，结果往往是军事上取得胜利，而文化上却被同化。

（二）农业政体具有组织技术优势，草原政体具有军事技术优势

两种政体在累积性方面也存在差异。生产方式决定政体形式，

农业社会的生产方式不利于人员流动，使得政权对百姓容易控制，因此在农业社会中，帝国是一种比较稳定的政治统治方式。一个帝国一般能发展出文字和比较复杂的组织形式(比如常规军与官僚体制)，帝国的文明也因此有较大的积累性。这些都是草原政体不具有的优势。

相反，草原人群的流动性大，不容易控制。草原政体的稳定形态因此是部落制度，形成部落联盟，并根据部落之间的协调需要，产生符合当时实际情况的协定。在游牧地区出现帝国这样的政体时，这背后一般有一个具有克里斯玛魅力的领袖。他的克里斯玛魅力的源泉就是能带着部落成员进行扩张并取得胜利。一旦失去了这样的领袖人物，游牧地区出现的帝国就会走向瓦解，重新回到部落联盟的状态，先前获得的技术与优势则被逐渐遗忘。因此，从发展形态来说，农业地区的军事、组织与技术处于渐进式上扬的形态，而游牧地区的发展趋势属于震荡徘徊。这样经过几千年的积累，农业政体在与草原政体的竞争中就渐渐胜出。

但是，游牧人群需要和恶劣的天气斗争，与狼等野兽作斗争，并且他们在马背上的流动性很大的生活方式与军事接近，因此，草原政体往往拥有军事上的优势。农业政体的组织优势，草原政体的军事优势，以及他们之间的相互学习则构成了中国古代几千年来农业政体与草原政体关系的主轴。西周晚期和春秋早期，戎狄非常厉害。这种情况迫使汉人发生改变，作战方式从以战车为主调整为以步兵为主。秦始皇的统一使汉人有能力攻击匈奴部落，各部落不得不联合起来以求对抗秦朝的攻击。但意想不到的是，刚建立帝国的匈奴见证了汉人的内乱——秦汉交替花了六年时间。这时候汉人发现输给了向自己学习的匈奴帝国，于是汉人也开始学习匈奴人的行军征战方式。汉武帝时期，已经任用匈奴人来训练部队，霍去病也开始采用突袭方式作战。

同时，我们发现，伟大的游牧帝国都集中出自东亚地区。这是因为中国农业帝国的强大，游牧族群背靠着世界上最强大的农业政体，会通过学习形成草原政体军事优势和农业政体组织优势的合体，从而提升自己的实力。

（三）农业帝国的地域动态和边远地区统治机制

生产方式同时也决定战争的代价。草原政体可以经常采取突袭战术，这是农业政体无法比拟的优势。草原政体可以在一段时间内集中打垮敌人的军队或者城市，但农业政体的军队很难及时歼灭草原政体的军队。

首先，游牧族群的军队移动太快，攻打对方拿到好处后，可以立即携带所有财富销声匿迹。其次，虽然农业政体可以出动大军，但最后部署在前线的不过数千人。诸如汉朝经常派遣十万军队出征，但每前进至一地都需要留下部分兵力作保障。所以一路下来，到最前线的也不过几千人。农业帝国维持补给和保障代价过大，使得游牧族群的迂回战略得以可能，他们可以纵深后退几百里，而农业帝国军队前进的脚步远远跟不上他们。同时，草原政体承受失败的能力远大于农业政体，农业帝国的军队一旦失败就彻底失去了进攻能力，而游牧族群军队即使失败了也可以继续向后撤退，然后趁敌不备进行反击，往往便可大获全胜。

四、游牧—农业政体冲突中的中国历史

亚欧大陆上最强大的游牧帝国都出现在中国边境，例如匈奴、突厥、蒙古等。这可以用以上相互学习和模仿的分析来解释。农业政体在其盛极之时非常强大，草原政体统治者为了生存不得不努力地学习、适应。出奇强大的中原帝国系统，也启发了野心勃勃的游牧族群统治者去效仿。

草原政体的军事力量再强大，也没有能力建立一个跨越长城内外的帝国（除了短暂的元朝）。历史上，反而是军事实力并不强大的东北半游牧族群在与中原帝国的竞争中得利，并多次建立了持久的帝国，控制长城内外的人民。东北游牧族群很少处于游牧帝国与中原帝国的战争前线。这种边缘地位也为他们提供了机会，同时吸收双方的优势。当其中一方衰弱或瓦解的时候，东北的游牧族群就开始扩张。东北游牧族群半农半牧，同时具有农业政体与草原政体的优势，他们的战斗力不如游牧族群，但是“汉化”程度更高，更善于向农业政体学习。他们所处的夹缝位置，使其经常成为东北亚战争中出人意料的胜利者。

18 世纪，清朝、俄国、准噶尔三大帝国相互竞争。准噶尔能够与清王朝长期竞争吗？历史学家濮德培（Peter Perdue）给出了肯定答案。笔者认为其机会微乎其微：一方面清朝经历过康乾盛世，中期发展很稳定，清朝能够在远离北京的边疆上攻击准噶尔，但后者却无力回击。准噶尔面对的不再是明朝一样的敌人，而是游牧出身、并很有野心控制亚洲大陆的清王朝。另一方面准噶尔在与清王朝形成胶着状态后一直内乱不断，游牧帝国容易因领袖去世或者掠夺无力实现，产生内部争斗。准噶尔在清王朝盛极之时兴起，时机不对。最终噶尔丹失败，领土被清朝和俄国瓜分。这个结果并非巧合，这皆由于在农业政体对抗草原政体的数千年历史中，在 18 世纪时农业政体在整个欧亚大陆占据了组织和技术上的绝对优势。

（本文由观察网朱康琪、周小婷、刘晓丹根据赵鼎新讲座及书稿 *Competition and Structure: The Rise of the Confucian-Legalist State and Patterns of Chinese History* 编译，发表于《文化纵横》2012 年第 6 期，第 94—96 页。）

儒法传统与中国崛起

中国的现代化，是在西方影响进入后被迫发生的。中国从一个奉行儒法政治模式的帝国发展为现代国家，儒教及中华帝国的遗产在现代中国继续发挥作用。

一、民族救亡是近代历史主题

1840 年鸦片战争后，中国虽屡次被西方国家及日本打败，但在复制工业资本主义发展模式方面却拥有诸多优势。不能建立以发展为导向的强大民族国家，是许多后发国家都面临的问题。然而，中国素有强势国家(strong state)的传统，广袤的核心领土，其广大人口共有同根同源的文化，而其精英群体则具有集体认同，所有这些或多或少地归功于千年之久的儒教国家传统。中国庞大的规模及相较其他文明更为同源的文化，不仅使列强在西方帝国主义全盛时期难以肢解或吞并中国，而且使中国人更易构建现代国家认同。尽管在 19 世纪期间中国不是一个以发展为导向的国家，但强势国家的传统是其后来取得经济突破的一大利好因素。

此外，中国悠久的科举考试传统孕育了一种文化，即强调通过教育取得成就的重要性。然而，这对中华帝国自主发展工业资本主义并非积极力量，因为儒家教育注重中国典籍而不是数学、科学或实用知识；并且，中国精英将通过科举考试成为高级官员视为成功的最高境界。不过，当其他条件成熟时，成就导向型文化便是中国赶上西方世界的重要优势。

直到最近数十年，中国一直是一个穷国。许多因素造成了中国发展的长期滞后，而这些因素的重要性随着时间推移发生着变化。在 19 世纪，中国的国力及优越感似乎是个主要问题。当欧洲人在世界各地殖民时，中国清政府也是一个正在崛起的强权，并在中国南部、西部及亚洲内陆大规模扩张。到 19 世纪，中国人仍然认为中国是世界文化乃至地理空间上的中心。帝国的规模给了清政府及精英强烈的安全感。此外，文化优越感使当年的中国精英学习迟缓。比如，当中国在鸦片战争中被英国打败时，战败给旁观的日本所带来的警示远甚于中国自身。在 19 世纪 60 年代，当中日都启动改革时，日本的目的是建立西方式的君主立宪制度，而中国则将采用更优良的西方武器装备作为首要目标。

中国在中日甲午战争中的失败在中国早期现代历史上是一个分水岭式的事件。在战争前，大部分中国人认为日本是半开化的小国。然而，在明治维新后不到三十年，这个国家就能够打败中国。此外，与关注在华开放通商口岸和提升政治影响力的西方列强不同，日本从它崛起的第一天开始就垂涎于中国的领土。

自从中日甲午战争开始，民族救亡成了中国压倒性的议题。中国人的自豪感逐渐褪去，最后被对西方文化和理念（包括但不限于马克思主义、自由主义、民族主义和社会达尔文主义等）几近盲目的崇拜所替代。儒教和中国文化的其他方面越来越多地被指责为中国落后的根源，所谓的“落后”是指中国无法抵御外国军事侵略，不能迅速且成功地复制西方的经济发展模式。因此，一代又一代的中国人为了民族救亡而进行更加激进的变革和革命。

同时，20 世纪早期的每一个重要转折点都与日本的侵略有关。中国在甲午战争中的失败触发了愈加激进的变革及革命，直到 1911 年辛亥革命才终止。1919 年五四运动的诱因是日本政府强加于中国政府的“二十一条”及巴黎和会，巴黎和会决定将德国在山东半岛的利益转交给日本，而不是交还给中国。

总之，20 世纪前半期所发生的主要社会运动与革命都有一个清晰的目标，即拯救中华民族。为达到目标，中国人寻找当时所能找到的一切手段及任何他们认为有用的意识形态。振兴民族的早期措施收效甚微，促使后辈们越来越倾向于更激进的方案，直到 1949 年共产主义中国的诞生。

二、中国经济奇迹何以可能？

中国共产党夺取政权后在中国获得了有力的支持。它推行的土地改革有益于贫困农民，早期的工业政策给予了工人几年前做梦都没想到过的社会福利。中国的知识分子大部分都非常高兴，因为共产党给中国带来了一个可以抵抗西方列强的强大政府，他们为此已经苦苦寻求了数代。朝鲜战争后，中国经济复苏，民众的民族自豪感达到新的高峰，大部分中国人将中国军队可以与美军打持久战视为中国国力恢复的标志，并倍感骄傲。共产党夺取政权后仅数年内，就得到了广泛的支持，毛泽东也成为全党全国共同的魅力型领袖。

人民对毛泽东及共产主义意识形态的强烈信仰，给予政府无限的自主性，允许它几乎完全控制中国的军事及经济；尽管当时一些政策已经造成了严重的后果，特别值得提到的是“大跃进”(1958—196 年)和“文化大革命”(1966—1976 年)。“大跃进”是一次激进的工业化狂飙，导致了1959—1961年的经济困难；“文化大革命”后期，中国经济濒临崩溃的边缘。中国几近崩溃的经济状况及民众对贫困而不幸生活的普遍失望，推动邓小平领导下的中国共产党在毛泽东去世后立即采取改革开放政策。改革造就了中国的经济奇迹。

将中国近来的经济表现说成奇迹有些言过其实。首先，世界上鲜有国家拥有中国这样辽阔的疆域、强势国家的传统、广泛存在的身份认同以及成就导向型文化。现在，中国人曾经的自大感已经消失，向西方学习成为常态，当然，这也是近百年来改革及革命的结果。中国延续千年的强势国家及成就导向型文化已经完成向高度发展导向的转变。

其次，近一个世纪的现代化导向型的改革及革命，已经破坏或削弱了曾经阻碍中国建立工业国家的很多传统文化因素和社会结构。

再次，中国的崛起出现于一个较为良好的国际环境之中。基于共同的地缘政治利益，中美关系在20世纪80年代得到极大的改善；贸易自由主义观念在全球高涨；加上因为语言和文化相似，东亚国家的出口导向型发展经验及剩余资本易于被中国吸收。

最后，作为“文化大革命”后果之一，中国社会的意识形态狂热消退了，这对经济发展带来了意想不到的正面效果。在20世纪80年代早期，中国共产党领导人意识到，要维持政治稳定就必须坚持改革政策，共产党的执政地位有赖于良好的经济表现，而非意识形态立场。然而，中国直到90年代仍然保持着革命政权的大部分组织和动员能力，所以国家还有很强的能力领导这样一场改革，并能够在发展经济方面取得良好的成绩。这种政治结构非常有利于经济发展。

三、儒教政治社会功能消失

中国已经从一个政治制度、文化完全异于西方，并对发展工业资本主义充满敌意的帝国，发展成世界第二大经济体和最大的制造业中心，当前中国仍然保持着良好的经济发展势头。在中国转型过程中，儒法国家的许多制度和文化遗产已经消失，但一些仍然留存了下来，并将对中国的未来产生影响。另外，中国的过去对其未来的影响也不会只是文化与观念方面一次简单的传承。在此过程中必定涉及相互竞争的、具有不同组织能力、资源和利益的社会行为体。这些社会行为体的行为及效力反过来又受到国家结构化行为、国际环境和新形势的调节。中国的历史及近百年来的现代化建设所带来的社会变革，将对未来中国的发展产生影响。

儒教政治模式及儒教文化在中国社会的统治地位已经消失。现代中国及未来短期内的中国所拥有的绝大部分特质或多或少都与这种结构性变革有关。1911 年的辛亥革命粉碎了长达千年的儒家政治体系。在 1919 年五四运动前后，中国知识分子开始将儒教及儒教文化视为中国积弱的根源。从那时起，中国政府和大部分知识分子便开始想方设法地摧毁中国传统文化，批判支撑这种文化的制度。在当今的中国，儒教道德及政治秩序再次受到一些知识分子的推崇，甚至获得政府的部分支持。然而，到目前为止，这些努力都是徒劳的。

中国在重塑儒教成为主流价值观方面所面临的困难，不仅仅来自一个世纪以来激进的现代化建设所带来的破坏性后果。如果这些因素是造成儒教崩溃的全部原因，今天中东的伊斯兰教、印度的印度教、美国和西欧的基督教以及东欧的东正教便应该遭遇类似的境况。现实却并非如此，因为上述每个宗教在现代化建设的冲击下均幸存下来，在社会中依然是一股强大的势力。儒教的崩溃在全世界宗教中是不同寻常的，与其本身性质有关。

尽管儒教被许多学者认为是宗教，但我们不能忽视事实，即这种宗教强调现世的道德秩序而不是超验的神圣秩序。儒教之所以曾在中华帝国占据主导地位，一是因为它为国家权力提供了合法性基础，为社会提供了道德秩序；二是因为自宋代以降，帝国政权和社会或多或少都是依据儒教准则进行构建的；三是因为一些国家或社会组织发展出了某种类似于教会的功能。然而，上述社会条件一旦消失，儒教便失去了根基，从一种支持国家和社会的绝对组织力量退缩为一种离散的、非强制性的意识形态或哲学。这恰好是那些试图恢复儒教传统地位的人所面临的最大问题。

儒教国家崩塌及儒教在社会中作用急剧下降带来了若干挑战。中国不是小国，拥有自己的文明。作为一种世界主要文明的创造者，中国人的自我形象将成为自己的负担。现在中国正在变得富裕，许多中国知识分子产生了建立另外一种道德、政治和国际秩序的强烈愿望，此种秩序吸收了许多西方因素，但儒教处于核心。这种努力遭遇的困难不仅来自自身，因为日益盛行的西方个人主义文化与集体导向的儒家价值观存在矛盾，更为重要的是，如前所述，儒教已经退化为一种鲜有制度支持的意识形态或哲学。因此，短期来看，一些中国知识分子近来所倡导的儒学复兴并不会达到其所期望的结果，尽管社会对其制造的张力会出现真正的反弹。

四、儒法国家的转型挑战

在今天的中国，尽管知识分子们的某些关注点受到广泛认同，但建设与倡导以儒教为中心的道德及政治愿景的参与者毕竟寥寥无几。西化仍然是当前中国发展的真正驱动力，特别是追求富裕的普遍诉求，越来越被接受的个人主义文化以及广泛存在的进步主义史观。在包括现代西方在内的其他主要文明中，各种世界宗教在现代化的冲击下幸存下来，并成为发展主义的制动器，平衡社会的进步冲动。几乎完全崩溃的儒教并没有为中国留下类似的制动器。与其他国家相比，中国的保守主义力量十分弱小。进步史观受到政府官员、知识分子和普通大众的普遍认同。因此,西化在中国得到了最毫无保留的展示。

儒教国家的崩溃及儒教文化社会影响力的衰落并不意味着过去的历史与今天的中国无关。在许多方面,儒教仍有非常重要的作用。例如,几乎每个阶层的中国人都注重教育的价值,直到今天,他们在子女教育上的投入依旧十分巨大。当然,这种文化不仅是儒教遗产,因为现代中国创建出许多机构来维持教育导向型文化。然而,现代中国政府如此容易地提倡教育导向型社会,中国民众又是如此自然而然地接受,这个事实展示了儒教遗产的重要性。

儒教国家传统在中国逐渐形成了一种强势国家的传统和文治的共识,这在后发国家中是很罕见的。中国的疆域如此广阔,任何一个军阀都很难单独通过武力来控制整个国家。在 20 世纪上半叶,尽管军阀主义主导着中国的政坛,但没有一个军阀公然宣称己方为军政府。他们反而在这段时期内,在其势力范围内促进并建立文职机构。当中国重新走向统一时,不论当政的是国民党政府还是共产党政府,国家都得以毫无阻力地推行各种分治和制衡机制。因为存在强势国家的传统和文治的共识,中国总是能迅速恢复文官统治,并致力于改善政府、社会的治理。

儒教国家传统的遗产迄今赋予了中国一种强烈的内向特质。中国悠久的历史及频繁变幻的帝国命运,使西方国家无法像在其他发展中国家那样在中国人心理上留下持久的印记。中国辽阔的疆域和庞大人口数量使中国人很少担心外部威胁,而是要求政府聚焦于无穷无尽的内部问题。到目前为止,中国奉行温和而非强硬的外交政策,某种程度上也是这一传统的表现。

就人类社会的政治经验看,有三种理想型途径可使国家权力合法化:允诺更好未来的意识形态、定期换届选举和政府治理绩效。中国从天命观念中继承了以绩效为基础的合法性的强大传统,改革开放以后,政府的经济绩效、道德表现是其统治权力的主要依据和来源。以绩效为基础的政权合法性促使中国政府更加积极地施政，因此，极大地促进了改革开放时代中国经济的快速发展，以及近年来人民生活水平的普遍提高。

另一方面，以绩效为基础的合法性也是社会张力的重要来源，将塑造未来的中国政治。在绩效作为合法性基础的问题上，中华帝国没有遇到太大的麻烦，因为当时政府面临的任务有限，维持权力实际上才是其首要目标。然而，现代中国是一个目标导向型国家，在此意义上，它承诺要让大部分中国人过上更好、更幸福的生活。毫无疑问，在过去的20年里，由于中国经济的成功，中国民众的生活水平大幅提升，但他们并不一定更加幸福。中国人很快认为过上富裕新生活是理所当然的，并有了更高的期望。此外，随着经济发展和开放政策出现了新问题，比如，不平等加剧、社会冲突、贪腐、失业及环境污染等。虽然中国投入越来越多的资金去解决这些问题，但骚乱、抗议、暴力冲突仍然不断增加。现阶段，受益于经济繁荣，中国政权并未面临重大危机。然而，当经济减速，社会危机很可能激化。

（本文发表于《社会观察》2013年第11期，第8—11页）

欧洲的战争与国家

加州学派与工业资本主义的兴起

本文欲达成三个相关目标：首先，介绍“加州学派”学者们的中心论点；其次，围绕彭慕兰所撰写的加州学派的扛鼎之作，对加州学派作出批判性的评价；最后，就“为何工业资本主义发生于欧洲而非中国”这一大多数加州学派学者所关心的中心议题提供一个不同的解释。笔者认为，虽然加州学派学者提出了一些“欧洲中心论”学者们没有给予足够关注的视角，但是他们无法反驳欧洲中心论学者的一个核心观点，即若非迫于西方和日本帝国主义，中国几无可能在19世纪或此前或稍后的任何时候在本土自发地产生工业资本主义。本文把中国作为一个案例，是因为中国在先前的研究中被最频繁地作为对比案例。

必须强调，笔者并不给予工业资本主义任何正面（或负面）的价值，亦不持中国在18世纪比西欧落后（或先进）的观点。本文仅仅试图阐明，西欧与中国差异巨大，在工业资本主义兴起与传播之前，它们的发展遵循着非常不同的规律。

一、加州学派

“加州学派”由古德斯通首次提出，[①]用以归类一群对“大分流”或“西方的兴起”(即为何工业资本主义兴起于西方而非其他地区)问题持有特定答案的学者。这些学者被归并在一起，是由于其中大部分人与加利福尼亚州境内的大学有关联。传统上关于大分流问题的答案十分多样，然而它们全部将大分流的根源追溯至欧洲18世纪以前长期形成的社会结构与文化的特殊性。这种特殊性包括：欧洲拥有一个多国体系和弱国传统；欧洲经历了文艺复兴和宗教改革；欧洲拥有由资产阶级支配的政治上独立和半独立的城市；欧洲拥有教义上与资本主义精神契合的开明宗教；欧洲经历了科学革命与农业革命；等等。

上述论点，被加州学派学者批评为“欧洲中心论”。加州学派学者们对于大分流的解释颇有差异且难以总括，但他们或多或少共享如下理念：第一，在第二个千年的大部分时间里，是中国和中东而非欧洲从经济和技术上主导了世界；第二，欧亚文明高度相通，且在西方兴起之前，欧亚文明发展的步调相近；第三，就西方的兴起而言，外部和偶发的因素与(或)经济/人口机制比宏观结构条件与人的主观能动因素更为至关重要；第四，工业资本主义是历史关键时刻降临于西方的偶发事件。因此，布劳特(James M. Blaut)认为，欧洲和亚洲之间并无主要的制度与文化差异，且资本主义在1492年之前的世界许多地区都在缓慢发展，欧洲抢占先机仅仅是因为它在地理上比其

① Goldstone Jack A. “The Rise of the West – or not? A Revision to Socioeconomic History.” *Sociological Theory*, Vol. 18, 2000, p. 179.

他大洲更接近新大陆。[①] 古迪(Jack Goody)认为,欧亚文明的发展总是差不多处于同一步调,大分流的发生仅仅因为历史钟摆在工业革命这一关键时刻摆向了欧洲。[②] 阿布—卢格霍德(Janet Abu-Lughod)[③]和弗兰克(Andre Gunder Frank)[④]不约而同地试图展示工业革命开启于西方仅仅是因为东方的经济凑巧在错误的时刻出现了暂时的混乱。古德斯通指出,17 世纪中叶以前,欧亚主要文明的发展处于同一步调并在此后趋于保守,英格兰是事实上唯一的例外,因为它碰巧发展出了对工业资本主义的产生必不可少的多元政治体系和牛顿力学。[⑤]

加州学派学者们同时强调,西方的兴起和欧洲的支配地位在世界历史中只是短暂的一瞬,其他国家会很快赶上。事实上,"欧洲中心论"学者也认同这一观点。例如韦伯认为,虽然儒教文明在中国阻碍了工业资本主义的兴起,它却非常有能力接纳资本主义。[⑥] 对于

---

① Blaut James M. *The Colonizer's Model of the World: Geographical Diffusionism and Eurocentric History*. New York: Guilford Press, 1993, ch. 4.

② Goody, Jack. *The East in the West*. New York: Cambridge University Press, 1996; Goody, Jack. *Capitalism and Modernity: The Great Debate*. Cambridge, UK: Polity Press, 2004.

③ Abu-Lughod Janet. *Before European Hegemony: the World System A. D. 1250 - 1350*. New York: Oxford University Press, 1989.

④ Frank Andre Gunder. *Reorient: Global Economy in the Asian Age*. Berkeley: University of California Press, 1998.

⑤ Goody Jack. "The Rise of the West - or not? A Revision to Socio-economic History." *Sociological Theory*, Vol. 18, 2000, pp. 175 - 194; Goody, Jack. *Why Europe? The Rise of the West in World History*, 1500 - 1800. Boston: McGraw Hill, Higher Education, 2008.

⑥ 韦伯的原文是:"中国在所有可能的方向上有能力,甚至比日本更有能力吸收已经在现代文明地区从技术上和经济上完全发展起来的资本主义。显然,对于发展资本主义的条件,中国人并不存在'毫无天分'(naturally ungifted)的问题。然而,相比于西欧诸国,适应资本主义起源的诸多外部条件还不足以让中国发展出资本主义。"中国经济在 1978 年经济改革之后的快速发展印证了韦伯的这一观点。见 Weber Max. *The Religion of China: Confucianism and Taoism*. *Glencoe*, Ill., Free Press, 1951, p. 248.

“欧洲中心论”学者来说，西方帝国主义赋予了工业资本主义太多的侵略性，以致当英格兰产生了工业资本主义后，世界其他国家要么面临灭亡，要么被迫吸收学习从而生存。[①] 只有在西方帝国主义残酷的同构压力之下，许多非西方国家才被迫修正甚至破除自己的传统文化和制度来开展工业化。这其中，少数“幸运”者似乎在这“世界历史的一瞬”中赶上了西方。

加州学派传统中成就最高的代表作当属彭慕兰的《大分流》。这本书试图解释为何 19 世纪的工业革命发生于英格兰而非江南（中国经济最发达的地区）。[②] 彭慕兰认为，英格兰和江南的发展在 18 世纪中叶以前处于同一发展水平，从生活水准（卡路里的消费、日用家居和纺织品、储藏和分发粮食以备饥荒的能力）到商业化的程度，以及农业与手工业劳力的分工和人的寿命等方面都存在着惊人的相似性。由于人口增长和资源限制，两个地区同时面临着相似的制约性因素，因此，它们都不具有走向工业革命的必然条件。工业革命发生于英格兰仅仅是因为两个外在的偶然因素：英格兰的煤矿在地理位置上非常接近工业发达地区，以及英格兰能够取得来自海外殖民地的大量资源，而中国未曾拥有这些条件。

二、对彭慕兰观点的评价

对学者来说，欧洲的工业革命是一个历史事实。他们因此在此基础上开始追溯欧洲“优胜”和其他文明“失败”的原因。这种溯因，

① 我们只需要回想，在 19 世纪后期到 20 世纪早中期前，几乎所有的非西方国家的人们都试图努力向本国引进资本主义及附着其上的价值和思想（包括马克思主义），以建立独立与富强的国家。

② Pomeranz Kenneth. *The Great Divergence: Europe, China, and the Making of the Modern World Economy*. Princeton, NJ: Princeton University Press, 2000.

如果不谨慎的话,往往容易造成一种印象,即一个社会的结构条件和经济发展模式之间存在线性关系。然而,彭慕兰的研究却是从以下这么一个问题出发,即18世纪时,“世界上没有哪个地区注定会迎来工业化的突破”。[①] 这一思考上的转换有利有弊。有利之处是,很大程度上获益于这一新的提问方法,我们如今完全认识到,19世纪英格兰的工业革命并非如传统学者所论述地那样不可避免。另一方面,思考的转换也带来了中国与英格兰的发展处于相似的步调和受制于同样的束缚条件这一印象,但事实完全不是如此。虽然欧洲的突破并不必然发生于19世纪的英格兰,但中国并无可能在19世纪或此前自发地发生本土的工业革命。其原因笔者将在下文揭示。

彭慕兰的书中提供的大量材料显示,直到18世纪中叶,中国最发达地区与英国在经济发展水平和生活质量等方面呈现很大的相似性。彭慕兰对18世纪中国经济的评价受到了来自黄宗智(Philip Huang)的批判。[②] 黄宗智接续伊懋可(Mark Elvin)的观点,认为明(1368—1616)和清(1644—1911)两个王朝的经济受制于“马尔萨斯机制”,即在高人口和低劳动力成本的情况下,节省劳动力的技术发展缓慢,以至于每个劳力的边际收益不断递减。黄宗智的批评引发

---

① Pomeranz Kenneth. *The Great Divergence: Europe, China, and the Making of the Modern World Economy*. Princeton, NJ: Princeton University Press, 2000, p206. 王国斌提出了一个相似的问题,见 Wong R. Bin. *China Transformed: Historical Change and the Limits of European Experience*. Ithaca: Cornell University Press, 1997.

② Huang, Philip. "Development or Involution in Eighteenth-Century Britain and China?" *Journal of Asian Studies*, Vol. 61, 2002, pp. 501 - 538; Huang, Philip. "Further Thoughts on Eighteenth-Century Britain and China: Rejoinder to Pomeranz's Response to My Critique." *Journal of Asian Studies*, Vol. 62, 2003, pp. 157 - 167.

了激烈的辩论，对于一些深陷其中的学者来说，这是不愉快的回忆。[①]出于本文的目的，我们可以说，虽然黄宗智在其批判文章中的一些观点不无道理，彭慕兰关于18世纪江南经济仍然经历了一个“斯密式增长”(即，由劳动分工和贸易带来的增长)的观点很大程度上是可以成立的，且被一些研究相似议题的历史学家(如李中清、王丰、李伯重、许涤新和吴承明)的发现证实。[②]

“欧洲中心论”源于19世纪西方人对于西方和非西方的看法，在时人眼中，西方充满活力，非西方地区(包括中国)则落后或停滞不前。虽然那些持欧洲文化产生出工业资本主义观点的学者现在对这一观点也不认同，[③]彭慕兰著作出版以前，并没有多少西方学者如此敏锐地意识到中国江南在18世纪的繁荣程度。而这一发现有力地反驳了传统的关于中国在所谓14世纪转型之后停滞不前的看法。[④]这本身就是一个重要贡献。

然而，彭慕兰的著作也传达了这样一个信息，18世纪的英格兰

---

① 参见彭慕兰对于黄宗智批评的反驳。Pomeranz，Kenneth.“Beyond the East-West Binary：Resituating Development Paths in the Eighteenth-Century World.” *Journal of Asian Studies*，Vol. 61，2002，pp. 539 - 590. Pomeranz，Kenneth.“Facts are Stubborn Things：A Response to Philip Huang.” *Journal of Asian Studies*，Vol. 62，2003，pp. 167 - 181.

② Lee James Z. and Feng Wang. *One Quarter of Humanity：Malthusian Mythology and Chinese Realities*，1700—2000. Cambridge，Mass.：Harvard University Press，1999. 李伯重：《江南的农业发展，1620—1850》(圣马丁出版社，1998年)和《多视角看江南济史(1250—1850)》(生活·读书·新知三联书店，2003年)；许涤新、吴承明：《中国资本主义1522—1840》(圣马丁出版社，2000年)和《中国资本主义的萌芽》(人民出版社，2003年)。

③ Landes，David S.“Why Europe and the West? Why not China?” *Journal of Economic Perspectives*，Vol. 20，2006，pp. 3 - 22；Mokyr，Joel. *The Lever of Riches：Technological Creativity and Economic Progress*. New York：Oxford University Press，1990.

④ Elvin. *The Pattern of the Chinese Past*. Stanford：Stanford University Press. 1973；Jones，Eric. *The European Miracle：Environments，Economics and Geopolitics in the History of Europe and Asia*. Cambridge：Cambridge University Press，1981.

和中国江南之间的相似性反映了两国处于同一发展方向,仅仅因为一些幸运的外部因素,方才导致英格兰能够率先起飞,引发了所谓的"大分流"。对笔者而言,彭慕兰所指出的江南和英格兰之间的相似性,就加州学派学者所关心的问题而言,其实无关紧要。这是因为,虽然 18 世纪的江南和英格兰拥有相似的经济发展水平和生活质量,产生它们的条件与制度却十分不同。[①] 英格兰的发展是在以下条件下产生的:国家掌握了一支主导世界的海军;资产阶级拥有自主的政治和思想形态,以及高度制度化的私有权;理论/形式理性和个人利益导向(private goods-oriented)的工具理性主义(即工具理性行为旨在追求个人利益或者是私人组织的利益,而非追求如国家、部落或社区等公共组织的利益,)逐渐成为精英人群的共识;[②]科学与技术发明不断加速发展——这些都没有在中国发生。中国的经济繁荣得益于强有力的帝国统治,帝国对于商业活动采取了务实政策,并能控制庞大的人口和广袤的土地,从而能维持了一个长期的王朝中期繁荣(mid-dynasty prosperity)。这些条件使帝国框架下的中国经济发挥出极大潜能,但却不能在 19 世纪或中国历史上任何其他时段给中国

---

① 不同的制度与文化背景下的社会能够在一定场合下达到相似的经济发展水平,这一点与其说是例外,毋宁说是规律。苏联和中国的发展表明,在战后重建早期阶段计划经济的表现不差于市场经济。第二次世界大战后的日本是一个民主国家,如今的中国则是威权体制,但它们都创造出了经济"奇迹"。印度和中国如此不同,但它们都在过去的二十年里充当了世界经济的引擎。不过,尽管不同的制度/文化背景下的国家能达到同一水平的经济发展,但是它们的长时段发展轨迹会有很大差异。

② 在这篇文章中,我将一个有利于获取集体利益的理性行为称之为公共利益导向的工具理性。韦伯没有区分为公的和为私的工具理性,这导致他对现代性的理解出了偏差。参见 Zhao, Dingxin. *The Rise of the Confucian-Legalist State and Its Legacies in Chinese History*. New York: Oxford University Press (to be published), 2015;Weber, Max. *The Protestant Ethic and the Spirit of Capitalism*. New York: Charles Scribner's and Sons. 1958.

带来工业资本主义。①

虽然中国商人没有他们欧洲同行所拥有的在政治上、军事上和意识形态上的权力，②但中华帝国从来没有消灭商业活动的企图；其实即使有这一倾向，帝国也没有能力将之实施。而且，北宋以降，商业税收成为国家财政的重要部分，③部分经世致用的士大夫也日渐置身于商业活动，④国家在某些方面对产权给予了一定的非制度性保护。⑤

中国的政治制度和文化给市场的发展留下了空间，而王朝中期的政治稳定则给市场在压抑的政治和文化环境下繁荣发展的一个契机。中国的大部分朝代都能维系两个世纪以上，并包含一个相对稳定的长达百年之久的王朝中期。当是之时，“版宇恢拓，匪盗止息，四

---

① 邓钢(Keng G. Deng)认为，“直到19世纪，发展的极限在中国并没有产生严重的负面影响”。即使这个观点并非夸张，我认为，高度发达的中国经济与欧洲的经济并不朝同样的方向发展，且没有可能发展出工业资本主义(Deng, Keng G. “Development and Its Deadlock in Imperial China, 221 B. C. - 1984 A. D.” *Economic Development and Cultural Change*, Vol. 51, 2003, p. 507)。

② 库恩说，“在中国历史上，精英阶层认为商人不可或缺，但同时又认为他们声名狼藉”(Kuhn, Dieter. *The Age of Confucian Rule: The Song Transformation of China*. Cambridge, Mass.: Belknap Press of Harvard University Press, 2009, p. 207)。

③ Masatoshi, Tanaka (田中正俊). “Rural Handicraft in Jiangnan in the Sixteenth and Seventeenth Centuries.” in *State and Society in China: Japanese Perspectives on Ming-Qing Social and Economic History*, edited by Linda Grove and Christian Daniels. Tokyo: University of Tokyo Press, 1984, p. 79.

④ Brook, Timothy (卜正民). *Praying for Power: Buddhism and the Formation of Gentry Society in Late-Ming China*. Cambridge, Mass.: Council on East Asian Studies, Harvard University Press, 1993.

⑤ Deng, Keng G. “Development and Its Deadlock in Imperial China, 221 B. C. - 1984 A. D.” *Economic development and Cultural Change*, Vol. 51, 2003, pp. 479 - 521; Johnson, Linda (张琳德), Cooke, ed. *Cities of Jiangnan in Late Imperial China*. Albany, NY: State University of New York Press, 1993, p. 79; Wong, R. Bin. “The Political Economy of Agrarian Empire and Its Modern Legacy.” in *China and Historical Capitalism*, edited by Timothy Brook and Gregory Blue, Cambridge: Cambridge University Press, 1999, p. 226.

民安堵，户口滋繁”——而且人口的繁衍又没有到达某一极限以至于妨碍了斯密式的经济增长。此类商业高度繁荣的治世，[①]历宋、元、明、清一再出现。如果说中国本土工业资本主义有发展机遇，它更可能发生于宋代，而非政治更趋专制、文化更为保守、[②]且技术进步放缓的明清。[③] 基于这些原因，笔者认为18世纪清朝的繁荣和先朝中屡次出现的繁荣没有什么本质区别，绝不会给中国带来工业资本主义。

要之，彭慕兰认为中国18世纪的繁荣与英国的发展模式类似，但我认为，这一繁荣（也就是历史学家所称的康乾盛世），不过是循环王朝中期的繁荣而已。以下事实很说明问题，当18世纪末乾隆时代告终之际，距离鸦片战争爆发已不足半个世纪。透过白莲教大叛乱和其他迹象，[④]我们可以看出，清帝国在西方势力到来之前已经开始走向衰退。虽然19世纪中叶的太平天国运动得到了糅合了基督教教义的意识形态的启发，但这并不妨碍我们把它也看作清王朝衰落的另一个重要迹象。总之，即使没有西方的到来，中国18世纪的繁荣也不可避免地要归于终结。取而代之的将是中国历史上再一次

---

① 罗森塔尔(Rosenthal)和王国斌也有类似的说法，认为中国近世经济促进了中国庞大的“政治”(领土和人口规模)。参见 Rosenthal, Jean-Laurent, and Bin Wong. *Before and Beyond Divergence: The Politics of Economic Change in China and Europe*. Cambridge, Mass.: Harvard University Press, 2011.

② Chow, Kai-wing(周启荣). *The Rise of Confucian Ritualism in Late Imperial China: Ethics, Classics, and Lineage Discourse*. Stanford: Stanford University Press, 1994; von Glahn, Richard(万志英). “Towns and Temples: Urban Growth and Decline in the Yangzi Delta, 1100 - 1400.” in *The Song-Yuan-Ming Transition in Chinese History*, edited by Paul Jakov Smith and Richard von Glahn, Cambridge, Mass.: Harvard University Asia Center, Harvard University Press, 2003, pp. 176 - 211.

③ Elman, Benjamin A. *On Their Own Terms: Science in China*, 1550 - 1900. Cambridge, Mass.: Harvard University Press, 2005; Mokyr, Joel, The Lever of *Riches: Technological Creativity and Economic Progress*. New York: Oxford University Press, 1990.

④ 1796年爆发的反叛，清朝花了大约十年时间来平息它。见 Rowe, William T (罗威廉). *China's Last Empire: The Great Qing*. Cambridge, Mass.: Belknap Press of Harvard University Press, 2009.

的王朝更替，以及与之相伴随的火厄兵燹、肆虐瘟疫。可以预见，清王朝将在18世纪的财富积累被消耗殆尽后，归于灭亡，而一个新的王朝将在尸体遍野的废墟上崛起。尽管18世纪的江南和英格兰在经济和生活质量上处于相近水平，彭慕兰的中心论点却完全不能成立。其实，用江南和英格兰在经济发展上处于同一水平这一现象来论证中英两国在工业资本主义的发展上也处于相同的步调，就像用两个函数在某一条件下有着同样的函数值这一条件来论证这两个函数是同一个函数一样可笑（比如 2^x 和 x^2 在 $x=2$ 时都等于4，但是它们不是同一函数）。①

仅仅通过经济和生活质量指标来衡量中国和英格兰向工业资本主义突破的可能性会陷入经济决定论。因为他所选的例子，彭慕兰的论证使这一问题变得更为严重：他并非比较当时的中国和欧洲或者中国和英格兰，而是比较江南（中国最富庶的地区）和英格兰（最发达的欧洲国家）。将中国之一区和欧洲之一国进行比较来探讨大分流问题，彭慕兰忽视了国家和宗教对于政权长期经济发展的影响。这几乎有违于当下所有的经济发展理论，如新自由主义、现代化理论、依赖理论和国家中心主义理论。② 彭慕兰的论证还有许多其他的问题。比如，彭慕兰书中有一个关键的假设，即，如果江南地区的生态压力可以由向新世界进行殖民来缓解，那么江南地区发生工业革命的机会将大大增加。问题是，江南是中国的一个地区，由数个行政单位控制。这些行政单位的官员权力有限。他们无法制订国家级政

---

① 欧洲和中国的城市发展也佐证了我的观点。在欧洲（包括英国），13世纪后，城市规模稳步和迅速地扩大。然而，在中国，北宋之后，城市化水平便在同一水平来回摆动。见 Bairoch, Paul. *Cities and Economic Development: From the Dawn of History to the Present*. Chicago: University of Chicago Press, 1988, pp. 153 - 156.

② 见赵鼎新和霍尔的经济发展理论，尤其是以国家为中心的解释框架。见 Zhao, Dingxin, and John A. Hall. "State Power and Patterns of Late Development: Resolving the Crisis of the Sociology of Development." *Sociology*, Vol. 28, 1994, pp. 211 - 230.

策，也并无军队能供他们驱策来对外殖民。他们甚至对管辖范围内的政策都没什么决定权。事实上，中华帝国晚期的江南地区，由于其对国家财政收入的重要，是全国受控制最严格的地区之一。[①] 江南的地方政府，怎么可能像英国政府一样，去开拓新大陆呢？

尽管看起来英国的经济表现和中国江南地区有很大相似性，但其间的差距是不容忽视的。李伯重[②]的研究表明，明清时代江南地区的经济发展很快，其主要推动力是农业和消费品的生产。而16至18世纪的英格兰，则经历了科技和生产力方面的巨大发展，包括钢铁、建筑材料还是机械生产。而在这些方面，江南地区却只发生了微小的变化。英格兰的工业革命由蒸汽机和其他机械技术所带动，而这正是中国落后的地方。这一落后，并不能仅归咎于生态环境，如彭慕兰所指出的江南煤炭储量匮乏，因为中国的技术发展距离发明蒸汽机和其他相关技术所需的条件都还差得很远。况且，清代的许多煤矿都有便捷的水路通达江南，如淄博和枣庄煤矿都毗邻大运河，而萍乡煤矿则可通过湘江连接长江。[③] 也就是说，如果江南地区的经济真的有对煤炭的需求，交通并非难题。

人口视角也许能提供更好的解释。中国机械技术的滞后可归咎于人口数量巨大和劳动力的廉价。[④] 可是，明清时代江南和中国的人口变动很大。伊懋可在论述他的"高水平均衡陷阱"(high-level equilibrium trap)时不忘提到，明清交替之际，江南地区失去了35%～

① 冯贤亮：《明清江南地区的环境变动与社会控制》，上海人民出版社，2002年。

② 李伯重：《发展与制约——明清江南生产力研究》，联经出版有限公司，2002年，第二章。

③ Huang, Philip. "Further Thoughts on Eighteenth-Century Britain and China: Rejoinder to Pomeranz's Response to My Critique." *Journal of Asian Studies*, Vol. 62, 2003, p. 164；李伯重：《发展与制约——明清江南生产力研究》，联经出版有限公司，2002年，第404页。

④ Huang, Philip. "Development or Involution in Eighteenth-Century Britain and China?" *Journal of Asian Studies*, Vol. 61, 2002, pp. 501－538.

40%的人口。[①] 以涵盖大半个江南的浙江为例，它在1393年时有1100万人，至1630年时已增至2360万。[②] 数年之后，满洲人入侵江南并遭到顽强的抵抗。作为报复，满洲军队对包括扬州、嘉定、江阴、苏州、昆山、嘉兴与金华在内的许多城市进行了屠杀。[③] 根据一项估计，受此屠杀和随后疫病的影响，1661年浙江人口减损至700万。[④] 一个多世纪以后的1776年，浙江人口才恢复至2240万。[⑤] 尽管经历了如此人口剧减，浙江和中国其他地区并未像14世纪黑死病之后的西欧一样引发生产方式的任何重大改变，或推动了节省劳动力技术的发明。[⑥] 总的来说，人口在经济中的作用十分复杂。即使我们排除如性别关系或劳动力质量等问题，人口增长本身可以引发对经济发展作用截然相反的斯密机制和马尔萨斯机制。[⑦] 我们需要记住的是，人口对经济的影响总是通过其他社会条件的中介发生的。

在某种意义上，黄宗智和彭慕兰的观点看似截然相反，实际上却非常相似。因为他们都把经济/人口机制看作大分流背后最重要的因素，他们只是在争论到底是什么经济/人口机制在某一特定的历史时刻发生了作用。彭慕兰和黄宗智之间的争论帮助我们厘清了一些问题，但对于我们理解大分流产生的原因却价值有限。要弄懂中国

---

① Elvin, Mark. *The Pattern of the Chinese Past*. Stanford: Stanford University Press, 1973, p. 311.

② 曹树基：《中国人口史》第4卷《明时期》，复旦大学出版社，2002年，第240—241，452页。

③ Struve, Lynn A（司徒琳）. *The Southern Ming*, 1644—1662. New Haven: Yale University Press, 1984.

④ 赵文林、谢淑君：《中国人口史》，人民出版社，1988年。

⑤ 曹树基：《中国人口史》第5卷《清时期》，复旦大学出版社，2002年，第113页。

⑥ Anderson, Perry. *Passages from Antiquity to Feudalism*. London: NLB, 1974; Brenner, Robert. "The Origins of Capitalistic Development: A Critique of Neo-Smithian Marxism." *New Left Review*, No. 104, 1977, pp. 25 - 92.

⑦ Boserup, Ester. *The Conditions of Agricultural Growth: The Economics of Agrarian Change under Population Pressure*. New York: Aldine, 1965. Boserup, Ester. *Population and Technological Change: A Study of Long-Term Trends*. Chicago: University of Chicago Press, 1981.

经济的长时段动态，只盯住经济和生活质量的指标是看得太近了。斯密机制和马尔萨斯机制之外的因素更可能是导致大分流的深层次原因。

三、对大分流的解释

笔者对于大分流的解释分两步：首先，总结西方工业资本主义崛起的关键历史过程；其次，以欧洲的经验来对比中国的案例，来解释为何自宋代以来即拥有发达的市场经济的中国没能发展出工业资本主义。

（一）西方崛起背后的关键

笔者将从两个关键性概念开始论述：市场经济和工业资本主义。笔者将市场经济定义为一种生产体系，在其下，相当数量的货物是为了通过交易赚取利润而生产的。渴求更美好生活与获取利益是人之共性。只要社会有盈余可用于交换，且国家并不积极或者没能力限制商品活动，市场就会出现。当社会生产力提高，贸易和利润导向的生产越来越重要，市场经济就会兴起。[①] 以中国为例，自北宋开始，经济始终保持高度的商业化，仅仅在朝代更替之际的战争破坏和明朝前期禁商政策的破坏下有过短暂中断。[②]

工业资本主义不同于市场经济。在工业资本主义下以盈利为目的的，使用节约劳动力的机器的私人企业成为生产的主要模式。工业资本主义兴起的先决条件是：经济行动者需要从社会中的次要存

---

① 我的定义不同于韦伯“无理性”和“理性”资本主义的对立概念，而相对接近布罗代尔1992年在三卷本杰作(《15至18世纪的物质文明、经济和资本主义》)中提出的“市场经济”和“资本主义”概念。

② Mielants, Eric H. *The Origins of Capitalism and the "Rise of the West"*. Philadelphia: Temple University Press, 2007.

在转变成主要的精英集团，手握政治权力、军事手段，并且同时掌握可为他们的私人利益导向行为辩护的意识形态；国家行动者必须为了金钱及殖民地的扩张而有与经济行动者结盟的兴趣；社会上必须存在以盈利为导向的发明的需求，以使诸如蒸汽机、焦炭熔铸法、珍妮纺纱机及其他对工业资本主义兴起至关重要的发明得以出现。从这个意义上说，工业资本主义产生是人类历史上的一个大断裂。

行文至此，笔者总结一下自己对于西方崛起的解释。笔者的解释并不全新，因为从韦伯到布罗代尔（Braudel）、芬纳（Finer ）、琼斯（Jones）、霍尔（Hal）、曼（Mann）、拉赫曼（Lachmann）等以秉持“欧洲中心论”的学者，他们的观点都或多或少从不同方面印证了我的看法。然而，笔者强调的是经济行动者的特性，以及与军事与经济竞争相关联的机制的重要性；笔者同时强调以私利为导向的工具理性成为正面价值观是工业资本主义兴起中的一个关键。从这两个意义上来说，笔者的观点具有新意。

笔者所理解的“西方崛起”包含五个交叉重叠的历史进程。(1) 军事竞争（连绵不断的战争）和经济竞争推动下的强烈的理性化取向，以及积累性发展（cumulative development）。（军事和经济这两种竞争形式有明显的胜败标准，此标准促成了工具理性的发展。而且，为了争取胜利，每一方都需要生产更多更好的武器与产品，结果无意中带来了社会在科技、生产和组织能力方面的积累性发展。）(2) 欧洲国家力量强大之后天主教世界的崩塌以及其他宗教、世俗意识形态的兴起。(3) 资产阶级权力在政治、军事、意识形态方面的纵深发展。(4) 新的政治权力分享框架的兴起，在此之下，国家权力日增，但同时也受到非政治性精英（尤其是日益兴起的中产阶级）权力的约束。(5) 政府与商人联盟的存在：政府依赖商人敛财创收，以及维持殖民地的运作；而商人则仰赖政府的保护，以此进行市场扩张。

我解释的中心是欧洲存在竞争关系的精英行动者的性质及他们

相互间的关系。在其他文明中,精英们为了争夺支配权而竞争,但冲突很少会破坏社会中制度化了的精英关系。然而,在欧洲,包括国家、贵族、教会和(在中世纪中期以后变得越来越重要的)资产阶级在内的精英行动者们在西罗马帝国[①]崩溃后从来没能在他们之间建立稳固的关系。工业资本主义(民族国家也一样)的意外诞生并非是什么"历史性进步",而是欧洲不能制度化的精英竞争所产生的意外后果。竞争一次又一次地改变精英行动者的力量对比与结盟关系,催生了有益于工业资本主义产生的新基础的出现。然而,为了行文简洁及配合我对于中国案例的分析,下文将集中讨论两个历史过程及其后果:资产阶级的兴起及天主教世界的崩溃。

虽说人类有天生的"资本主义"倾向,但是由于典型意义上的经济活动有以下三个弱点,人类的资本主义倾向在传统社会中不能够发挥出其潜力。第一,经济活动所产生的是分散性权力。它制造出多重权力中心,并鼓励人们在空间上的移动,这些都对国家的控制力有破坏作用(尤其是对向社会渗透能力有限的前现代国家而言),并且经济活动分权化的性质使国家行动者更难统御社会。第二,典型的经济行动者的目标是牟利,在这样的活动中,以私人利益为导向的工具性计算能力是无比重要的。然而,以私人利益为导向的工具性计算能力(或理性)被所有传统宗教和意识形态视为利己主义,这使经济行动者很难抵制来之道德价值主张的挑战。第三,经济权力也是一种延伸扩展型的权力。所有类型的社会权力都有扩张的趋势,但是没有一种权力,甚至军事权力,都不能像经济权力那样像病毒般地扩张。经济权力的扩张属性会促发一种线性的社会变化,它会破坏以维持原态为目标的传统国家的基础。由于经济权力的这些"弱点",传统的统治者大多不喜欢商人,即便他们也必须或多或少参与

---

① Finer, Samuel E. *The History of Government from the Earliest Times*, *Vol*. 1-3. Oxford: Oxford University Press,1997, pp.1473-1475.

某种盈利活动。[①]

理论上,假如经济精英能够通过染指政治、军事和意识形态精英的权力基础使自己变成一个功能多样的社会行动者,那么以上三个弱点是可以克服的。然而,由于经济权力的三个固有弱点,这一转变在传统社会几乎无法实现,但在欧洲却通过一系列相互关联的发展在一定程度上得以实现:这包括一个竞争性的多国体系的形成,[②]获得特许状的城镇和独立/半独立的城市的出现,[③]宗教改革和文艺复兴,以及为私人利益导向的工具理性主义和个人主义辩护和张目的哲学及新兴宗教的兴起。

多国并存体系,连同天主教会的强力存在,导致欧洲的弱国家传统并诱发连绵不断的战争。与经济竞争不同,军事竞争所宣称的目标总是某些公共利益而非私人利益。因此,战争不仅促进了积累式的发展,而且刺激了以公共利益为导向的工具理性主义的兴起,这促

---

① 麦克尼尔曾经敏锐地注意到,传统的政治精英"对商人及市场从业者有普遍的不信任和蔑视……因此,贸易和市场行为尽管很早就已经出现,在公元1000年之前的文明社会中一直处于边缘和从属地位……当人类行为发生大规模变化时,它们更多的是被社会精英群体所引导,而非回应供需和买卖关系的变化"。McNeill, William H. *The Pursuit of Power: Technology, Armed Forces, and Society since A. D. 1000*. Chicago: The University of Chicago Press, 1982, pp. 22 - 23.

② Mann, Michael. *The Sources of Social Power, Vol. 1: A History of Power from the Beginning to A. D. 1760*. Cambridge: Cambridge University Press, 1986, ch. 12 - 14.

③ Bartlett, Robert. *The Making of Europe: Conquest, Colonization and Cultural Change 950 - 1350*. Princeton: Princeton University Press, 1993, ch. 7; Mielants, Eric H. *The Origins of Capitalism and the "Rise of the West"*. Philadelphia: Temple University Press, 2007; Tilly, Charles, and Wim P. Blockmans. *Cities and the Rise of States in Europe, A. D. 1000 to 1800*. Boulder: Westview Press, 1994; Weber, Max. *General Economic History*. New Brunswick, NJ: Transaction Books, 1981.

进了国家及其官僚机构的发展。[①] 正是在欧洲弱国家传统下，我们见到了获得特许状的城镇和独立/半独立商业城市的兴起。这一兴起不但刺激了经济竞争，而且使得市民（中产阶级）有了管理和保卫自己的城市的力量，或者说获取了政治和军事权力。经济竞争还促进了私人利益导向的工具理性主义兴起和积累性发展，而独立/半独立城市则赋予了经济行动者以相当的政治和军事手段，并且保护了新兴的民族国家中强大的资产阶级的存在。这就是为什么现代性有两个相辅相成的基本要素——民族国家和工业资本主义的兴起。它们是激烈的政治和经济竞争的产物。但是政治精英与经济精英也有着多方面的合作关系（西方议会民主制便源于两者之间的权力分享架构）。

宗教改革崩裂了天主教的一统地位，这削弱了宗教精英的权力，使欧洲政治精英在其势力范围内获得了更多的对宗教事务的支配权。[②] 伴随着文艺复兴，宗教改革也掀起了欧洲理性思维的巨浪。作为希腊—基督教传统的一部分的理论理性和形式理性[③]得到了复兴。

---

① Ertman, Thomas. *Birth of the Leviathan: Building States and Regimes in Medieval and Early Modern Europe*. Cambridge: Cambridge University Press, 1997; Tilly, Charles. *Coercion, Capital, and European States*, *A. D.* 990 - 1992. Cambridge, Mass.: Basil Blackwell, 1992.

② 我的意思并非是宗教改革后宗教本身在欧洲人生活中的重要性降低了。然而，在政治精英的控制下，宗教愈发服务于统治者而非教皇，它甚至成为国家建设机构的一部分。宗教对欧洲普通民众生活的影响在19世纪后才稍有减弱。参见Gorski, Philip S. *The Disciplinary Revolution: Calvinism and the Rise of the State in Early Modern Europe*. Chicago: University of Chicago Press, 2003; Kamen, Henry. *The Spanish Inquisition, an Historical Revision*. London: Weidenfeld & Nicolson, 1997; McLeod, Hugh. *Secularisation in Western Europe*, 1848—1914. New York: St. Martin's Press, 2000.

③ 参看劳埃德（Lloyd）关于希腊和中国科学传统的差异的论述，卡尔伯格（Kalberg）关于理论和形式理性的定义。Lloyd, Geoffrey E. R. *Adversaries and Authorities: Investigations into Ancient Greek and Chinese Science*. Cambridge: Cambridge University Press, 1996; Kalberg, Stephen. "Max Weber's Types of Rationality: Cornerstones for the Analysis of Rationalization Processes in History." *American Journal of Sociology*, Vol. 85, 1980, pp. 1145—1179.

理论/形式理性复兴之所以重要，其背后有两个原因。第一，它允许一部分为资产阶级张目的知识分子发展各种理论以证明以盈利为目的的工具理性是合理的和正面的价值观，于是就出现了诸如自然法、社会契约、自由主义、个人主义、新教伦理、甚至“看不见的手”等“理论”。[①] 渐渐地，工具性的商业活动不再被视为自私和备受歧视——它已经变成了一种正面价值，可以与任何一种价值观抗衡。以自我为中心的市场行为被视为至高无上的道德力量，是促成自由和繁荣的关键。这一过程被我称之为私人利益为导向的工具理性主义的价值化”。它给予了盈利活动以全面的合法性，提供了工业资本主义的意识形态基础，并成为现代化的构成要件。随着这个价值化过程热火朝天地进行，工业资本主义变得越来越不可避免。第二，理论/形式理性主义的兴起伴随私人利益和公共利益导向的工具理性主义的崛起，共同刺激了科学的发展。虽然科学的“进步”在其早期阶段并未对技术发明产生直接影响，但它孕育了一种理性的思维方式，并且提供了有利于科技发展的知识元素。随着科学发展和以商业盈利为动机的发明激增，科学和技术之间的关系也被拉近。[②]

从多国体系的延续到独立和半独立城市的出现，再到天主教世

---

① 文艺复兴及宗教改革之后，资产阶级意识形态取得了一定地位。托尼(Tawney)经典地描述了以城市为中心的加尔文主义与资产阶级之间的矛盾和妥协如何促进了个人主义精神在16世纪的出现和自由放任主义的最终胜利(Tawney, Richard Henry. *Religion and the Rise of Capitalism: A Historical Study*. New Brunswick, NJ: Transaction Publishers, 1998)；吉莱斯皮(Gillespie)分析了人文色彩的个人主义观念如何在14世纪成为基督教的一种新形式，以及它带来的紧张与张力如何推动了宗教改革和现代科学的崛起(Gillespie, Michael Allen. *The Theological Origins of Modernity*. Chicago: University of Chicago Press, 2008)。

② 第一，18世纪之后的发明更多地依赖于当时的科学发展。第二，科学的发展和传播也使工程师具备了新式思维和实验技术，这些对发明来说相当关键。见Mokyr, Joel. *The Lever of Riches: Technological Creativity and Economic Progress*. New York: Oxford University Press, 1990, pp. 167 - 170; Musson, A. E., ed. *Science, Technology, and Economic Growth in the Eighteenth Century*. London: Methuen & Co Ltd., 1972.

界的分崩离析以及私人利益为导向的工具理性的价值化，都是工业资本主义的崛起的最为关键的因素，因为它们属于更高层次的因素：如果没有这些因素，加州学派学者所强调的经济/人口机制和技术因素都是无关紧要的。然而，虽然这些高级因素对工业资本主义的兴起是绝对必要，但仅有它们还远不够，因为即使这些条件都具备，工业革命也不会自动到来。这时，加州学派学者提出的一些观点就有了意义。众所周知，对于资本主义发展至关重要的技术均来自于中国、印度和伊斯兰世界。① 一些外部因素，比如海外殖民地的存在和资源剥削，以及煤炭储备的地理位置，在关键的历史时刻也可能对英国和西方工业资本主义兴起的重要因素②。最后，如果当时没有能够节省劳力的机械制造业的重大技术突破，英国和欧洲可能已经被人口爆炸而摧毁，还可能会导致战争、流行病的出现，并造成历史发展逆转。③ 因此，古德斯通所认定的对工业革命至关重要的牛顿物理学

---

① Abu-Lughod, Janet. *Before European Hegemony: the World System A. D. 1250 - 1350*. New York: Oxford University Press, 1989; Hobson, John M. *The Eastern Origins of Western Civilization*. Cambridge: Cambridge University Press, 2004; Huff, Toby E. *The Rise of Early Modern Science: Islam, China, and the West*. Cambridge: Cambridge University Press, 1993; Landes, David S. *The Wealth and Poverty of Nations: Why Some Are so Rich and Some so Poor*. New York: W. W. Norton & Company, 1998; McNeill, William H. *The Pursuit of Power: Technology, Armed Forces, and Society since A. D. 1000*. Chicago: The University of Chicago Press, 1982.

② Pomeranz, Kenneth. *The Great Divergence: Europe, China, and the Making of the Modern World Economy*. Princeton, NJ: Princeton University Press, 2000; Frank, Andre Gunder. *Reorient: Global Economy in the Asian Age*. Berkeley: University of California Press, 1998.

③ 另一方面，人类工具性的欲望这一魔怪一旦从传统的魔瓶中逃出并获得主导，就会很难把它关回魔瓶。此类社会在灾难过后的恢复和发展不会需要很长时间。技术的突破只是时间问题。

的出现和蒸汽机的发明确实对英格兰的发展至关重要。[①] 然而，我们必须清楚，前现代西方的技术发展趋势以及有利于英国和西方兴起的经济/人口条件也是欧洲长期跌宕不安的历史所带来的后果。这起伏动荡的历史则源自欧洲始终无法稳定下来的精英竞争格局。因此，虽然加州学派的学者所认定的对"大分流"至为关键的经济、人口和技术因素对于解释在英国和西方的兴起中有着重要的作用，但它们却完全不能解释传统中国的经济发展。如果我们更加仔细地审视中国的科技发展，我们将立即看到一个非常不同的模式。[②] 至少两类推动中国科技发展的要素与那些促进欧洲技术发展的要素是不同的。[③] 中国有较高程度的历史延续性和许多时间绵长的朝代，强大的

---

① Goldstone, Jack A. "The Rise of the West – or not? A Revision to Socio-economic History." *Sociological Theory*, Vol. 18, 2000, pp. 175 - 194; Goldstone, Jack A. *Why Europe? The Rise of the West in World History*, 1500 - 1800. Boston: McGraw Hill, Higher Education, 2008.

② 15世纪，中国拥有当时世界上最强大的船队，但中国从来没有想过用它来进行海外扩张（Deng, Keng G. *Chinese Maritime Activities and Socioeconomic Development*, 2100 *B. C.* - 1900 *A. D.* Westport, Conn.: Greenwood Press, 1997）；直至19世纪初，中国仍是世界主要的经济中心（Frank, Andre Gunder. *Reorient: Global Economy in the Asian Age*. Berkeley: University of California Press, 1998）；但是，中国没有把经济优势转化为海外扩张。虽然清朝在内亚的政策具有攻击性（Perdue, Peter C. *China Marches West: The Qin Conquest of Central China*. Cambridge, Mass.: Harvard University Press, 2005），但清朝的扩张不过是在汉族和游牧民族之间的你进我退式的拉锯战的一部分，而这样的拉锯战已经进行了千年。这与早期现代欧洲国家和资产阶级合伙进行的带有极强经济动机的海上扩张有着实质不同。

③ 参看博德（Bodde, Derk. *Chinese Thought, Society, and Science: The Intellectual and Social background of Science and Technology in Pre-modern China*. Honolulu: University of Hawai'i Press, 1991）、劳埃德（Lloyd, Geoffrey E. R. *Adversaries and Authorities: Investigations into AncientGreek and Chinese Science*. Cambridge: Cambridge University Press, 1996）、韩书瑞和罗友枝（Naquin, Susan, and Evelyn S. Rawski. *Chinese Society in the Eighteenth Century*. New Haven: Yale University Press, 1987）以及李约瑟（Needham, Joseph. *The Grand Titration: Science and Society in East and West*. London: Allen & Unwin, 1969）关于中国科学和技术传统的讨论。

中华帝国政府也频频发起大型工程。这些都有利于创新和知识的积累。① 此外,在19世纪之前,历史上的大多数发明属于培根所说的经验型发明。② 中国人的务实心态非常有利于这种发明。最后,在中华帝国晚期,无论发明人的背景如何,新儒家的国家性质决定了发明和对科学的兴趣不会带来财富、声望和权力,③以自我为中心的商业动机也不能成为发明家的动力。因此,虽然中国能持续保持技术优势达两千年之久,但在宋代以后,中国的科技发展大大放缓。④

(二) 中国工业资本主义的不可能性

在上面的分析中,我集中探讨了两个对欧洲工业资本主义的突破性发展至关重要且相互交织的历史进程,即天主教统一世界的崩溃和资产阶级力量的崛起。与此相对应,本节的重点是晚明非正统的新儒家思想运动和中国商人在明清之际的地位。我的目的是要说明为什么晚明的非正统儒家思想运动不能像宗教改革撕裂天主教世

---

① Deng, Keng G. *Development versus Stagnation: Technological Continuity and Agricultural Progress in Pre-modern China*. Westport, Conn.: Greenwood Press, 1993; Needham, Joseph. *The Grand Titration: Science and Society in East and West*. London: Allen & Unwin, 1969.

② Mokyr, Joel. *The Lever of Riches: Technological Creativity and Economic Progress*. New York: Oxford University Press, 1990, p. 167.

③ 例如,中国最伟大的科学家沈括从来没有将他自己视为一个科学家,他的大部分知识来自他作为一个政府官员的丰富经验。在沈括政治失势退休在家时,他写了他最有名的书《梦溪笔谈》,许多内容包含了我们今天所谓的科学。见 Elman, Benjamin A. *On Their Own Terms: Science in China*, 1550—1900. Cambridge, Mass.: Harvard University Press, 2005;又见席文对沈括所取得的成就、心态的研究以及对中国科学的本质的讨论(Sivin N. "Why the Scientific Revolution Did Not Take Place in China-or didn't it?", *Chinese Science*, Vol. 5, 1982, pp. 45-65)。

④ Elman, Benjamin A. *On Their Own Terms: Science in China*, 1550—1900. Cambridge, Mass.: Harvard University Press, 2005; Goldstone, Jack A. *Why Europe? The Rise of the West in World History*, 1500—1800. Boston: McGraw Hill, Higher Education, 2008; Mokyr, Joel. *The Lever of Riches: Technological Creativity and Economic Progress*. New York: Oxford University Press, 1990.

界一样摧毁新儒家在中国的统一地位,[①]为什么晚期中华帝国的商业化没有产生坐拥强大政治、军事和意识形态力量并能够捍卫并扩大自己的利益的资产阶级。

我下面的分析忽略了晚期中华帝国的几段历史,也就是15世纪初郑和七下西洋,大量涌入中国的美洲白银以及满人征服后短暂存在的多国并存状态。不少学者用这些历史进程来论证中国有向不同方向发展的充分机会,他们进而强调如果这些历史进程以不同的方式结束,中国甚至有可能自发进入工业资本主义。我之所以略过对这些历史进程的分析,因为我相信,虽然它们可能对某些类型的问题研究非常重要,但对于我所关心的问题却无足轻重。郑和下西洋不是为了征服,也不是为了贸易。它是一个政府行为,商人在其中没有起到主导作用。郑和船队的规模是哥伦布船队的几乎百倍,这在财政上并无可续性。[②] 我不能想象郑和下西洋如何会导致新儒家世界区的削弱和强大的资产阶级势力的崛起。美洲白银的涌入改变了中国沿海地区的经济结构,改变了中国的货币和税收制度。[③] 我们甚至可以说美洲白银在17世纪初停止大量流入中国与明朝的灭亡也不

---

① 宋明理学兴起于唐代中期的士大夫运动,在宋代时得到普及,在南宋时成为一种主导思想。到了明清,程朱理学成为国家意识形态,新儒家的典籍成了科举考试的基础,相当多的村落是按照新儒家的原则来组织的。中国因此成为新儒家世界。

② Dreyer, Edward L. *Zheng He*: *China and the Oceans in the Early Ming Dynasty*, 1405—1433. New York: Pearson Longman, 2007; Levathes Louise(李露华). *When China Ruled the Seas*: *The Treasure Fleet of the Dragon Throne*, 1400—1433. New York: Simon & Schuster, 1994.

③ Atwell, William S(艾维四). "A Seventeenth-Century 'General Crisis' in East Asia?" in *The General Crisis of the Seventeenth Century*, 2nd ed., edited by Geoffrey Parker and Lesley M. Smith. London: Routledge, 1997, pp. 235 - 254; 参见全汉昇:《明清经济史研究》,台北:联经出版有限公司,1987年。

无关系。[①] 然而美洲白银的流入并没有对新儒家世界造成任何根本性的破坏，并没有改变中国商人的从属地位。因此，它对本文所讨论的问题而言关系不大。此外，一些学者怀疑如果满人征服以后的多国并存体系能一直持续下去的话，中国也许会和欧洲走向同样的发展方向。对于这个问题我的回答同样是否定的。简单地讲，多国体系存在于中国的分裂时期（220—581 年）以及唐宋变革之际（907—979 年）。然而，这些国家都逐渐采用儒家的政治框架来统治其控制下的地域。我不明白为什么这一次的结果会有所不同。此外，欧洲多国系统更为复杂，该系统涉及许多性质非常不同的国家和政治行动者，而且不同的国家在宗教改革中支持不同的宗派信仰，并向宪政或专制的方向发展。更何况，多国系统只是我所确定的工业资本主义兴起的五个重要历史因素中的一个而已。要解释本文关心的问题，孤立地审视它并无多大帮助。总之，反事实思维在历史分析中按说是破坏目的论思想的利器，但实际上，它更多地被用来制造另一种奇思幻想的目的论，在其中，某一因素被无限地从历史情境中抽离、拔高，成为历史进程的主要推动力。

1. 失败的"中国式宗教改革"[②]

明朝末年，非正统思潮和非官方的新儒家思想就像路德教和加尔文主义在欧洲的兴起一样应运而生。如果成功的话，它们将像宗教改革分裂天主教世界一样让新儒家世界也分崩离析。然而，不同于宗教改革，非正统儒学并没有在任何方面明显地动摇新儒家世界。

---

① Atwell, William S. "A Seventeenth-Century 'General Crisis' in East Asia?" *in The General Crisis of the Seventeenth Century*, 2nd ed., edited by Geoffrey Parker and Lesley M. Smith. London: Routledge, 1997, pp. 235 - 254; Wakeman, Frederic Jr(魏斐德). *The Great Enterprise: The Manchu Reconstruction of Imperial Order in Seventeenth-Century China*, in two volumes. Berkeley: University of California Press, 1985.

② 正如宗教改革是针对天主教世界的一场大变革，"中国式宗教改革"是指针对新儒家世界的大变革。

这一结果非常值得我们探讨，因为它显示了新儒家政治制度的韧性，表明在西方到来之前中国本土是不可能产生工业资本主义的。

儒家学者们对僵化的理学道统和竞争日益激烈的科举考试的不满，以及日益重要的南方市场经济，这些都推动了晚明非正统儒学的兴起。王阳明(1472—1529)是该运动早期的一个重要人物。朱熹(1130—1200)认为理具有客观性，可以通过格物致知而获得。王阳明则认为“心即理”，认为实现美德的关键不在于朱熹所主张的要通过学习和提升自我修养，而是“致良知”，只有这样才能“知行合一”。王阳明自己无法预见到他理想主义理论的后果。虽然他也强调学习和修身养性在达到“致良知”中的重要性，他的“心即理”为进一步阐发道德修养只需向己心求的各种理论打开了大门。在南方高度商业化和明末黑暗政治的背景下，王阳明的理论促进了代表着非正统儒家思想的两大群体的兴起。

李贽(1527—1602)可以说是较早出现的群体中激进的一员。他强烈抨击当时占主流地位的礼教，推扬佛教和其他思想流派。他称赞孩童的率真，并认为修身的目标是追求童真。[①] 他肯定人类追求天然欲望和功利行为，甚至称赞反叛英雄，提倡平等对待女性。晚年李贽的生活更是离经叛道。在他 54 岁那年，李贽辞官离家落发，悠游在僧儒之间。他被指控经常出入酒肆，且与妓女往来，甚至还和尼姑、寡妇以及其他女人有亲密关系。令人震惊的是，他甚至连否认这些指控的兴趣都没有。[②]

作为早期非正统儒学学者群体的代表，李贽将王阳明哲学自然主义倾向推向了极致。与李贽不同，以黄宗羲(1610—1695)、方以智(1611—1671)、顾炎武(1613—1682)和王夫之(1619—1692)等为

---

① 正统儒家学说认为儿童的心理和行为需要靠教育来塑造而不是模仿的对象。

② Jiang,Jin. “Heresy and Persecution in Late Ming Society: Reinterpreting the Case of Li Zhi.” *Late Imperial China*,Vol. 22,2001,pp. 1 - 34；参见许涤新、吴承明：《中国资本主义的萌芽》，人民出版社，2003 年。

代表的这一部分学者都经历过明清之际的丧乱。满族的征服对他们来说是一个痛苦的经历，但是他们将明朝的灭亡归咎于它的政治。他们也批评李贽的自然主义思想和离经叛道行为，乃至和李贽有关的整个泰州学派。他们相信是泰州学派的思想导致了道德的涣散，乃至明朝的崩溃。[①] 但是，这些学者也深受王阳明的影响，且在思想上和泰州学派有不少相似之处。与李贽相比，这些非正统儒学学者在道德上恪守传统，但是而在政治上却主张变革。经这部分学者发展的政治理论有以下几个要点，其中大部分可以被看作是对明代专制主义的抨击。[②] 首先，国家是公器是“主”，而君王不过是客。其次，皇帝和官员应该是同事或朋友，而不是主仆关系。第三，通过设立掌握实权的宰相和扩大地方的自治权来对皇帝的权力加以限制，皇帝也要接受士大夫的监督。宦官和外戚的权力也应该受到限制。第四，追求财富是合法的，士农工商均应享有平等的地位。

这些非正统的儒学理念对正统程朱理学在思想上的冲击应该说不亚于路德贴在维登堡教堂大门上的《九十五条论纲》对天主教的冲击。如果其中的一些想法能付诸实施，它们肯定会引起一场“中国式宗教改革”，摧毁儒家意识形态的基础，并为新的可能性铺平道路。然而，尽管新的非传统观点在儒生群体中取得了一定的影响，两个相关的原因使它不可能产生同欧洲宗教改革一样的影响。首先，前现代的天主教教廷不仅坚持《圣经》是唯一的真理，更将《圣经》的解释权紧紧抓在自己手中。路德的维登堡宣言一经公开，立即引起一场你死我活的“真理问题大讨论”，最终导致天主教世界的分裂。而

---

① McMorran Ian(麦穆伦). “Late Ming Criticism of Wang Yang-ming: The Case of Wang Fu-chih.” *Philosophy East and West*, Vol. 23,1973,pp. 91－102.

② de Bary, Wm. Theodore(狄百瑞). *The Liberal Tradition in China*. Hong Kong: The Chinese University Press,1983,ch. 4;冯天瑜、谢贵安:《解构专制——明末清初“新民本”思想研究》,(湖北人民出版社,2003 年;龚鹏程:《晚明思潮》,商务印书馆,2005 年。

儒家学者则更多地将儒家思想视为道德体系而非超验真理。当李贽表达他的非正统的观点时，它引起的是李贽和与他交好的耿定理的哥哥耿定向之间带有私人性质的争论。[①] 主流儒生更感兴趣的是掌握理学经义以通过科举考试，而不是这种辩论。明朝中央政府甚至没有插手其间。因此，非正统的儒家思想运动无法对新儒学一统地位产生任何长期性的冲击。其次，更重要的是，中国不存在欧洲一样的多国并立局面。当路德在威登堡教堂门口贴出他的论纲后，他得到了萨克森选侯腓特烈的“保护”，拒不出席罗马教廷的传唤，防止遭致可能的迫害。如曼指出，这“立即阻止了单纯意义上的宗教妥协”，导致欧洲在思想和政治上同时的分裂。[②] 在中国，尽管国家对各种思想学说可以说更为宽容，[③]但一旦国家决定压制，统一的国家体系使镇压远为有效。以李贽为代表的早期非正统儒家的发展终止于1602年——在学者批判和当地官员迫害的双重攻击下，李贽最终选择自杀。在明清之际出现的第二批非正统的儒学家也随着领袖人物的凋零而失去影响。尽管满人保留了相当多的游牧部族的特性，他们同时也重建了儒教的正统。[④] 当新一代的儒生参加科举成为清朝官员时，他们父辈的改革理念随之烟消云散。

尽管明清代之际的改革声音已然泯灭，明清代之际学者的道德保守主义得到了满人统治者的支持。清朝早期学者的著作和活动促

---

① Huang, Ray(黄仁宇). 1587, *A Year of No Significance: The Ming Dynasty in Decline*. New Haven: Yale University Press, 1981; Jiang, Jin. "Heresy and Persecution in Late Ming Society: Reinterpreting the Case of Li Zhi." *Late Imperial China*, Vol. 22, 2001, pp. 1 - 34.

② Mann, Michael. *The Sources of Social Power, Vol. 1: A History of Power from the Beginning to A. D. 1760*. Cambridge: Cambridge University Press, 1986, p. 467.

③ Zhao, Dingxin. *The Rise of the Confucian-Legalist State and Its Legacies in Chinese History*. New York: Oxford University Press (to be published), 2015.

④ Naquin Susanand Evelyn S. Rawski. *Chinese Society in the Eighteenth Century*. New Haven: Yale University Press, 1987, ch. 1.

成了社会转向保守：宗族组织和儒家礼教对乡村的影响增强；忠贞观念被强化和更广为传播，对女性的控制更为苛严；随着国家加强了对思想文化的控制，流行的文学形式和城市娱乐业也有萎缩。[①]

在清朝的大部分时间里，它实行比明朝中后期更为专制的思想控制。许多写于明末和明清之际的著作被禁止发行，文字狱使文人深为畏惧。一方面由于思想压制，一方面顺延明清之际学术的自身发展，清代文人的兴趣转移到考据上。[②] 他们"强调精确的研究、严密的分析和对历史文献和文本的收集与梳理"，[③]他们的学术活动也颇有可称道之处。

然而，参与这一学术运动的主要学者多是文化保守主义者。[④]他们怀有盲目的文化沙文主义，对越来越被精英们所熟知的西方科学和技术持排斥态度，[⑤]其研究兴趣和方法与早期现代的欧洲科学极不相同。[⑥]

此外，理学继续保持正统地位，读书人依旧需要掌握朱子学说以求功名。19 世纪，当欧洲帝国主义抵临之际，清朝已经开始走下坡

---

① Chow Kai-wing. *The Rise of Confucian Ritualism in Late Imperial China: Ethics, Classics, and Lineage Discourse*. Stanford: Stanford University Press, 1994.

② Guy R. Kent(盖博坚). *The Emperor's Four Treasuries: Scholars and the State in the Late Ch'ien-Lung Era*. Cambridge, Mass: Harvard University Press, 1987, ch. 3.

③ 我同意艾尔曼的观点。考据学代表了帝制中国思想史上一个重要的转变。其代表人物的一些想法和明清之际的一些非正统文人的思想与欧洲文艺复兴时期的思想家有相似之处。但是，我想强调晚明和清中期的非正统思想对清代政治、文化和社会的塑造力远不能与文艺复兴时的思潮对欧洲政治、文化和社会所造成的深度影响相比。Elman, Benjamin A. *From Philosophy to Philology: Intellectual and Social Aspect of Change in Late Imperial China*. Cambridge, Mass.: Council on East Asian Studies, Harvard University Press, 1984, p. 6.

④ Chow Kai-wing. *The Rise of Confucian Ritualism in Late Imperial China: Ethics, Classics, and Lineage Discourse*. Stanford: Stanford University Press, 1994.

⑤ 张维屏：《纪昀与乾嘉学术》，台湾大学出版委员会，1998 年，第 206—212 页。

⑥ Guy R. Kent. *The Emperor's Four Treasuries: Scholars and the State in the Late Ch'ien-Lung Era*. Cambridge, Mass: Harvard University Press, 1987, p. 46.

路，但理学在政治统治和社会生活中的地位仍然稳如磐石。只有在反复的军事失利之后，新儒学世界才开始出现裂缝，中国才被迫踏上现代化的道路。只有在20世纪初，晚明非正统的儒家思想才被那些试图在中国本土传统中寻找改革思想的学者誉为“中国式宗教改革”或者“启蒙”。[①]

2. 中国经济行动者的弱势

我已经确定了资产阶级力量的崛起是工业资本主义的关键条件。在前现代欧洲，商人控制着城市国家的政治，并且在欧洲大国中也拥有着一定的发言权；大的跨国经济组织拥有一定规模的半官方或私人武装；具有城市背景的知识分子著书立作为盈利行为提供合法性。这些商人拥有强大的政治、军事和意识形态方面的权力，他们所享有的自主权在欧亚历史上可谓是前所未有。让我们以此为参照来探讨西方势力到来之前中国商人的地位。

在中国城市的研究中，施坚雅的六角型模式堪称典范[②]，因为它令人信服地说明了中国乡镇的经济功能。然而，施坚雅模型最适合集市和镇，其次是县府。这是因为政治因素对于决定县城及更高级别的城市的位置、功能和命运变得越来越重要。[③] 总的来说，中国的城市自宋朝的“城市革命”之后取得了显著的经济功能，[④]并且帝国晚

---

① de Bary Wm Theodore. *The Liberal Tradition in China*. Hong Kong: The Chinese University Press, 1983, p. 101.

② Skinner, William G. "Marketing and Social Structure in Rural China," *Journal of Asian Studies*, Vol. 24, no. (1-3), 1964-1965, pp. 3-43, 195-228, 363-399.

③ 例如，嘉兴府在明代初期只有三个县，到1429年增至七个县。在明代，松江州只有三个县，到清朝时发展到九个县。所有这些都是国家行为所致。冯贤亮：《明清江南地区的环境变动与社会控制》，上海人民出版社，2002年，第2章。

④ Skinner, William G. ed. *The City in Late Imperial China*. Stanford, Calif: Stanford University Press, 1977, pp. 3-31; Twitchett, Denis C.（崔瑞德）. "Merchant, Trade and Government in Late T'ang," *Asia Major*, no. 14, part1, 1968, pp. 63-95.

期的发展与欧洲的城市发展拥有许多相似之处。[①] 但是,中国的城市仍有不同于欧洲城市的几个关键方面。最明显的是,中国的城市从来没有拥有过自治的政治和法律地位,并且它们也没有像中世纪一些获得特许状的城镇或自由城镇那样拥有属于自己的军队。[②] 因此,研究中国城市的学者都承认政治和行政命令对中国城市的命运有着决定性的影响。[③]

中国的经济行动者缺乏自主性并不意味着政府可以对商人做任何事情,或是国家有意消除经营性行为。除了明代早期的反商业政府行为这一例外,晚期中华帝国是相当务实的。[④] 大多数时候,政府为不同的目的保护、支持、参与和垄断不同的商业活动,[⑤]同时根据资

① 罗威廉看到19世纪的欧洲与中国城市之间的重要区别。当西欧的大城市经历着由工业革命所带来的大规模的城市骚乱和阶级政治时,同一时期的中国城市由于当地官员与社会精英的共识和协理而呈现善治的局面。参见 Rowe, William T. *Hankow: Conflict and Community in a Chinese City*, 1796 - 1895. Stanford: Stanford University Press, 1989.

② Bartlett, Robert. *The Making of Europe: Conquest, Colonization and Cultural Change* 950 - 1350. Princeton: Princeton University Press, 1993, ch. 7.

③ Finnane, Antonia(安东篱). "Yangzhou: A Central Place in the Qing Empire.", *in Cities of Jiangnan in Late Imperial China*, edited by Linda Cooke Johnson, Albany, NY: State University of New York Press, 1993, pp. 117 - 49;

Johnson Linda Cooke, ed. *Cities of Jiangnan in Late Imperial China*. Albany, NY: State University of New York Press, 1993; Marmé Michael(马麦可). "Heaven on Earth: The Rise of Suzhou, 1127 - 1550", *in Cities of Jiangnan in Late Imperial China*, edited by Linda Cooke Johnson, Albany, NY: State University of New York Press, 1993, pp. 17 - 45; Shiba Yoshinobu(斯波义信). *Commerce and Society in Sung China*, translated by Mark Elvin. Ann, 1970.

④ 例如,清朝以非常务实的态度对待商人,这使得经济在经历了明清更替时的灾难性的破坏之后马上迎来了复苏。Rowe William T. *China's Last Empire: The Great Qing*. Cambridge, Mass: Belknap Press of Harvard University Press, 2009, p. 132.

⑤ Wong, R. Bin. "The Political Economy of Agrarian Empire and Its Modern Legacy", in *China and Historical Capitalism*, edited by Timothy Brook and Gregory Blue, Cambridge: Cambridge University Press, 1999, pp. 222 - 226.

产与商品的不同特性而默认或者是承认不同程度的“产权”。[①]

然而，缺乏自主性意味着中国的商人完全没有像他们的欧洲同行那样使用的政治权利、军事手段以及思想武器来捍卫自己的利益，而所谓的“产权”也是完全任由国家支配。这就对中国商人的行为产生了巨大的影响。面对国家的政治主宰和理学思想的统治地位，明清商人非常热衷于让他们的孩子接受儒家教育，取得科举功名并致仕。[②] 他们与地方官员建立密切的关系，并且与仕宦家族联姻。他们为政府征收税款，并且介入乡镇治理活动。[③] 他们参与地方慈善活动，仿效士人的生活方式，[④]旨在获取尊重与信任，并使得商业活动能更顺利开展。[⑤] 然而，这些经济行动者无法构建诸如自由主义或“看不见的手”这样的非正统的价值观来为他们的经营性行为正名，而且他们必须严格隶从官府。这些都显示了中国经济行动者的弱势，更进一步表明在西方到来之前工业资本主义很难在中国自发地崛起。

四、结　语

本文提出与加州学派的学者相左的观点。我认为，尽管工业资本主义在19世纪的英国的兴起不是历史必然，但中国在19世纪或

---

① 许涤新、吴承明：《中国资本主义的萌芽》，人民出版社，2003年，第710—726页。

② Naquin Susan and Evelyn S. Rawski. *Chinese Society in the Eighteenth Century*. New Haven：Yale University Press，1987，p. 123.

③ Mann，Susan. *Local Merchants and the Chinese Bureaucracy*，1750 - 1950. Stanford：Stanford University Press，1987.

④ Lufrano，Richard John(陆冬远). *Honorable Merchants：Commerce and Self-Cultivation in Late Imperial China*. Honolulu：University of Hawaii Press，1997.

⑤ Brook Timothy. *The Confusions of Pleasure：Commerce and Culture in Ming China*. Berkeley：University of California Press，1998，pp. 215 - 216.

此前或稍后的任何时候都没有可能出现工业资本主义方面的根本性的突破。由于商业发展和繁荣，中国的富庶地区有着较高的生活水准，然而，明清时候的中国，技术创新并没有鼓励性的回报，理论/形式理性极不发达；最重要的是，新儒家意识形态没有面临重大的挑战，而商人无法利用他们的财富来获取政治、军事和意识形态方面的权力从而抗衡国家的权力。与欧洲情况不同的是，晚期中华帝国维持灿烂的商业的原因不是新儒家世界的衰弱和资产阶级力量的崛起，而是帝国庞大的领土和人口所带来的巨大市场和王朝中期特有的长期政治稳定。当欧洲人在19世纪持着现代武器抵达中国时，中国并没有走向工业革命而是走向王朝的衰落。中国并非自发地迈入现代化，而是被西方和日本帝国主义拖入到工业化和现代化的历史进程当中。

（本文发表于《学术月刊》2014年第7期，第157—169页）

在西方比较历史方法的阴影下

——评许田波《古代中国和近现代欧洲的战争及国家形成》

许田波(Victoria Tin-bor Hui)的《古代中国和近现代欧洲的战争及国家形成》一书运用比较历史学、以国际关系理论和行为主体性(agency)为核心的理论方法,提出了如下核心问题:春秋战国时代的中国和近现代欧洲的历史发展在很多方面有着相似性。比如,它们都起源于一个由许多国家组成的封建社会,都有着频繁的战争,都经历了封建体制的垮台和官僚体制的形成,都有着一个弱肉强食的国际秩序。但是,欧洲在发展中形成了一个多国平衡的局面,而中国却走向了统一。这是为什么呢?对这一问题许田波的解释是:为了在国际争斗中取得优势,竞争各国就必须采取对策。但在这一过程中,中国的国家采取了自强性改革和聪明的军事外交策略(cleaver strategies,指的是法家改革和在《战国策》中所描绘的纵横家的外交手段),而欧洲国家却都采取了自衰性的应对方式和相对"笨拙"的外交策略。[1] 中国的国家力量在自强性改革和聪明的军事外交策略中越来越强大，于是就迎来了秦帝国的统一；而欧洲国家却因为采取了自我弱化的应对方式和“笨拙”的外交策略在近现代的发展中失去了武力统一的机会。[2]

作者的推理十分清晰，许多具体论点也不无道理。作为把中国先秦史和近现代欧洲史进行充分比较的第一本专著，该书在西方学术界定会占有相应的地位。但她所运用的比较历史学方法和现实主义国际关系理论虽然均盛行于西方世界，在方法论意义上却都有较大误区。这些方法论上的误区导致该书在提出问题、解释问题、叙事形式和历史材料的运用上都存在很大的偏颇。为了理解本书问题的根源，我们首先从比较历史学方法和现实主义国际关系理论的弱点谈起。

一、在比较历史学方法的阴影下

许田波在书中所采用的是西方社会科学中常用的比较历史学方法。这一方法的标准做法是把两个（或数个）不同案例放在对称的位置上加以比较，并从中找出一个作者认为是关键性的问题（比如，为

---

① “笨拙”一词是我对许田波观点的总结，她书中的原话是：“Although European powers pursued opportunistic expansion and practiced counterbalancing strategies, they rarely employed cunning and ruthless tactics against one another … as was common in the ancient Chinese system. ”（Hui，2005，p. 36）当然，这话很有问题。因为先秦战争是在战国后期才变得残酷起来的，而欧洲战争发展到了拿破仑时代后也趋于残酷，到了第二次世界大战时则几近疯狂。历史有一个自己的发展过程。

② 根据许田波的描述，中国的自强改革政策包括：建立一支以征兵制为基础的国家常规军、一种强有力的税收政策和促进经济发展的手段，以及一个以择优录取为基础的科层制。而欧洲的自弱对策则包括：建立一支以雇佣军和职业军人为基础的常规军，以及一个在很大程度上依赖于金钱、贷款甚至是卖官的战争物质动员机制（Hui，2005，p. 4）。

什么在现代化过程中俄国和中国走上了共产主义革命道路，日本和德国走了法西斯道路，而英国、法国、美国却走了民主道路[Moore, 1966])，作者的任务则是找出导致这些案例之间的不同（或相似）理论或是关键机制。但是，这种比较历史学方法有着以下致命弱点：第一，为了使比较有意义，这些案例就需要有很大的相似性。如果案例之间有许多不同点的话，就很难确证到底是哪一个不同点导致了我们所想解释的历史发展轨迹。春秋战国时期的中国和近现代欧洲处在不同时空及不同的政治、经济、文化条件下，它们之间的差异多如牛毛，我们因此很难在这两者之间作出有意义的对称性比较。就这点来说，韦伯的问题（即为什么资本主义兴起在19世纪欧洲而不是同时期的中国和其他文明）就要比许田波书中的问题显得有意义，因为韦伯把不同案例放在同一时间背景下，或者说至少在时间这一点上对不同案例进行了控制。

第二，在对称性比较历史学方法下，研究者提出的问题基本上都具有单一性。比如，许田波所想要解释的是"为什么近现代欧洲形成了一个多国平衡局面，而中国先秦却走向了统一"，而另一个由凯瑟和蔡泳（Kiser&Cai，2003）所作的研究则是要解释"为什么科层制形成于春秋战国时代的中国而不是同时代的其他文明"。这里面有许多问题。其中最主要的就是，如果我们就一个案例提出多个要解答的问题时，我们将会很难为之找出一个合适的对称性案例来。比如，把以上许田波、凯瑟和蔡泳的问题糅合成如下问题"为什么先秦中国不但走向了统一还产生了科层制"的话，我们将会很难为这一复合问题找出一个对称性的案例来。近现代欧洲肯定是不行了，因为近现代欧洲虽然没能统一却形成了韦伯意义上的科层制。古罗马帝国也不行，古罗马帝国虽然造就了当时欧洲的统一，却没有能形成先秦中国式的科层制。

对称性比较历史学方法在提出问题时就违反了科学方法中的一个最为基本的原则，即一个有效的理论应当是一个能解释更大变异的理论(如果 x 能解释 a 不能解释 b,但是 y 不仅能解释 a 而且能解释 b,那么 y 就是一个更好的理论)。[①] 这就是说,所要解释的现象越多,提出不同的能同时解释这些现象的理论的难度就会越大,而对于单一的问题,我们往往能建立许多不同的解答,甚至是与经验事实毫不相干的解答(试想,对于两个路人吵架后打了起来这一事实的原因,你能提出多少在逻辑上合理的解答)。具体到许田波书中所提出的问题,她所想解释的说到底就是为什么秦始皇能统一中国而拿破仑却不能统一欧洲。对于这样单一的问题,提出不同的解答是非常容易的(我在本文的后半部分还会举例说明),并且,只要一个学者有着说得过去的完形能力,他所提供的解答在外行看来也总会有一定道理。一般来说,平衡性比较历史学方法理论所揭示的往往不是某一经验事物发展的真正内在机制,而仅仅是该理论的逻辑结果与该经验事物的结局具有同构性。它在最好的情况下也只是一个形式理论。[②]

第三,历史叙事的关键在于时空,即一个历史事件发生在什么时间、什么地方和什么场合,以及以什么方式在时空中发展。只有在这样的叙事手法下,我们才能开始真正理解甚至解释历史动态中一些有意义的规律。但是,受到对称性比较历史学方法一些固有局限的限制,采取这一方法的学者一般重比较而轻历史,或者说他们的历史叙述往往缺乏很强的时间/空间感。在书中,许田波基本上是在现实主义国际关系理论的框架下来分析春秋战国的历史发展的。但是我们知道春秋战国的霸主期、转型期和全民战争期都有着各自十分不同的政治和国际关系形态。被她所标记为"聪明"的那种尔虞我诈的

① 对于一个很复杂的事物来说,对其中的单一现象作解释犹如瞎子摸象。一个学者如果能够提出比较关键的问题,他的解答就如同瞎子摸到了象身体。这样,我们虽然仍不知道象的形状,但至少知道象是一个很大的东西。否则的话,我们就连象的大小都搞不清楚。

② 关于什么是形式理论,以及它的运用和局限,请见赵鼎新(2005,第八章)。

国际政治谋略直到全民战争中期才逐渐占据上风。比如,作者在书中强调了早期欧洲一些大国,如法国的瓦卢瓦王朝(1328—1589年)在与哈普斯堡王朝争霸时,采取的都是自衰性策略(Hui,2005,P. 36)。其实,在中国的春秋时期,各诸侯国在取得领土后普遍把新占领土分封给贵族和军功贵族(史称二级封建化)。这一过程加强了贵族的势力,削弱了国家的力量,导致了晋国和其他一些中原大国相继垮台。显然,在春秋战国的早期,诸侯国在争霸中所采取的也是典型的自衰性策略。总之,在对称性比较历史学方法的限制下,许田波书中的叙史手法缺乏时间感,例子缺乏说服力,因此可能难以得到对时间十分敏感的历史学家的认可。

二、运用国际关系理论的误区

作为一个注重研究国际关系的学者,许田波还犯了个几乎是所有国际关系政治学家都常犯的错误,即轻视社会结构的作用而过分强调行为主体的策略选择对社会发展的影响。许田波的中心论点之一就是战国时中国的政治家采取商鞅式的改革策略而近现代欧洲却没有这么做,因此中国走向了统一而欧洲没有。不同政治策略当然有可能造成不同的历史后果,但是从长时间段来看,历史发展往往是行为主体的非期然性后果(unintended consequences)。此外,行为主体的策略选择及其有效性是受其他条件约束的。比如说,如果路易十四在建立中央集权国家时碰巧读了商鞅的书并决定采取商鞅的主张来进行改革,这样的改革在法国能成功吗?我想多少了解一些欧洲历史的读者都会给出一个否定的答案。原因是,先秦法家改革所面临的反对力量仅仅是已经在走向没落的贵族势力,而在法国,路易十四所面对的不仅仅是贵族势力,而且还有强大的教会势力和中产阶级力量。先秦中国和欧洲在封建战争趋于激烈初始,国家力量均很微弱且都没有常规军。但在欧洲，独立或半独立的经济城市在欧洲封建战争趋于激烈之前，即在中世纪早期就已经逐渐形成，而先秦中国却不具有此类城市。因此，当中世纪的骑士战争在欧洲趋于式微之时，许多国家由于没有能力像中国战国时期的国家一样在国内采取强制方法建立常规军而不得不依靠雇佣军来打仗。这就使得欧洲战争越来越依靠国家财政甚至是举债来进行。但是，由于欧洲当时的城市经济和金融系统都已十分发达，依赖金钱打仗在一段时间内对许多欧洲国家（特别是那些城市国家）可以说是十分有效的办法，这就更增强了欧洲战争对金钱的依赖。欧洲这种形式的战争给了以中产阶级为代表的城市利益向国家进行讨价还价的砝码。总之，在强大的贵族势力、教会势力和城市经济势力的限制下，欧洲任何一个国家的中央集权改革都不可能像秦国的商鞅改革那样进行得那么彻底。

三、从方法局限到经验偏差

理论和方法上的偏颇给许田波的工作带来了一系列的问题。其中最为主要的就是在平衡性比较历史学方法下，我们对于“为什么近现代欧洲不能达成统一，而古代中国却达成了统一”这样一个问题能提出许多不同的、听上去可能更为切合实际的解释。在以上的论述中笔者针对这一问题已举了一些例子。我们还能继续列举出不同的例子，限于篇幅，这里仅举三例。

1. 先秦中国和近现代欧洲处在完全不同的地理（空间）环境下。近现代欧洲的地理环境要比中国复杂得多。许田波也注意到了这个问题。可是为了维护她的理论，许田波马上就强调中国也有着山脉河川等复杂的地理条件，但这些却不妨碍秦国的统一历程（Hui，

2005,pp.90,160)。[①] 必须指出的是,春秋战国时期中国文明的核心地带是在华北平原和长江中下游平原之间。从秦国的角度看,出函谷关后黄河与伏牛山之间的地形逐渐开阔,至洛阳以东更是一马平川。在秦国占领了四川后,更能顺长江而下从背后对楚国的腹地发起攻击。以山西地域为核心的三晋境内虽然有着太行、吕梁和中条山脉,但是它们对秦国的进攻来说构不成关键天堑,因为三晋的中心地带是在由汾河相连接的运城、临汾和太原三个盆地之间。秦军跨过黄河马上就进入了开阔的运城和临汾平原。更重要的是,许田波还忘记了地形仅仅是战争地理的要素之一。除了地形外,影响战争的地理要素还包括距离、气候和病害等其他因素。许田波自己曾经指出从巴黎到莫斯科的距离几乎是从咸阳到临淄的三倍(Hui,2005,p.160),但是她显然没有充分认识到这距离背后的军事意义:它意味着除去殖民地不算,近现代欧洲的战争舞台比春秋战国时期的中国要大出许多倍。在机械化运输产生之前的拿破仑时代,这距离本身就会给战争带来无穷困难,何况战争舞台的扩大还带来了温差、降水和疾病的多样性。近现代欧洲的战争舞台从北非和西班牙的热带一直跨越到北欧和俄国的极地气候。在俄国惨败的拿破仑军队在很大程度上是被冻死而不是战死的。

2. 春秋战国时代的中国和近现代欧洲还处在完全不同的历史(时间)阶段下。具体地说,在现代民族主义产生之前,一个地方的百姓并不在乎谁是他们的统治者(即"谁给我吃饭,我就喊谁万岁")。即使对于精英阶层而言,它们与外来民族统治者的矛盾往往也仅是文化上而非民族认同上的矛盾。因此在满人入关接受了汉人文化后,汉人也就逐渐接受了满人的统治。这种现代民族主义产生之前

---

① 许田波甚至强调了秦国的地理位置不比任何其他战国国家优越(Hui,2005:90-97)。她显然未曾在秦国旧地及其周围进行过旅行和实地考察。她的结论也不符合从贾谊以后几乎所有中国历史学家所持的一个共识,即秦国有着很大的地理优越性,虽然优越的地理条件并不是能最后统一中国的唯一条件。

的国际政治条件有着两个直接的后果。首先，只要一个地区的统治集团被异族征服或者与异族统治者达成了妥协之后，百姓阶层几乎不可能发起持续的、有组织的抵抗活动。其次，各国的统治精英和百姓对本国利益并没有一种出于民族主义情感的忠诚。对他们来说，在战争时期或者在平时去投靠敌对一方且为对方效力并不会构成重大的心理负担。这就是为什么战国时各国的知识精英会奔走各国待价而沽，为什么秦国能够在各国招募人才为其服务，为什么在抵抗秦国时各国百姓不会自发发起游击战式的抵抗运动。总之，先秦时的战争在一定程度上类似于今天所讲的内战(civil war)，而不是完全的国际战争（从这个意义上说，许田波的整个比较研究的合理性就受到了很大的挑战）。相反，在拿破仑试图征服整个欧洲时，欧洲已进入了民族主义时代。现代民族主义最为重要的特征就是臣民转变成了具有独立意识的公民，公民热爱自己的祖国并有了强烈的认同感，即祖国成了一个“想象共同体”(Anderson，1991)。这给欧洲的统一带来了极大的困难。正如许田波自己在书中写道的，拿破仑的垮台始于他在西班牙的战争。而拿破仑之所以垮在西班牙战场上就是因为西班牙人在新兴的民族主义的激励下发起了拿破仑军队根本就无法对付的现代游击战争(Hui，2005，pp. 132 - 133)。可惜的是，许田波并没有注意到这一问题的重要性。

3. 笔者甚至认为，在近现代欧洲，即使我们假设某一个国家成功地进行了中国的法家式改革，它也不见得能统一欧洲。尽管近现代欧洲各国的国家发展道路有一定的相似性，其内部也有着不同程度上的“自强”和“自衰”倾向，但问题是，欧洲那些走在“自衰”道路上的国家其实并不弱。最为典型的例子就是英国。路易十四发起了集权性的改革，但法国在此后却屡败于英国，并因此促发了法国革命。拿破仑横行欧洲时，在世界上处于日不落帝国地位的却是英国。为什么呢？首先，这并不仅仅是因为法国的改革不够彻底。英国的君权虽然在光荣革命后受到了很大的限制，但是因为实行了君主立宪制，英国政府的合法性基础却有了很大的提高。因此，一旦英国的统治集团在议会中取得了共识后，英国的国家财政汲取能力往往超过法国。其次，近现代欧洲由于种种原因走了一条靠钱打仗的道路。这类战争的弱点是很容易引起财政危机，但是它同时也刺激了国家对发展经济的兴趣。在资本主义正在兴起的欧洲，这一过程促进了市场经济的发展、军事生产和技术的飞快提高。从这个意义上说，法国式的集权道路加强了国家的任意性权力和组织能力（即曼所说的粗放性技术），而英国式的宪政道路则加强了国家对社会的渗透能力，以及生产和技术创新能力（即曼所说的集约性技术）。[①] 在工业革命即将来临的欧洲，英国的"自衰"道路显然不比法国的道路要来得不成功一些。这就是为什么欧洲发展反而有着朝向英国式"自衰"道路上靠拢的倾向。走了"自衰"道路的近现代欧洲虽然没能统一本土却几乎统治了整个世界。我们谁敢说欧洲的"自衰"道路降低了它们国家的实力？欧洲发展显然与春秋战国时代的中国形成了巨大对比。正是由于当时中国并不存在一种有效的"自衰"路线可与法家的"自强"改革相抗衡，于是各国只能争相进行法家改革以获取战争的胜利。

许田波的书中还有着不少次级性缺点。比如，大多数汉学家强调中国文化的和平性和内敛性，而她却批判了这种观点并强调了中国文化的好战性（Hui，2005，pp. 156 - 159）。在这里许田波显然忘记了汉学家们强调的是汉以后中国社会的基本状态，而她分析的却是春秋战国时期的中国社会。这完全是两码事。在法国的地域政治地位这一问题上，许田波想当然地把拿破仑时代的法国和战国时代的秦国相比。其实，法国南有西班牙，西有大英帝国，北有普鲁士，东有

---

① 曼（Mann，1986）对任意性权力（despotic power）和渗透性权力（infrastructural power），以及粗放性技术（extensive techology）和集约性技术（intensive techonology）都作了精辟的定义。

奥匈帝国和俄国，是一个典型的四敌之国，它的地域政治位置更像魏国而不是秦国。

在书中，作者还强调了秦国军队打仗勇敢是因为它们的人民有着言论自由、法律公正权力和经济权力（Hui，2005，pp. 168－177）。[①]书中经常用许多现代概念来描述古代现象，读后时常会让人产生触目惊心之感。作者在运用这些概念时的诸多不当之处不便一一指出。仅需说明的是，秦国法家改革的基本方法和"成功"之处就在于"胡萝卜加大棒"，它给臣民的好处与现代意义上建立在"社会契约"基础上的公民权绝不能等同。秦国的法律以刑法为核心，即意在控制民众、鼓励打仗勇敢者和严惩即使是很微小的"违法"行为，而不是给民众什么权力（这就是为什么陈胜、吴广会被逼造反）。在秦国和战国其他各国有着一定的"言论自由"也是因为思想控制在当时的中国尚未发明。这种"自由"绝不具有法律上的意义。

当然，我以上的这些批评绝无意否定许田波著作在西方意义上的学术质量。许田波为了撰写此书阅读了大量的文献材料，整本书的微观论证逻辑大多具有很强的严密性。这些都是我们国内学者需要加以学习的。虽然许田波整本书中的观点和分析思路有失偏颇，但是她的许多具体分析往往不失精辟，读后能给我们不少启发。该书获得了美国政治学学会2006年的国际历史和政治 Jervis-Schroeder 最佳图书奖。作为一本开创性的著作，它具有自己的意义。

参考文献

赵鼎新：《社会与政治运动讲义》，北京：社会科学文献出版社，2005。

---

① 请注意许田波在书中经常把古代民众称为人民（people）而不是臣（subjects）。

Anderson, Benedict. *Imagined Communities*. London: Verso,1991.

Hui, Victoria Tin-bor. *War and State Formation in Ancient China and Early Modern Europe*. Cambridge: Cambridge University Press,2005.

Kiser, Edgar & Yong Cai. "War and Bureaucratization in Qin China: Exploring and Anomalous Case. "*American Sociological Review*, 68,2003.

Mann, Michael. *The Sources of Social Power*, *Vol*. 1:*A History of Power from the Beginning to A. D.* 1760. Cambridge: Cambridge University Press, 1986.

Moore,Barrington. *Social Origins of Dictatorship and Democracy*. Boston: Beacon Press, 1966.

（本文发表于《社会学研究》2006 年第 5 期，第 213—220 页）

芬纳与统治史研究

芬纳的《统治史》共三卷 34 章(Finer, 1997)，英文版长达 1701 页，是 20 世纪西方政治学中有重大影响的巨著，其中文版即将由华东师范大学出版社出版[①]。《统治史》的主要关注点是世界历史中政府形态的发展。《统治史》以各个国家的政府形态、统治方式和国家社会关系为核心，大致依照时间顺序，先把我们带入世界文明中最为古老的苏美尔城邦，述及萨尔贡、埃及、亚述、犹太、波斯、希腊、中国、罗马、印度、拜占庭、哈利发、中世纪欧洲、日本、奥斯曼帝国等地区和国家的政治史，然后把焦点转入文艺复兴和新教运动后的欧洲各国及美洲殖民地政治制度的突破性发展，最后，集中讨论影响当代世界的三大革命(美国革命、法国革命及工业革命)，以及这些革命给世界政治、政府形态和国家社会关系所带来的前所未有的变化。

芬纳长期以来一直是政治学界特别是英国政治学界的一个领军人物，他的不少早期著作皆是政治学和政治社会学领域的经典，特别是《马背上的人：军事力量在政治中的作用》(Finer，1962)。芬纳在

① 塞缪尔·芬纳：《统治史》(卷一至卷三，修订版)，王震、马百亮译，华东师范大学出版社，2014 年。——编者注

1982 年开始撰写《统治史》时已经退休，1987 年，芬纳在一场心肌梗死后幸免于难，此后，他在健康状况不断恶化的情况下坚持写作且进展迅速，直到 1993 年去世。去世前他已完成《统治史》计划中 36 章的 34 章。《统治史》由芬纳的夫人凯瑟琳·芬纳及杰克·哈瓦德(Jack Hayward) 进行编辑后出版。作者的去世使得《统治史》终止在工业革命。如果假以时日，想必芬纳会对整个 20 世纪的政治发展，特别是苏联解体和全球化对国家政治发展的影响有所涉及，并且会在书末提供一个总结和展望，使读者能对全书有个更完整的了解。虽然《统治史》的不完整性给我们带来了遗憾，但读过《统治史》的人都承认，全书 34 章有一气呵成之感。直到最后几章，作者仍能广征博引，并以他所特有的睿智，为我们展现近代政治的关键发展及其背后的逻辑，锋芒丝毫不减。

《统治史》一书中没有涉及黑非洲，没有讨论欧洲殖民前的美洲，也没有分析任何东南亚的国家，甚至对日本的讨论也仅限于幕府时代以后。在导论中，芬纳开门见山地说明了他选择案例的四个取舍原则，其中最主要的是政府的大小和规模，以及该政府在组织技术和统治理念上对后世所产生影响的大小。人类社会技术的发展可以分为两大类：集约性技术和延展性技术(intensive and extensive technology) (Mann,1986)。所谓集约性技术，是指那些能提高人类的生产效率、增强对自然资源的汲取和利用能力的技术，而延展性技术则指的是那些能提高人类(特别是国家) 的组织和协调能力的技术。就古代中国而言，科层制、法治、常规军及科举制等的发明都可以被看作是重要的延展性技术的发展。在工业革命前(特别是在 18 世纪前)，推动文明进展的主要是延展性技术。因此，世界各地各个历史时期的政府对延展性技术发展的贡献就成了芬纳写作的主轴之一。在导论的最后，芬纳总结了各个国家和地区在这方面最为重要的贡献(Finer,1997,pp. 87 - 94)：亚述发明了帝国，波斯创造了世俗帝国，犹太王国发展了有限君主模式，中国贡献了科层制、常规军及科举制等，希腊发明了公民概念和民主制，罗马共和国和罗马帝国发展了衡平政治（checks and balances）和法制，中世纪欧洲产生了无头封建制[①]和教会与世俗政权的冲突性依存状态，复兴了希腊罗马政治的一些关键传统，并创造了代议制。英国创造了君主立宪，法国发明了民族主义和民主国家，美国则贡献了成文宪法、宪法对公民权的保护、司法审查以及联邦制。

在导论的其他部分，芬纳集中讨论了书中常用的概念和社会机制。在定义了国家概念后，芬纳讨论了历史上存在的不同国家形态、军事组织及军事技术与国家之间的关系，以及不同宗教与国家之间的不同关系。奇怪的是，芬纳的导论没有对经济组织及生产力与国家及国家形态之间的相互影响进行讨论。因为在讨论具体的国家和地区统治史的时候，特别是在讨论中世纪后欧洲的发展时，芬纳对经济组织形态、生产技术的发展以及生产力对国家政治的影响作了很深入的分析。《统治史》的分析框架强调国家组织和军事、宗教、经济的互动关系，有很深的韦伯思想的痕迹。但是，《统治史》却不是一本典型的历史社会学著作。当代大多数历史社会学著作一般都从一个或数个问题出发，然后针对这些问题提出因果式或互动关系式的解释框架。比如，在《民主与专制的社会起源》（Moore，1966）中，摩尔提出 20 世纪国家的现代化过程主要有三条路径：民主道路（如英国、法国、美国）、政治革命或法西斯道路（如日本、德国）和社会革命道路（如俄国、中国）。摩尔的问题是为什么不同的国家在现代化过程中会走向不同的道路。同样，在《强制、资本和欧洲国家（公元 990—1992 年）》（Tilly，1992）中，蒂利所想解答的是为什么欧洲国际政治在第二个千禧年会有如下的变化：第二千禧年伊始，地域广阔、商品经济不发达、政治上比较专制的内地农业国家（如波兰）能主导

---

① 与中世纪欧洲的无头封建制相对的是中国西周或日本幕府政治前的那种在封建贵族和领主之上还有国君统帅的有头封建制。

欧洲政治；第二千禧年中期，主导欧洲政治的则成了那些经济发达、资本密集、政治自由而地域有限的城邦国家（如威尼斯、比利时）；17世纪后，欧洲政治转而由那些既拥有大城市又占有很大周边地区的国家主导（如法国、英国）；18世纪后，欧洲各国则都先后走向了民族国家的道路。但是，正如笔者在评论许田波《古代中国和近现代欧洲的战争及国家形成》（Hui，2005）一书时所指出的，为了让不同时空不同历史背景下的案例有可比性，比较历史社会学家所提出的问题就必须相对单一，而问题越是单一，我们就越能提出许多在逻辑上合理却与经验事实毫不相干的解答（赵鼎新，2007）。芬纳的《统治史》三卷所涉及的国家如此之多，要解答的问题和比较的视角也在各章节之间不断变化，因此那种在社会学中盛行的具有清晰问题意识的、分析型的、对称性比较方法对于芬纳来说显然无法采用。

芬纳整个分析框架的核心是一个简单的分类系统。他认为一个国家的性质（如组织形式、执政能力、合法性基础、所受到的制约等）在很大程度上取决于以下四种力量在国家政治中的地位：宫廷、教会、贵族和论坛。这四个词汇都是转喻。最为简单地说，宫廷指的是专制政治，教会指的是神权政治，贵族指的是精英政治，而论坛指的是大众政治。在当代社会，宫廷与论坛的组合就形成了全权国家，而贵族与论坛结合则形成了代议制政府。在人类历史中，这四种力量中的任何一个都很难完全排斥其他力量而对政府进行全面控制，因此，大多数政府或多或少都是杂交型的。杂交型政府共有六种可能：宫廷/教会、宫廷/贵族、宫廷/论坛、论坛/教会、论坛/贵族、教会/贵族。其中，论坛/教会和教会/贵族类型的政体在历史上非常少，宫廷/教会和宫廷/贵族类型的政体非常普遍，宫廷/论坛和论坛/贵族型政体在古代时有出现，但是它们的普遍程度远不如现代。

芬纳的这种机械的静态分类方法连亚里士多德时代的哲人都应该会接受，可在现代政治学和社会学中，这种把静态分类当作理论的做法早已过时。但芬纳的智慧正体现在这一点上——他深深懂得，如果要想分析一个极其复杂的现象，并且在分析过程中不像当代许多比较历史社会学家一样对复杂现象进行过度简约，简约到让历史学家笑话，那么这个分析框架就必须不能与根据具体经验案例做出的种种分析和解释产生逻辑矛盾。有鉴于此，一个缺乏特定理论支持的分类框架反而有着更大的灵活性和普适性，或者说不会迫使作者为了证明其理论的正确性而忽视所面对的经验现象的复杂性。正是在这样的简单的分类系统下，芬纳才能够对从苏美尔和萨尔贡发端的历史上的各类政府的组织形式、执政能力、合法性基础、所受到的制约，以及在与其他类似政府相比所具有的优缺点和历史地位作出具有洞察力的、深入的分析和评论。芬纳并不是任何一个特定地区或国家历史的专家，他的具体描述与分析也不可能万无一失，地区史学专家们当然能指出芬纳对统治史的具体描述中所出现的各种错误和纰漏，但我敢肯定地说，史学专家们所指出的相当一部分错误和纰漏很可能是出于专家们在视野和知识面上的局限而产生的误解，并且大多数专家在通读全书后一定会为芬纳的知识面、历史感、睿智，以及许多分析和论点的精到程度所折服。

《统治史》涉及的内容虽然庞杂，但芬纳在描述和分析上下五千年世界各国政治史时所达到的深度，以及所体现出的对各国历史卓越的把握能力，绝不亚于不同国家和地区的专业历史学家。笔者才疏学浅，对芬纳笔下的不少国家和地区的历史了解有限，难以对芬纳的历史描述和分析质量作出准确的判断，但是就笔者有一定了解的历史，比如希腊、罗马、中世纪欧洲、日本、近代欧洲和美洲的历史来说，我能感到芬纳对这些历史案例的总体把握能力甚至超过了大量专家。当然，笔者最为之心折的还是芬纳对中国历史的描述和分析。我阅读过大量西方学者所写的比较历史著作，一个普遍的感觉就是一个国家或地区越接近远东，该国家或地区的文化就与西方文化差别越大，西方学者就对该国家或地区的历史越发难以把握，他们对该国家或地区历史所进行的描述和分析也就可能越来越离谱。因此，即使是一些很优秀的学者，比如摩尔、斯考契波、霍尔、曼、麦克尼尔、琼斯、郎德思、古德斯通等，他们虽然在分析中国历史形态时不乏真知灼见，但在对具体中国历史的描述和引证上却会时空倒错，并在历史背景不清的情况下犯有低级错误（如 Goldstone，1991；Hall，1986；Jones，1981；Landes，1998；Mann，1986；McNeill，1982；Moore，1966；Skocpol，1979）。但是芬纳的《统治史》却不是这样。《统治史》专讲中国历史的涉及五个朝代，各为一章：先秦、汉朝、唐朝、明朝和清朝，其总长度达 236 页[①]，足够单独成书。芬纳不懂中文，他在写作时所能利用的仅仅是在西方来说本身就欠发达的中国历史研究的成果，但是，就是在这样的条件下，除了先秦一章流于简单之外（西方先秦史研究可供芬纳参考的文献太少了），其余四章在时空和历史背景上都十分清晰且罕见低级错误。作者对于儒家学说在中国历史上的重要性及其在不同朝代的变化，以及儒学怎么在宋朝开始从一个官方意识形态逐渐发展成为一个深入民间的准宗教的分析，对于中国科层制的特性（比如它在功能上有与西方教会相类似的一面）、历代科层与皇权关系的紧张和变化、各朝代前期的皇帝在“内朝”与“外朝”权力分配时的两难选择，以及“内朝”与“外朝”关系一经定型后对整个朝代政治发生重大影响的分析，对于中国各个朝代对社会的渗透和控制能力及中国古代国家社会关系本质的分析，对于中国军事力量在政治中的边缘化和中国对各类宗教的宽容性的分析，对于康乾盛世的成就和局限以及大清帝国特殊的边疆策略及其背景和成果的分析，以及其他众多的分析，处处体现出宽广的学识和比较方法给作者带来的中国史专家无法企及的视角和真知灼见。

芬纳反对文化相对主义。在他的眼里，不同的政府形态在政府形态发展中的地位以及在统治史上的地位的重要性完全不同。比如，他认为，城邦政府对于统治史来说很重要，但在政府形态的发展

① 本文中引用《统治史》内容时所用的页码均为英文版页码。

中它却是一个死胡同；神权政府与完全政教合一的政府对统治史和政府形态发展来说都不具有重大意义。芬纳特别强调现代国家（以民族国家为主要特点）完全是西方的产物。《统治史》虽然没有专门讨论各个国家和地区自发产生工业资本主义的可能性，但是书中的信息十分明确：工业资本主义也完全是西方世界的产物。芬纳认为，在18世纪时，世界上的其他文明都已经"达到了一种有意识的自满且不愿做出改变的状态。同时他们的政府也努力抵制任何外来的、任何有可能打破被他们视作无价之宝的平衡状态"，而欧洲却从西罗马帝国以来似乎始终感到浑身不自在且躁动不安。到了18世纪，欧洲社会的躁动不安从国家到经济到思想界更达到了全面的、无以复加的程度（Finer，1997，pp. 1473－1475）。芬纳认为，现代国家和工业资本主义正是在这样一种躁动状态下跌跌撞撞地到来的（Finer，1997，pp. 1473－1651）。

芬纳《统治史》的最后四五百页主要讲述的是近代西方政治的躁动不安和不断更新，但他的描述和分析方法十分清楚地告诉我们：政治发展并不是西方近代发展的唯一主轴。芬纳为我们展现的是西方世界在政治、思想、军事、经济各个方面全面性的躁动不安，以及政治、思想、军事、经济力量之间在这全面性的躁动状态下相互依存、相互冲突和对历史发展的促进景象，其中许多可能已为大家熟悉：中世纪的独立城市促进了欧洲经济，复兴了罗马的共和政治，保证了城市阶层在欧洲政治过程中的重要作用（Finer，1997，pp. 950－1051）；文艺复兴和新教运动引进了世俗政治和科层制，破坏了主导欧洲世界达1300年之久的基督教世界及其世界观（Finer，1997，pp. 1261－1263），促进了不同的世俗理论和世俗性的历史终极理论的涌现和竞争（Finer，1997，p. 1473）；欧洲的战争促进了国家在组织和税收等多方面的变化，促进了技术和生产能力的发展以及用暴力征服世界其他文明的能力；欧洲及整个西方的政府则不断在被动和主动的统治方法的更新过程中东跌西撞，既是在适应又是在推进西方世界在各个方面的不断变化。芬纳认为，西方社会的这种多元的躁动不安的互动正是现代国家和工业资本主义兴起的源泉。

芬纳书中对历史的分析方法在今天的西方世界已被视为老派。在文化相对主义和后现代理论盛行的西方历史学界，特别是在研究非西方历史的学者中，芬纳所代表的观点被广泛地批判为“欧洲中心主义”，被视为“政治不正确”。在当下的美国，一个盛行的理论（所谓的“加州学派”）认为世界各个文明在许多方面（特别是在经济上）直到 18 世纪仍然在同一起跑线上。就中国而言，这些学者强调了帝制中国在悠久历史中的变化和更新能力，强调了在城市化与商业化水平、人均卡路里摄入量、技术的成熟水平等方面，直到 18 世纪仍然在世界上处于领先地位或与西方同时期处于同等的发展水平（有些学者甚至认为直到 19 世纪中叶欧洲的发展水平也没有超过中国）。他们认为只是因为一些特殊的原因，比如幸运地获得并吸收了先进的东方技术（Hobson，2004），或幸运地发明了关键性技术（蒸汽机）（Goldstone，2000），或幸运地能在其发展的关键时期利用美洲的大量资源和向美洲新大陆移民而减轻其社会由于人口负担而产生的种种压力（Pomeranz，2000），等等，西方世界才能在 19 世纪脱颖而出，首先走向现代化。已被译成中文的彭慕兰的《大分流》就是这类研究的一个典型（Pomeranz，2000）。

20 世纪 80 年代芬纳开始写作《统治史》时，文化相对主义思想和后现代的学术与理论尚未在历史学界甚嚣尘上，但芬纳似乎已经预料到这一颓废时代学术的到来。芬纳在书中再三强调帝制中国在经济、农业和手工业生产技术等多方面的发展，并分析了中国在明代的辉煌。他甚至强调直到大清帝国康乾盛世时，中国在许多方面，包括政治改良和政府行政能力、教育的扩展和对绅士阶层的整合能力、对边疆的控制手段和能力等，都有着重大的提高，并且中国的经济能力和百姓生活水平直到 18 世纪在世界上并不落后。对于这些基本事实，芬纳与那些持有文化相对主义学者的认识相去不远。但是，芬纳马上指出："汉学家们十分正确地指出了中国在历史上所经历的不断的和显著的变化。但是，中国政治虽然在一个长达两千多年历史的帝国模式下不断地丰富和改进着，欧洲政治却从日耳曼蛮族王国开始，其间经历了封建制、新君主制、绝对国家和议会制以及民主和代议制政府，经历了一次又一次断颈式的变化，两者性质截然不同。"(Finer, 1997, p. 1303)芬纳进而指出："当一个社会中的社会结构、政治结构和主流意识形态互为依存时，这一社会就会获得稳定；而当一个社会中一个至数个结构与其他结构产生冲突时，这样的社会就有了突变的可能"(Finer, 1997, pp. 1303 - 1304)。在芬纳眼里，中国社会就是前者，而欧洲和整个西方社会则是后者。现代国家和工业资本主义的到来并不是一个单一的技术问题、经济问题或生活质量指标、政治发展和思想"进步"等问题，它们跌跌撞撞地到来是西方社会政治、思想、经济和军事等因素相互冲突的结果。芬纳的分析虽然没有专门针对"加州学派"，但是他明确地告诉了我们，"加州学派"的学者们为了强调中国在 18 世纪与西方的相似性而列举的一些经济指标和社会发展指标只能说明帝制中国仍然有着很大的改良能力，但决不能证明 18 世纪的中国与西方有着同样的把世界带到现代国家和工业资本主义的可能。

其实，西方的文化相对主义和后现代学者甚至在政治上也不见得比芬纳这样的"欧洲中心主义"者要来得正确。芬纳丝毫不隐瞒西方世界在"现代化"过程中的野蛮，但是他深切地知道现代国家和工业资本主义一旦在西方兴起后，其他国家人民要么在强权下过着悲惨的生活，要么就必须走向建立现代国家和发展工业资本主义的现代化道路。因此，在芬纳的字里行间，我们至少能感到他为现代化在一部分发展中国家的率先成功而高兴。但是，那些文化相对主义者们却对发展中国家中的任何传统似乎都保有激情，往往有一种身处西方优越生活而把发展中国家当作香格里拉来欣赏的虚伪。幸亏中国在 20 世纪初就禁止缠小脚了，如果推迟到文化相对主义盛行的今天的话，西方的文化相对主义学者肯定会因为有一些已经缠了小脚的妇女不愿放脚而谴责中国无视妇女缠小脚的权力，并热情宣扬“步步金莲”文化中的优美成分。

西方文化相对主义者在政治上的表现还在于他们中许多人（比如彭慕兰）仍然把在西方兴起的工业资本主义看作是一个进步现象。正因为如此，他们决定从所谓的非欧洲中心主义的视角出发，认定在18世纪工业资本主义兴起前夕世界上大多数国家和地区都有一定的走向现代化的可能，并在历史资料中断章取义来支持他们的学术观点。但是，工业资本主义只不过是西方社会给世界带来的一个现实，并不是什么一定值得庆祝的历史现象。在其一百多年的发展史中，工业资本主义虽然为人类社会带来了许多值得夸耀的变化，但同时也为我们带来了可以摧毁人类社会多次的核武器，正在耗尽地球上的不可再生资源，造成大规模的环境污染。中国的以儒家思想为核心的帝国模式在东亚的土地上延续了两千多年，而工业资本主义这种正反馈文化能否维持这么长时间很值得怀疑。如果我们假设不远的将来，工业资本主义统治下的人类为了争夺日益稀缺的不可再生资源而进行了一场全球性的战争，其中一小部分在这场浩劫中奇迹般地幸存了下来，那么，这些幸存下来的人将会怎么看待工业资本主义历史？那时候，人们可能就会把芬纳的《统治史》的第三卷看作是一部分析为什么一个躁动不安的、缺乏负反馈机制的社会在西方而不是在其他地方率先实现的著作。在那时候，如果有人问及芬纳的《统治史》和持有文化相对主义的“加州学派”的工作在政治上哪个更正确，有的学者就可能会说是芬纳的《统治史》。这是因为，一旦工业资本主义被看作是负面现象后，“加州学派”的学者就犯了两次政治错误：他们错误地赋予工业资本主义正面的价值，同时错误地认为工业资本主义在18世纪的西方和同期世界其他重要文明中几乎有着同等的发生可能性，言下之意，就是世界所有文明在工业资本主义所带来的灾难这一问题上与西方负有同等责任。但是芬纳

《统治史》的观点却只犯了一次政治错误：错误地对西方社会在政治和经济上的现代化赋予正面的价值，但他却正确地指出了现代化是西方的产物，亦即世界其他文明不能为西方社会现代化中最为重要的一面(即工业资本主义)所带来的灾难，承担与西方同样的责任。

任何伟大的社会科学著作都会有自己的弱点，《统治史》也不例外。为了能包容世界政治发展过程中所产生的众多的、极其复杂的经验现象，芬纳在《统治史》写作过程中所依据的理论仅仅是一个静态分类框架。但是，正是这一分类框架使得芬纳能清楚地区分所要讨论的国家和地区政府的类型，并针对这一政府类型建立有效的比较视角。因此在读了《统治史》后，细心的读者可能会发现芬纳书中各章节的比较视角众多且在不断变化，但他的比较却几乎总是来得恰到好处。问题是，静态分类框架不能用来解释动态变化，这就给芬纳的分析带来了不少困难。为什么一个国家会在某一时期内兴起然后走向鼎盛和消亡？为什么某一政府形态会在某一地区和时期内兴起然后消亡？对于这样的动态性问题，《统治史》就不能提供像曼的《社会权力的源泉》这类著作所提供的洞见(Mann，1986，1993)。特别是，当《统治史》的第三卷进入近代西方社会的现代化进程后，芬纳的笔触充满激情，分析流畅，对西方文明成就的骄傲跃然纸上。芬纳认为现代国家和工业资本主义在西方的兴起绝非偶然，而是欧洲社会在政治、经济、思想和军事权力之间的相互依存和冲突的结果。因而，他为我们提供的是一个典型韦伯式的关于现代国家和工业资本主义在西方率先兴起原因的社会学分析。但正是在这样一个静态分类框架的限制下，芬纳没有能把他超人的动态分析和宏观把握能力通过明确的理论展现出来。

其实，即使在芬纳的分类框架下，作进一步理论探讨也是有益的。比如说，现代西方民主国家的政体接近于芬纳分类框架的哪一种理想类型？芬纳没有加以讨论。但是，对这一问题的明确说明应该是十分重要的。依愚见，现代西方民主国家的政体接近于芬纳分类框架中的贵族/论坛型政体而不是论坛型政体。真正论坛型政体是卢梭所提倡的那种大民主。这类政体人类梦想过也曾经试图付诸实践过，但却从来没有真正实现过。又如，芬纳指出在六种混合型政体中，宫廷/论坛政体和贵族/论坛型政体在现代社会中越来越普遍，而其他类型的政体却逐渐成了历史。政府形式的发展为什么会呈现这样的规律呢？芬纳在其分类框架的局限下未能作出回答。但如果我们在芬纳的分类框架中加入他本人也十分强调的政府合法性这一概念后，问题就变得清晰了：不同的政体有着不同的合法性基础。简单说，脱魅之后现代社会的权威结构已经越来越难以运用神秘的和传统的合法性技术来加以维持，而正是程序合法性在现代社会政治过程中地位的大大提升，才导致贵族/论坛型这种政府形式（如代议制政府）在世界上的地位大大上升。而现代型的宫廷/论坛政体（全权政府）其实只不过是现代政府发展过程中的一个不稳定变异。这是因为，虽然在现代宫廷/论坛政体形成初期，其寡头（宫廷）一定会由于多种原因而享有来自大众（即论坛）的广泛支持，但由于这种政体继承了宫廷政体的强大专制性并有着无限政府的性质，因此它一旦形成后肯定会利用其专制性去控制论坛，而不会像贵族/论坛型政体一样朝着政治精英（即贵族）竞争和百姓（即论坛）定期选举的程序政治发展。宫廷/论坛政体不能很好地与程序合法性相匹配，是其在现代社会中难以达成稳定状态的关键因素。

《统治史》的写作因芬纳的去世而戛然终止。此书因为没有一个具有洞察力的结论而给读者带来很多遗憾。特别是在通读《统治史》洋洋三卷之后，笔者得到两个相反的印象。第一，在分析古代社会各个国家和地区的政府发展史时，芬纳的一个隐含定理是：决定一个政治建构成功的条件随着时间的推移会不复存在；人们会利用某一政治建构的一些特性去为自己或自己所代表的某一群体谋取特殊利益，从而使一个本来运转良好的制度走向低效和腐败。因此，任何政府建构，即使在一个时期内被看作是很完美的建构，都会走向衰败。

第二，在分析近代西方的政治发展中，芬纳虽然没有忽略其过程的野蛮性，但在其对法国革命，特别是美国革命为世界所带来的新的政治制度的描述中，他那种在分析传统政治制度时所采用的对不同政治制度的历史地位和各种弱点进行评价的手法突然消失了。难道历史就终结在一种民主政治和资本主义相结合的体制上吗？难道芬纳在分析古代社会时所运用的那个隐含定理在现代社会中突然就不发生作用了吗？如果芬纳的那个隐含定理在现代社会中依然有效，那么现代民主政治和资本主义相结合的这种体制的历史地位、弱点和发展方向是什么？芬纳不是一个历史终极论者，他毫不幼稚，但其巨著通过精彩的描述和分析把我们从文明的起源一步步带到现代社会，却没有留下一个智者对未来社会的猜想。

芬纳的《统治史》发表后好评如潮。《经济学家》杂志说："没有一本在 20 世纪发表的政治学专著……能超过芬纳的工作。"(Economist，1997)卢特瓦克说："芬纳的工作是'政治科学'的最卓著者。"(Luttwak，1997)帕特逊说："芬纳的《统治史》是几代学术的结晶。"(Paterson，1999，p. 112)鲍尔说：芬纳的工作"丰富之极，以至于任何一个比较理论框架都无法对它进行概括"(Power，1999)。但是，芬纳在 20 世纪 80 年代为了写作《统治史》而申请社会科学研究协会(Social Science Research Council)的科研经费时却被拒。其实，还是布里斯宾对《统治史》的态度比较客观地反映了西方主流政治学的现状(Brisbin，1999)。他批评芬纳无视所有坚持新制度主义和理性选择理论的学者在国家形成方面所做的工作，批评芬纳未能把《统治史》中所提出的不同政府类别转化为能解释各种不同假说的真正的变量。新制度主义和理性选择理论是西方政治学的主导理论，而以博弈论和统计学为核心的定量方法则是西方政治学的主导方法。芬纳显然对这些理论和方法持保留意见。西方主流政治学非常现实，因而也十分短视。他们普遍轻视历史，有一种"只有当历史能为现实服务时我们才会服务于历史"的劲头(尼采语)。因此，像《统治史》这样一部以上下五千年政治为研究对象的、实际上采用历史社会学方法的巨著，就成为西方20世纪政治学领域的一个绝唱。

《经济学家》杂志说如果政治学有诺贝尔奖的话，芬纳的三部曲就肯定会赢得此殊荣（Economist，1997）。我个人认为这一评价低估了芬纳的工作。芬纳的三部曲所需要的知识面、想象力，对历史现象的综合能力以及智慧，远非目前早已技术化了的物理学、化学和经济学的诺贝尔奖获奖工作所能比拟。

参考文献

赵鼎新：《在西方比较历史方法的阴影下——评许田波〈古代中国和近现代欧洲的战争及国家形成〉》，《社会学研究》2007年第5期。

Brisbin, Richard A. "The History of Government from the Earliest Times(review). "*Perspectives on Political Science* ,28,1999.

Economist. "The History of Government from the Earliest Times (review). "*Economist*,345 (Oct. 16), 1997.

Finer, Samuel E. *The Man on Horseback: The Role of the Military in Politics* . London: Pall Mall, 1962.

——. *The History of Government from the Earliest Times* (*Vol.* 1 - 3). Oxford: Oxford University Press, 1997.

Goldstone, Jack A. *Revolution and Rebellion in the Early Modern World*. Berkeley: University of California Press, 1991.

——. "The Rise of the West or Not ? A Revision to Socio-economic History. "*Sociological Theory*,18, 2000.

Hall, John A. *Powers and Liberties* . London: Penguin Books, 1986.

Hobson, John M. *The Eastern Origins of Western Civilization*. New York: Cambridge University Press, 2004.

Hui, Victoria Tin-bor. *War and State Formation in Ancient China and*

Early Modern Europe. Cambridge: Cambridge University Press, 2005.

Jones, Eric L. *The European Miracle: Environments, Economics and Geopolitics in the History of Europe and Asia*. Cambridge: Cambridge University Press, 1981.

Landes, David S. *The Wealth and Poverty of Nations*. New York: W. W. Norton, 1998.

Luttwak, Edward. "The History of Government from the Earliest Times (review)." *Times Lit. Suppl.*, Aug. 29, 1997.

Mann, Michael. *The Sources of Social Power (Vol. 1): A History of Power from the Beginning to A. D. 1760*. Cambridge: Cambridge University Press, 1986.

——. *The Sources of Social Power (Vol. 2): The Rise of Classes and Nation-states*, 1760—1914. Cambridge: Cambridge University Press, 1993.

McNeill, William H. *The Pursuit of Power: Technology, Armed Forces, and Society since A. D.* 1000. Chicago: The University of Chicago Press, 1982.

Moore, Barrington. *Social Origins of Dictatorship and Democracy*. Boston: Beacon Press, 1966.

Paterson, John. "The History of Government from the Earliest Times (review)." *Australian Journal of Public Administration*, 58, 1999.

Pomeranz, Kenneth. *The Great Divergence: China, Europe and the Making of the Modern World Economy*. Princeton, NJ: Princeton University Press, 2000.

Power, J. "The History of Government from the Earliest Times (review)." *Australian Journal of Political Science*, 34, 1999.

Skocpol, Theda. *States and Revolutions: A Comparative Analysis of France, Russia, and China*. Cambridge: Cambridge University Press, 1979.

Tilly, Charles. *Coercion, Capital, and European States, A. D*. 1990—1992. Cambridge, Mass.: Basil Blackwell, 1992.

（本文发表于《社会学研究》2008 年第 4 期，第 203—214 页）

战争与社会的非期然性“发展”

战争会给人类社会带来难以接受的破坏，现代军事技术，特别是核武器的飞速发展，甚至使人类获得了摧毁地球的能力。战争理应受到谴责。但是，在谴责战争给人类社会带来灾难的同时，我们却不能忽视战争以及围绕战争所进行的动员所带来的种种非期然性后果，在历史上曾经对社会“发展”有过重大影响这一基本事实。在本文，笔者将为读者介绍一些专门研究近代欧洲战争与欧洲国家及社会发展之间关系的工作。同时，笔者还想指出这些工作的一些弱点，以增进读者对于西方名著的鉴赏能力(国内不少学者有把西方一些“大”学者的工作神化的倾向，他们对一些西方著作的评价因此经常不得要领)。限于篇幅，笔者的讨论将限于以下六位学者：唐宁、珥特曼、蒂利、芬纳、麦克尼尔和迈克尔·曼。

一、观点的总结

唐宁的著作中提出了以下问题(Downing，1992)：为什么在一些近代欧洲国家，战争摧毁了中世纪的宪政传统并促成了绝对国家（如法国）的兴起，而在另一些欧洲国家，中世纪的立宪制度却在战争中得以保存并促进了代议制政府的形成？他的论点是：当一个国家不需要汲取巨大国内资源以应付战争时，该国家的中世纪立宪制度就会得以保存。当一个国家不得不汲取大量国内资源以赢得战争时，为了有效地汲取资源，该国家就必须建立强大的国家机器，从而导致该国家朝着绝对国家的方向发展。最后，如果面临战争威胁时既不能在国内也不能在国外获取相应资源以应对时局时，这些国家就只能灭亡。

珥特曼从另一个角度对唐宁所提出的问题进行了研究（Ertman，1997）。他的核心问题是：为什么在18世纪，欧洲某些国家转变成了科层制国家，而另一些国家却依然停留在封建国家的形态？他将这一差异归因于不同国家卷入战争的时间的不同。其中心论点是：在公元1450年前，科层制这一管理模式在欧洲尚不为人所知，欧洲当时也缺乏训练有素的科层专业人员。因此，在1450年前就已经大量卷入战争的国家只能通过强化其封建国家机器来确保战争的胜利，这确立了封建体制在这些国家的地位。而在1450年之后，科层体制已逐渐被欧洲国家接受，与之相应的专业管理人员亦已大量出现，因此，此后频繁卷入战争的国家就能通过强化科层体制来确保战争的胜利，这造就了科层体制在这些国家的大规模发展。

与前两位作者相比，蒂利想要解释的东西要多得多，但是其核心问题是近代欧洲霸主国家的更替规律，以及为什么所有欧洲国家最终都转而发展成了现代民族国家（Tilly，1992）。他的中心论点是：在第二个千禧年期间，欧洲战争的发展经历了封建骑士战争（patrimonial warfare）、雇佣军战争（mercenary warfare）、常规军战争和民族化战争四个主要阶段。早先的封建骑士战争对疆域和封建贵族势力较大的国家（如波兰）有利，而盛行于1400—1700年之间的雇佣军战争却让商品经济发达但人口有限的城市—国家（城邦），如比利时、威尼斯和佛罗伦萨，繁盛一时。在几百年的战争中，欧洲国家的财政汲取能力和对国民的控制力都得到长足的发展，许多国家因此而发展出常规军。随着欧洲国家对国内兵源的依赖日益加深，那些兼有大型城市和广大腹地的欧洲国家，比如英国和法国，在战争竞争中逐渐占据上风。由于怀有民族主义情感的士兵在对他国的战争中会表现得更为勇敢，因此，欧洲国家一旦面向国内寻求兵源，就会在本国推进民族主义化和军队专业化进程，以便在战争中胜出。于是，民族国家这一国家形式便在欧洲扩展开来。

芬纳关注的是军事发明与其他社会结构性条件，包括统治性意识形态、社会分层体系和国家建设进程（state building）等因素之间的相互作用（Finer，1975）。他分析了以下三个方面的问题：第一，在欧洲过去一千年的时间里，军事发明是如何改变战争性质的；第二，军事发明是如何推动统治者在战争中借助提高国家税收能力、巩固领土、推进政府职能专门化等手段而不断加强自身权力的；第三，上述过程又是如何促进欧洲的国家集权化进程，并为现代民族国家的形成奠定基础的。芬纳的研究虽然没有触及欧洲的国家建设进程在时间和空间上的变异，但为蒂利、唐宁和珥特曼的分析提供了具体机制。在芬纳对战争和社会发展的分析中，最为经典的是他对骑士战争消亡的研究。芬纳指出，欧洲骑士战争的衰落在很大程度上是由于瑞士长枪兵的兴起。在瑞士长枪兵兴起之前，欧洲重甲骑士以其勇敢和跨马冲锋所产生的冲击力，曾经在欧洲世界所向披靡。但是，瑞士地处山区，贵族力量薄弱，百姓因不易控制而具有较大的自由。因此，瑞士在卷入欧洲战争以后，其主导军事力量是由自由民组成的步兵。为了抗击重甲骑士的冲击力，瑞士步兵数百人一组，手勾手组成了一个个密集的长枪阵。面对这样的“刺猬”，重甲骑士的冲锋自取灭亡，但在荣誉的驱使下，骑士们又不得不勇敢地向前冲。欧洲骑士战争因此而迅速消亡，以瑞士步兵为核心的长达数百年的雇佣军战争兴起。

麦克尼尔感兴趣的问题是资本主义和民族国家为什么起源于欧洲(McNeill,1982)。他的视野因此是全球性的。麦克尼尔的论述从第二个千禧年中基督教欧洲所发生的双重社会演变,即市场化行为的涌现,以及武器和军事组织的持续创新开始。在麦克尼尔看来,这两种变化均得益于中国北宋在经济和军事上所取得的成就。在中国本土,由于国家权力和儒教文化的双重压迫,经济最终未能取得突破性发展;而在欧洲,国家以及教会非但未能遏制市场力量的发展,反而随着时间的推移而变得越来越依赖市场来筹集日趋增长的战争费用。这种市场与战争之间的相互促进关系,不仅加快了市场经济和军事技术的发展,并且最终导致了工业资本主义和民族国家在欧洲的形成。

与麦克尼尔相似,迈克尔·曼所关心的是工业资本主义、民族国家和民主社会在欧洲的率先“兴起”。不同的是,迈克尔·曼所想要揭示的是整个人类历史发展的规律(Mann,1986, 1993),欧洲兴起仅是其所想要解释的内容的一部分(Mann,1986, ch. 12－25)。迈克尔·曼认为:第一,政治权力、军事权力、经济权力和意识形态权力是人类社会权力的四个基本表达形式。围绕每一种权力,人类都会建立起相应的组织和权力网络。第二,人类围绕以上每种权力所建立的组织和权力网络都不是纯粹的。比如,国家是政治权力的表达,但同时可以建立工厂、掌握军事暴力并捍卫某一意识形态;中世纪欧洲教会既是意识形态权力的表达,又像是一个非地域性的国家且拥有武装,还因为拥有欧洲近三分之一的土地而有着强大的经济权力。第三,社会变迁是经济、军事、政治和意识形态四个方面的权力和组织相互作用的结果。第四,在不同的历史时空下,政治、军事、经济和意识形态等四种因素的耦合方式以及其中的每一种因素,对社会发展的重要性完全不同。因此,任何非历史性的社会学解释都是错误的。但是,在特定的时空下,政治、军事、经济和意识形态这四种因素又可能会结晶为一个相对稳定的关系(crystallization)。这一相对稳定的关系为有限的社会学分析提供了可能。

基于上述理论假设，迈克尔·曼认为，欧洲社会的发展乃至工业资本主义、民族国家和民主社会的形成，发端于中世纪欧洲在意识形态、军事—政治和经济上的一个特殊耦合，即，中世纪欧洲的天主教世界(Catholic ecumene)为欧洲提供了一个政治和文化上的整合力量，为中世纪欧洲经济的持续发展和长距离贸易提供了稳定的环境，并在很长时间内担当了欧洲各国政治的协调者、领导者，甚至保护者。中世纪欧洲的无头封建制(acephalous feudalism，相对于我国西周时代的有头封建制)造就了欧洲的弱国家传统，给社会发展提供了空间。欧洲社会的经济力量就在天主教世界和无头封建制的夹缝中得以逐渐恢复 (interstitials development)、壮大，并发育成一个有效的权力行动者 (power actor)。大约在 12 世纪，或者说在经历了以上初级发展之后，欧洲社会发展进入一个新阶段，表现为战争(军事权力)的加剧和国家力量(政治权力)的增强。但是，在宗教势力和城市经济势力的制约下，欧洲没有发育出高度专制的国家，而是逐渐发展出弱专制、强协调的地域性国家，并且社会的经济权力在同一时期也得到长足的发展。进入 15 世纪以后，欧洲国家的宗教势力(意识形态权力)在天主教与新教的争斗，以及理性意识形态的冲击下逐渐下降；欧洲战争由于战争技术的改进变得越来越昂贵，为了维持越来越昂贵的战争费用，国家必须在社会中汲取财富，欧洲国家在此过程中得以进一步壮大(请注意迈克尔·曼对战争与英国国家税收能力发展之间的紧密关系的精辟分析)。但是，在宗教势力和城市经济势力的制约下，欧洲国家继续向对经济发展有着促进作用的、弱专制强协调的有机国家(organic states)发展。这些有机国家的对外竞争和对内协调促进了社会权力的全面增长，并为工业资本主义、民族国家和民主社会的来临提供了条件。

二、对以上工作的评价

以上工作可以分为三类：一是唐宁和珥特曼的工作；二是蒂利的工作；三是芬纳、麦克尼尔和迈克尔·曼的工作。相对而言，唐宁和珥特曼的工作最为单薄。这两位学者虽然研究的是大地域、长时期的历史现象，但运用的方法却是典型的、在美国社会学中占主流的中层理论方法。该方法的精髓是，针对某一现象提出一个（偶尔是数个）作者认为具有学术意义的“为什么”式的问题（why question），然后找出一个（偶尔是数个）在逻辑上能对该问题进行解释的机制，并围绕这一机制编织一个合理的叙述，对所提出的问题进行解答。这一方法简单明了，作出的解答也往往具有明快的逻辑。这类解答往往能够以一句话甚至一个词加以概括，因此很容易被肤浅地引用，从而形成较高的引用率。但是，用这类方法得出的结论有两个弱点：第一，在历史上，不同社会因素的重要性，以及这些因素之间的关系都将随着时间的推移而发生变化，但这类工作往往用一个或数个与时间无关的机制来刻画历史事件背后的因果关系。因此，这类工作都不具有真正的历史视角。第二，不同的社会机制，以及相同机制的不同组合，都能导致相似的结果。比如，规则多变可以导致机会主义行为盛行，行动者之间不能频繁互动（就像“打一枪换一个地方”的小摊贩与买主之间的关系一样）可以导致机会主义行为盛行，但互信基础的缺失同样可以导致机会主义行为盛行。这三个机制的单独作用和相互组合都能解释机会主义行为为什么盛行，但我们却不能单纯通过演绎来验证哪种解释与经验事实更吻合。在实际操作中，学者们一般都会围绕某一个（或数个）他们认为最为重要的机制编织一个合理的叙述，对所提出的问题做出解答。问题是，一个学者只要有一定的完型能力，就一定能够围绕某一机制编织出一个逻辑上自洽的叙述,尽管这个叙述可能与经验事实完全不符。比如,珥特曼认为1450年前科层制这一模式在欧洲尚不为人所知,在此前就大量卷入战争的国家因此只能通过强化其封建国家机器来确保战争的胜利,于是就确立了封建力量在这些国家中的地位。但最近的很多研究表明,科层制这一管理模式早在公元10至12世纪之间就在欧洲的教会中逐渐确立,也就是说,科层制并不是不为当时的欧洲君主所知。唐宁的著作也有同样的问题,他的解释能回答为什么许多富有的欧洲城邦国家都保持了宪政传统,却不能说明为什么英国也保留了宪政传统——与法国一样,英国的战争资源也主要来自国内。

以上两个问题都可以在方法论层面上得以解决。这就是,首先,我们在做历史研究时不应当提出单个,而应努力提出多个"为什么"式的问题,厘清它们之间的关系,进行综合解答。显然,对于两个理论 a 和 b,如果 a 只能解释问题 y,b 却能同时解释问题 y 和 z,那么 b 就是更好的理论。因此,就某一历史现象提出的问题越多,越有利于考验所构建的理论的解释力。其次,我们不能赋予任何结构因素和相应的社会机制以某种一成不变的"自变量"性质,而应把刻画不同因素在不同历史时期的重要性以及这些因素之间的关系随着时间推移而发生的变化,作为研究的核心。蒂利的工作就是这方面的一个努力。

蒂利企图解释的问题比唐宁和珥特曼的要多得多。仅就核心问题来说,蒂利所要解释的就有以下四点:为什么在封建骑士战争时期,疆域和封建贵族势力较大的国家往往会在战争中取得优势?为什么在雇佣军战争时期,商品经济发达的城市国家主宰了欧洲?为什么在常规军战争中,那些兼有大型城市和广大腹地的国家占据了上风?为什么民族国家成了18世纪末以后欧洲国家发展的普遍形态?蒂利不但提出的问题更多,而且把欧洲的变化放在以下两个相互作用关系中来考察,避免了机械的、以机制为基础的因果关系解释:一是战争形式与国家能力的相互作用。在从封建骑士战争到民族战争的发展过程中，欧洲国家不但国力在飞快地提高，而且战争与国家之间的关系在每个阶段也完全不同。二是国家与社会的相互作用。战争所需的资源必须从社会中汲取，不同的国家与社会关系因此而决定着国家对战争资源的不同汲取方式。蒂利的分析策略因此还照顾到了历史时间序列中，各个社会机制的重要性及其互相作用方式在不断变化这一事实。蒂利的工作也有很多弱点。笔者曾经指出（赵鼎新，2008a），蒂利是一个马克思主义化的韦伯主义者。他的分析框架同时强调了经济力量（即被抽象化了的城市力量）、政治力量（国家）和军事力量在欧洲发展过程中的作用，但完全忽略了意识形态力量的关键性作用。这就迎来了芬纳、麦克尼尔和迈克尔·曼的工作。

与蒂利相同，这三位学者都对不同宏观社会结构下微观和中观社会机制的重要性及其组合方式的变化，有着更为全面的理解。同时，蒂利和这三位学者的历史感都很强，或者说，他们对由于宏观社会结构变化而导致的微观和中观社会机制重要性的变化，以及这些机制的相互作用和组合方式的变化，都有很敏锐的观察力和辨正把握能力。与蒂利不同的是，这三位学者有一个共同的优点，就是他们都强调意识形态力量在欧洲近代历史发展中的重要性。

麦克尼尔是20世纪美国的历史学大家。作为历史学家，他的工作在解释的力量上与历史社会学家相比显得不足，但麦克尼尔具有历史学家的高度把握能力和解读专长，因此他的著作充满了睿智，绝没有美国历史社会学家所特有的那种机械。芬纳和迈克尔·曼都是在英国成长起来的巨匠。芬纳是一位政治学家。虽然芬纳对欧洲工业资本主义、民族国家和民主社会的形成有着极其深刻的理解，他的兴趣却始终集中于欧洲国家及全球的政治发展以及战争在其中的作用（Finer，1997；赵鼎新，2008b）。为欧洲工业资本主义和民族国家的形成提供最为全面的解释，并且强调战争在其中的关键作用的则是迈克尔·曼的工作。因此，下面我专门对迈克尔·曼的工作进行评价。

迈克尔·曼的分析框架十分灵活。这使得他能够在有限的知识范围内既保证对事物的洞察和把握能力，又能就事论事、毫不教条地对各类复杂现象做出精辟的分析。他是20世纪当之无愧的韦伯分析传统的最为优秀的传承者。但是，他的工作也有许多弱点。首先，迈克尔·曼天才性地强调了意识形态组织对于维持意识形态权力的重要性。比如，我国当前有许多仁人志士大力提倡复兴儒学，但是他们的行为却催生了以于丹现象为代表的儒学商业化倾向。究其原因，在于这些仁人志士不懂得儒学在古代中国得以发扬光大的两大组织基础——科举制和宗法制——均已经不复存在了。但是，迈克尔·曼对意识形态权力的定义和分析却忽略了意识形态内容的重要性。比如，中世纪天主教对单一上帝的追求导致了它对《圣经》文本真理性的孜孜不倦的探索，以及对神秘魔术性宗教思潮的打击。这为文艺复兴后欧洲理论理性和工具理性的全面扩展铺平了道路。天主教的一神教性质不但造就了《圣经》的真理性，还导致教会对《圣经》解读的绝对权威性的捍卫。这一点成为统一的天主教世界的软肋，使得路德的几张“小字报”就引发了一场“真理问题大讨论”并撕裂了天主教世界。其实，与明末李贽对儒学的抨击相比，路德对“赎罪券”的攻击不知要温和多少倍。但是，儒学提倡的是道德而不是真理。明朝的士大夫根本没有兴趣与李贽进行一场“对与错”的论战，而书生也把主要精力放在读四书五经、登科中举上，以李贽为代表的明末异端思潮就在这种“不争论”的气氛下被边缘化。古代意义上的天主教的脆弱性和儒学的稳定性在很大程度上取决于这两种意识形态在性质上的不同。然而，正是天主教世界的分裂导致了长期的宗教战争和教会势力在欧洲政治中的边缘化。这为欧洲群雄逐鹿提供了动力，并为民族国家的兴起铺平了道路。意识形态内容的重要性由此可见一斑。

包括迈克尔·曼在内的上述所有学者对战争的非期然性社会后

果的理解，除了上面指出的各自特殊的弱点之外，还有一些共同的缺陷：他们（也包括所有在这里没有提及的当代欧洲学者）所强调的都是战争与社会的关系，包括战争如何导致国家能力的增强、不同形式的战争如何促进不同国家形态的发展、新的战争策略和技术如何导致旧的战争策略和技术的垮台和相应社会组织的变化，等等，但是都或多或少轻视了围绕战争而产生的两大互相关联的根本性机制：（1）战争促进了工具理性行为在社会上的扩张；（2）战争提高了人类社会的技术水平和生产能力，并为社会带来了累积性发展（毁灭性的核战争除外）。

要促进工具理性行为的扩张，一个社会必须有以下“博弈”规则作为主导：（1）竞争的核心在输赢而不在对错；（2）输赢的定义非常清楚且稳定不变；（3）博弈规则必须稳定而且博弈链很长，或者说必须让输方或旁观者能够总结经验，然后与赢方在同一规则下继续博弈。只有在这三个条件保证下，博弈的参加者才能不断学习怎样以输赢式的工具理性方式思考问题、总结经验，并不断提高。

我们知道，政治权力、军事权力、经济权力和意识形态权力是人类社会权力的四个抽象化和理想化了的表达形式（ideal types）。考察围绕这四种权力中的每一种而产生的冲突或竞争，我们会发现，（1）两个意识形态之间的竞争虽然博弈链可能很长，但它们之间却是以“对错”而不是“输赢”的方式在进行竞争，并且一方“输了”往往是因为其他原因所致（比如被武力镇压），因而输赢未能带来信服，或者说输赢的定义和规则多变很难让输方接受（读者可以想象基督教与伊斯兰教之间冲突的历史、现状和前景）。（2）前现代社会中一个国家的政治冲突或竞争也不符合上述博弈规则。前现代政治冲突的输赢虽然比较清楚（输了甚至可能被害或被押），但这冲突往往是在“对错”和“输赢”高度混合的状态下展开的。这类冲突规则多变且在不同场景下截然不同。与此相应，这类冲突的博弈链一般比较短。一个国家如果在不同时间里发生两次重大的政治冲突，由于许多社会条件在两次冲突之间可能已经发生变化，新的政治斗争因此就像是在玩另一种规则截然不同的牌。(3)在社会上，能够促进工具理性行为增长的冲突或竞争的社会行动主要有三种：市场经济下的经济竞争、持续不断的军事冲突，以及年复一年的体育比赛。限于篇幅，我不准备专门解释为什么市场条件下的经济竞争和年复一年的体育比赛会造成工具理性行为在社会上的主导地位。我同时想指出，并不是所有形式的军事冲突都完全符合以上博弈规则。例如美国与伊拉克的战争，虽然两国在战场上争的是输赢并且伊拉克输了，但因为两国实力相差悬殊而不具有很长的博弈链，使得伊拉克方面无法总结经验、改进武器，与美国再战。但是，即使如此，我们也不能忽略不少国家从美伊交战的结局中看到美国武器的厉害并从中汲取教训这一事实。换句话说，因美伊交战而引发的军事竞争链并没有因为伊拉克的惨败而彻底中断。但是，发生在前现代欧洲国家的那种持续数百年的、彼此很难把对方一次性消灭的战争，却更接近于上面所总结的那种能够促进工具理性在社会中赢得主导权的博弈规则。这就是为什么发生在第二个千禧年的欧洲战争对欧洲国家的"现代化"具有十分重大的意义的原因。战争不但能够推动工具理性行为的发展，而且能促进人类社会生产能力和技术能力的累积性发展。尽管不同性质的意识形态和国家也会对一个社会的经济和技术发展起到促进作用，但发生在意识形态和政治层面上的争斗本身并不会带来生产和技术能力的累积性发展。只有经济层面或军事层面上的竞争和冲突才会直接对生产效率和社会技术提出要求，不期然而然地推动了社会的积累性发展，从而给原本没有明确方向可言的人类社会一个"发展"方向。

虽然军事和经济层面上的竞争或冲突都能促进工具理性行为的发展及社会生产和技术能力的提高，但这两个层面上的竞争或冲突也有根本的不同。简单地说，由于大规模战争必须由国家来组织，并且为了赢得战争，人民不得不给予国家大量特权，因此，反复的战争会强化政治(国家)权力在社会上的支配地位。相反,经济层面上的竞争(市场经济)则分散在社会中。当一个社会的经济力量发达后,它不但因为分散在社会中而很难被国家全面控制,而且能通过其组织力量(即“经济权力”)与政治力量(国家)相抗衡。关于这一点,迈克尔·曼在分析欧洲工业资本主义、民族国家和现代民主的兴起时没有给予应有的重视,而这正是蒂利理论的核心。

迈克尔·曼的理论还有不少其他缺点,但我想就此打住。其实,上面提到的两个关于战争与社会关系的根本性机制,都是斯宾塞社会达尔文主义的基本思想(尽管斯宾塞的表述没有这么精确)。我个人认为,有两个原因导致现代西方学者对这两个机制的忽略:内疚和误解。现代西方有良知的学者一般都对 19 世纪欧洲国家对东方和美洲所采取的野蛮殖民主义政策感到内疚,斯宾塞的理论因为政治上不正确而被忽视。现代西方学者还错误地认为斯宾塞的理论有历史终极论(teleological view of history)的嫌疑。这是一种误解。当斯宾塞鼓吹社会达尔文主义的时候,他指出的其实并不是一个美好的历史终极,而是一个加速人类文明灭亡的陷阱。这是因为,本文中所总结这两个根本性机制都是不具有任何稳定性的正反馈机制:战争促进工具理性行为的发展,而工具理性行为的发展又会增加战争的可能性(在国家关系理论上表现为具有“自证预言”(self-fulfillment prophecy)性质的新现实主义理论);战争提高了人类的生产技术和生产能力,而技术和生产能力又反过来增加战争的破坏能力,以至于发明了能毁灭地球的核武器。我们必须承认战争背后的一些客观规律,但在同时,我们必须反对战争。

在介绍有关近代欧洲战争与欧洲国家及社会发展之间关系的研究工作时,我既肯定了这些工作的意义,又对其进行了批判。这并不说明这些学者及其工作不够出色。其实,唐宁和珥特曼都是十分优秀的学者,而蒂利、芬纳、麦克尼尔和迈克尔·曼更是横跨历史学、政治学和社会学领域的大家。他们工作的难度和质量不知道要比在国内享有盛名的福柯、布迪厄之辈高出多少。而同样在国内负有“盛名”的另外一些学者，比如格尔兹和斯科特的工作，与蒂利、芬纳、麦克尼尔和迈克尔·曼的工作相比，更是不可同日而语。在这里，我在为读者介绍西方名著的同时，也尝试着破除西方名著在年轻读者心目中的神圣地位，树立一种认真读书和独立思考的作风。

参考文献

赵鼎新：《民族国家在欧洲的兴起：评蒂利的〈强制、资本和欧洲国家(公元990—1992)〉》，《南方周末》，2008(a)年5月8日，D24版。

——：《费纳与统治史研究》，《社会学研究》2008(b)年第4期。

Downing, Brian M. *Military Revolution and Political Change: Origins of Democracy and Autocracy in Early Modern Europe*. Princeton, NJ.: Princeton University Press, 1992.

Ertman, Thomas. *Birth of the Leviathan: Building States and Regimes in Medieval and Early Modern Europe*. Cambridge: Cambridge University Press, 1997.

Finer, Samuel E. "State-and Nation-Building in Europe: The Role of the Military." in *The Formation of National States in Western Europe*, edited by Charles Tilly. Princeton: Princeton University Press, 1975, pp. 84 - 163.

——. *The History of Government from the Earliest Times*, *Vol*. 1 - 3. Oxford: Oxford University Press, 1997.

Mann, Michael. *The Sources of Social Power*, *Vol*. 1: *A History of Power from the Beginning to A. D. 1760*. Cambridge: Cambridge University Press, 1986.

— . *The Sources of Social Power*, *Vol*. 2: *The Rise of Classes and Nation-states*, 1760 - 1914. Cambridge: Cambridge University Press, 1993.

McNeill, William H. *The Pursuit of Power: Technology, Armed Forces, and Society since* A. D. 1000. Chicago: The University of Chicago Press, 1982.

Tilly, Charles. *Coercion, Capital, and European States*, A. D. 990 - 1992. Cambridge, Mass.: Basil Blackwell, 1992.

（本文删节后曾以《战争催生欧洲现代化?》
为题发表于2008年10月9日《南方周末》）

民族国家在欧洲的兴起

——评蒂利《强制、资本和欧洲国家(公元990—1992年)》

在当今的世界,任何国家都在通过自己所控制的资源(如课堂教育和宣传),在一个地区传统的宗教、语言和部族等基础上来打造诸如“法兰西民族”、“大和民族”、“美利坚民族”或“德意志民族”等观念。用社会学术语来说这些观念均可以被称之为是“想象共同体”。如果这一“想象共同体”的打造比较成功的话,那么居住在一个国度中的人们就会觉得自己拥有相似的历史记忆,有着统一的认同感。这样的国家就可以被称之为是民族国家。

虽然今天世界上存在的绝大多数国家均是民族国家,作为一种国家形态它却是一个在欧洲率先兴起的现代现象。在前现代社会中,世界上并存着诸如帝国、城邦国家、封建国家甚至是教会国家等类型。为什么民族国家会在欧洲兴起?

同样重要的是,欧洲国家的国际政治在第二个千禧年里发生了如下的变化:第二千禧年伊始,欧洲强国不少是那些占有广阔地域、商品经济不甚发达,但却在政治上比较专制的内地农业国家(如波兰)。第二个千禧年中期,那些经济发达、资本密集、政治自由而地域有限的城邦国家(如比利时、威尼斯及佛罗伦萨)则成了欧洲政治的主导。17 世纪之后,欧洲的城邦国家相继衰落而那些既拥有大城市且占有很大周边地区的国家(如法国和英国),或者说既有城市经济所带来的自由传统又有农业经济带来的专制传统的国家,成了欧洲的霸主。18 世纪,特别是在法国大革命以后,民族国家迅速成了欧洲各国国家发展的一个普遍形态。为什么不同时期主导欧洲政治的国家会有如此的变化?为什么在 18 世纪后欧洲各国均向民族国家的方向发展?蒂利的《强制、资本和欧洲国家(公元 990—1992 年)》(以下简称"《强制》")一书[①]正是要回答这些以及其他相关的问题。

蒂利认为欧洲国家形态的发展,以及民族国家在欧洲兴起,在很大程度上取决于第二个千禧年欧洲社会战争形态的变化,以及这些战争形态与欧洲各国的国家和城市力量之间的关系。蒂利的书中有两个关键的逻辑。第一个是战争形式和国家能力之间的互动。在前人工作的基础上,蒂利把欧洲战争在第二个千禧年的发展划分为"骑士战争"、"雇佣军战争"、"常规军政治"和"民族战争"四个阶段。在这发展过程中,欧洲国家不但在国家能力上有着飞快的提高,而且战争和国家之间的关系也在每一个阶段有着完全不同的变化。第二是国家和社会之间的互动。发动战争需要资源,而资源需要社会来提供。如果在一个国家所控制的领域内有着发达的城市,由于当时欧洲城市在政治上有着很强的独立性,该国统治者不得不通过某种讨价还价的方式从城市经济中汲取财力以维系一场战争。但是,如果一个国家内部没有强大城市的话,国家就有可能运用强制性的手段在社会中汲取财力用以战争。这两个逻辑相互交错就有了如下的论点。

第二个千禧年伊始,我们今天称为欧洲的地区尚处在中世纪的

---

① 查尔斯·蒂利著:《强制、资本和欧洲国家(公元 990—1992 年)》,魏洪钟译,上海人民出版社,2007 年。——编者注

“黑暗期”。当时欧洲各国的国力都很弱，国家没有财力维持一支常规军。欧洲国家在当时的主要战争形态是所谓的“骑士战争”。加入战争的骑士与国王之间有着一种个人之间的契约关系。骑士每年贡献出一定时间为君主作战，而国王则给予骑士在其国土内占据一片领地及其他一些特权。在这一时期，决定一个国家强弱的是该国拥有骑士的数量，而骑士的数量则与一个国家领土的大小和人口的多少成正比。因此，幅员辽阔的国家往往会在战争中胜出从而主导欧洲政治。

欧洲的骑士战争在14世纪后由于瑞士长矛兵的兴起及其他原因而逐渐式微。由于当时的欧洲各国仍然没有能力维持一支可观的常规军，但是同时期欧洲城市经济的发展却使许多国家变得十分富有，因此花钱请雇佣军作战就成了欧洲各国在15—17世纪的一个普遍的选择。这就迎来了欧洲战争的“雇佣军战争”期。在雇佣军战争期，决定一个国家的军事力量不再是幅员和人口而是经济实力。那些富有的城邦国家于是就在国际战争中占据了优势。

问题是，雇佣军（许多是瑞士兵）不见得会为雇主卖命地打仗，并且如果雇主不能给雇佣军及时提供军饷和给养的话，雇佣军因为对雇主没有情感上的忠诚很容易发动兵变；同时，欧洲不少国家在几百年的争战中，财政汲取能力和对国民的控制能力得到了进一步的提升，许多国家因此而发展了常规军。“常规军战争”在17世纪成为欧洲战争的一个主要形态后，那些既拥有大城市又占有很大周边地区的国家逐渐在战争中获取了主导地位。这是因为，欧洲战争随着武器的发展变得日益昂贵，小规模的城邦国家已越来越无力支付。更重要的是，城邦国家既没有对于国内百姓的专制能力，也没有足够人口来建立一支规模可观的常规军。

有了常规军后国家马上面对的一个问题就是如何使士兵能够勇敢地投入战争。欧洲国家当然可以采取中国先秦时期法家政治家所采取过的手段，即用严厉的强制迫使士兵去作战并且奖励那些作战勇敢的士兵。但是,欧洲当时的大国统治者并没有如此强大的专制能力,他们做任何事情需要在不同程度上与贵族、僧侣和城市中产阶级讨价还价。这样,让士兵为自己的民族而战就成了引导士兵勇敢作战的一个有效手段。民族主义于是就应运而生。拥有民族主义情怀的法国农民打仗异常勇敢,一个时期内所向披靡。这迫使各国争相效仿,民族国家的发展于是就成了历史潮流。

蒂利在对于欧洲国家形态的发展和民族国家兴起的解释过程中还附带解释了近代欧洲社会的其他一些重要发展。比如,第二千禧年中国家与以城市为代表的经济势力相互之间既依存又猜疑的发展关系,殖民地经济在欧洲战争中的重要性,以及英国、法国、意大利及北欧诸国在欧洲战争中的发展轨迹和动因。他的著作同时也在统一的框架下涉及了民主体制在欧洲兴起的动因(在自由城市力量与农业社会的专制力量的平衡中发展而成)、科层制在欧洲的起源(战争刺激了国家力量和效率的增长)等许多其他问题。写现代欧洲的形成和发展的书籍多如牛毛,但是很少有人能像蒂利一样,同时运用因果逻辑、社会机制和宏观把握,把众多的现象有效地串联起来给出一个逻辑严密的解释。《强制》一书是西方历史社会学的一部杰作。

《强制》一书是西方历史社会学发展的产物。20 世纪 70 年代中期以前,西方的历史社会学家都带着很强的马克思主义的烙印。其中比较著名的研究有摩尔的《民主和专制的社会起源》,安德森的《从古代到封建主义的过渡》和《绝对主义国家的系谱》以及沃勒斯坦的《现代世界体系》(第一卷)。70 年代中期后,在继续承认经济生活对社会发展重要影响的基础上,西方学者同时认识到了国家力量和军事力量在现代化过程中的重要性。有关强调战争和军事力量在欧洲现代化进程中意义的研究,比较著名的有芬纳的经典文章《欧洲的国家和民族建设:战争的作用》,以及麦克尼尔、迈克尔·曼、唐宁、珥特曼等人的工作。这些作者的侧重各有不同,但是相比于其他学者(特别是唐宁和珥特曼),蒂利的论点的解释范围要大得多,其分析方法也要灵活得多。与麦克尼尔、迈克尔·曼等人的工作一样，蒂利的著作处处显示了一个大学者的风范。

至80年代后特别是近年来，对工业化和资本主义社会的到来的分析视角日趋复杂。有人强调各文明间的互相影响和互动对西方社会兴起的影响，有人分析了人口及其构成以及新大陆的发现与"西方兴起"的关系，有人把西方社会最终的"兴起"归结于关键性技术的突破，有人甚至从不同社会女性的地位来找"西方兴起"的原因，不一而足。但是这些新探索基本上都没有超过以蒂利为代表的整整一代人的努力。

当然，这并不是说蒂利的工作没有明显的弱点。从今天的眼光看，蒂利可以说是一个马克思主义化的韦伯主义者。与经典意义上的马克思主义学者有所不同，蒂利在他的分析中不仅仅强调了经济（即，被蒂利抽象化了的城市力量）在社会生活中的作用，而且强调了政治力量（国家）和军事力量对于社会发展中的独立影响。但是，蒂利轻视了涂尔干，因此他的分析不能把宏观的社会结构因素与微观的结构性社会情感加以很好地结合。

更为重要的是，蒂利在他的著作中完全忽略了韦伯式分析方法的一个核心，即注重意识形态、价值观和宗教等文化层面的因素在社会发展中的关键作用。由于对于意识形态、价值观和宗教在社会中作用的忽视，蒂利不得不把他的解释范围局限于民族国家的形成，从而忽略了"现代化"的其他方方面面，特别是工具理性的扩张，政教分离和脱魅时代的到来，以及工业化、资本主义和全球化社会的来临。

比如，就基督教而言，它在欧洲的存在和变化至少会给现代社会的到来和民族国家的形成带来以下五个被蒂利忽视了的重要影响：第一，欧洲中世纪的所谓"黑暗期"事实上是城市和商品经济发展的一个关键期。在这一时期，欧洲各国的国家力量十分薄弱，既没有能力也没有兴趣来控制/保障欧洲国家之间的贸易，特别是长距离贸易。这时天主教教会势力及其他所提供的天主教世界就成了欧洲在政治和文化上的一个整合力量，一个欧洲各国政治的关键协调者、领导者甚至是保护者。这个天主教世界促进了有着不同文化习俗和语言的人们之间的信任及相应长距离贸易的发展。同时，它也为中世纪欧洲经济的持续发展提供了稳定的环境。

第二，中世纪欧洲教会与国家势力之间的平衡和冲突造就了欧洲国家力量的微弱。这就为蒂利所说的政治独立的经济城市的兴起和发展提供了契机。同时，国家力量的微弱还迫使欧洲各国为各种政策的实施大量地与各种社会力量进行协调。这种协调性政治的发展最终加强了国家在社会中的有机渗透（即迈克尔·曼所说的国家的基础性力量）。这种低专制、高协调性的国家也为商品经济的发展和民族国家的兴起提供了重要保证。

第三，在中世纪，天主教是“罗马帝国的幽灵”。这不仅仅是说天主教在教义和组织形式上都大量继承了罗马帝国的政治和组织传统；同样重要的是，通过对于单一上帝的追求，对于《圣经》文本真理性的探索，以及对于神秘魔术性宗教思潮的打击，天主教还保留和继承了古希腊的理性传统，从而为文艺复兴后欧洲理论理性和工具理性的全面扩展铺平了道路。

第四，天主教不但全力捍卫一个充满嫉妒的上帝，认为《圣经》就是真理，而且捍卫他们对《圣经》解读的绝对权威性。这就给统一的天主教世界带来了脆弱性。路德在威腾堡教堂的门上仅仅贴了几张“小字报”就给天主教世界带来了摧毁性的分裂。其实，路德文中对于天主教卖“赎罪券”做法的攻击与明朝末年李贽在《焚书》和《续焚书》中对儒教的攻击相比不知要温和多少。但是，儒教在中国代表的是道德而不是真理。当时中国的主流士大夫根本就没有兴趣与李贽进行一场“对错式”的论战，而中国书生的主要精力也还是集中在读四书五经考科举上，以李贽为代表的明末异端思潮就在“不争论”的背景下在政治上被边缘化。但是，基督教追求真理的动力使得路德几张“小字报”引出了一场“真理问题大讨论”和新教运动。其后果是天主教世界的分裂、长期延续的宗教战争和教会势力在欧洲政治中的逐渐边缘化。宗教分裂为欧洲群雄逐鹿提供了动力，而教会势力的边缘化则给民族国家的兴起铺平了道路。

第五，宗教战争在欧洲兴起以前，欧洲的战争是国王和贵族之间的事情。一般老百姓与之并不相干。天主教世界产生了分裂后，不同信仰的百姓带着很大的激情为捍卫自己的信仰投入了战斗。这种反复的战争冲突不断加强不同信仰群体内部的认同感和凝聚力及对其他群体的排他意识，这也在很大程度上为欧洲民族主义思潮的兴起和民族国家的形成作了准备。

任何伟大著作都带着时代和作者眼光的局限，蒂利的自然也不能例外。我们今天看蒂利的著作，要学习的是蒂利的严谨的学术态度和广阔的知识面，学习他超群的在一定问题意识下运用和有机组合各种社会机制的能力，以及他在一个有限的学术框架下把一个观点演绎到极致的功夫，一言以蔽之，学习他的治学态度和大家风范。

（本文删节后曾发表于 2008 年 5 月 7 日《南方周末》）

社会运动和“人民”登上历史舞台

本文的论点是社会运动和革命都是伴随着现代化的到来而出现的社会现象。这些现象源起于欧洲(指的是西欧,以下同)。随着传统精英政治在欧洲的垮台,“人民”作为一个社会行动者首先在欧洲,随后在全世界逐渐登上了历史舞台。对社会运动和革命的不同价值判断构成了欧美社会运动和革命研究中各种不同的问题意识,而对“人民”政治的庆祝则是西方社会科学乃至哲学研究中的一个误区。

读者可能会问,你说社会运动和革命起源于现代社会,难道陈胜、吴广起义就不是社会运动或者革命了吗?难道斯巴达克斯的奴隶起义就不是社会运动或者革命吗?我的回答是:虽然研究现代社会运动和革命的理论与方法在很大程度上都能用来研究古代社会的抗争,但是古代的农民起义、奴隶起义都不是现代意义上的社会运动和革命。一般来说,社会运动指的是有许多个体参加的、组织化的、在一定意识形态指导下的寻求或反对特定社会变革的制度外政治行为,而革命则是有大规模人群参与的、旨在夺取政权并按照某种意识形态对社会进行根本改造的体制外政治行为。社会运动和革命的共性是它们的背后都有对国家和社会有着变革性要求的意识形态的支持。变革性意识形态的重要性是社会运动和革命不同于其他类型的集体行动的一个关键。在没有变革性意识形态支持的情况下，陈胜、吴广起义如果成功，他们就会像刘邦、朱元璋一样，自己当上皇帝，而整个社会结构(特别是精英集团的基本构架)则不会发生根本性的改变。奴隶起义也一样，由于没有变革性意识形态的支持，起义如果成功了，其结果往往是起义领袖当了奴隶主，而奴隶社会的根本结构也不会发生重大变化。在古代社会，最为接近于现代社会运动的集体行动是宗教运动。

毛泽东说过，“人民，只有人民才是创造世界历史的动力”，但是大量的历史材料所记录的却都是帝王将相的故事。我们也许会认为这是由于历史是帝王将相写的。其实，这也反映了普通百姓对古代历史并不发生显著影响这一事实。从这个意义上讲，古代社会的政治都是精英政治(古典时代的雅典也许是个局部例外)，只不过不同文明中的精英群体构成不同，因此有不同的政治形态。比如，宋朝以降，中国的精英逐渐结晶为两个主要群体，那就是皇族和通过科举获得功名的士绅官僚集团。古代欧洲的政治也同样是精英政治，但是欧洲精英群体的构成要复杂许多。在中世纪后期，欧洲逐渐形成了四个精英群体，那就是王族集团(国家)、贵族、天主教势力和商人。

一、欧洲传统精英政治的垮台

现代社会的到来与欧洲传统精英政治的垮台有很大的关系。欧洲的国家和商人集团的势力在精英政治的衰败过程中大大增强。这两个群体力量的增强促进了民族国家和资本主义的发展，以及支持这两个历史进程的意识形态——民族主义和自由主义思潮——的产生和发展。同时，在民族国家和资本主义发展过程中产生的各种社会矛盾也促发了左倾阶级政治和右倾法西斯主义的兴起。欧洲乃至西方各国的国家精英被迫以各种方式（包括民主政治和福利国家）来消解激进政治，“人民”就在这一过程中逐渐成为国家和公司/企业之外的另一个行动者。民族国家和资本主义在欧洲和西方世界的兴起给非西方国家造成了巨大的军事、经济和殖民压力，迫使后者向西方学习。而学习不成功的国家则会沦为殖民地或者是爆发革命。民族国家、资本主义乃至整个西方话语和政治形态因此在世界范围内获得了主导权。追根溯源，我们理解现代社会运动和革命兴起与发展的历史必须从欧洲精英政治的衰败这一历史过程开始。

国人长期把欧美近代以来的发展看作是一个进步，这是一个迷思。欧洲的特殊性在于：在西罗马垮台后，欧洲的精英政治始终达不到其他地区（比如中国、印度和中东）都在不同形式下达到了的一种稳定状态。此处所说的“稳定状态”指的不是这些地区的精英群体内部不存在竞争和冲突，而是说这些地区精英群体内部的争斗对已成形的精英政治结构不会产生破坏性的影响。金观涛曾经用“超稳定结构”这一概念来刻画传统中国精英群体结构和整个政治结构的稳定性。其实，在民族国家和资本主义到来之前，欧洲之外的所有文明体都处在各种不同的“超稳定结构”下。不过，与金观涛不同的是，笔者并不把欧洲的发展看作是历史的进步，也不把其他文明中的各种“超稳定结构”看作是“落后”。

如果把中世纪欧洲想象成一个人，那么这肯定是一个在任何状态下对自己生存条件都不满意的人，是一个和自己过不去的人。由于四个精英群体间的长期争斗，欧洲既回不到罗马时代的统一，又达不到一个较为稳定的平衡。欧洲难以达到稳定状态的很大原因在于国家和天主教势力之间的一种相互依存的紧张关系。欧洲君主都是天主教徒，他们的行动势必受到教会势力的制约；但是君主手上拥有更为强大的军权，这是一个很大的优势。具体而言，罗马教廷既需要国家的保护，又想控制甚至是压制国家力量的增长。教廷和欧洲各国在任命主教权及其他许多方面的结盟和争斗，削弱了神圣罗马帝国,引发了多次战争。这是欧洲政治在很长时期内的一个重要侧面。然而,欧洲不少国家还是在国与国之间的不断冲突中强大了起来。这些国家在战争中获取了新的地域、增强了税收能力、建立了官僚体制、加强了对贵族甚至是教会人员的控制。

在欧洲形成的早期,法兰克人到处扩张。不过,由于当时国家力量微弱以及多国并存,使得民众有选择逃离的余地。为了避免新占领地区的居民选择逃离,法兰克统治者不得不与他们建立契约,欧洲于是出现了不少"自由村庄"、"自由城镇"。中世纪后期,欧洲商业有了很大的发展,一些占据着有利地理位置的村庄和城镇逐渐发展为独立或者是半独立于国家的城市。这些城市的政治由商人控制,并且大多数拥有军队。这些城市中居住的知识阶层也开始生产新的思想,对城市的生存方式进行合理化。欧洲商人势力日益强大,成了精英冲突／竞争中的一支主要力量。

至此,欧洲产生了两个相互重叠的冲突／竞争场域:由国家主导的军事冲突和商人主导的经济竞争。这两类冲突／竞争都有着很清楚的输赢判别准则;同时,为了赢得战争或经济竞争,竞争中的各方自然力图以更低的成本来生产威力更大的武器和更有卖点的商品。这两类冲突／竞争因此大大增强了欧洲国家的经济和军事产品生产能力,促进了工具理性(只讲输赢,不讲对错)精神在欧洲的增长,给了本来没有方向和本体性意义的历史一个"发展"的表象。近代欧洲思想家给这些表象赋予正面价值,因此就出现了诸如黑格尔的线性史观、社会达尔文主义、马克思主义等形形色色的"进步"史观。

但是,如果欧洲历史只是由军事和经济竞争来主导的话,那么它们也不会发展到今天的局面。假设欧洲的教会势力始终能保持中世纪的强势,欧洲国家的"发展"就会受到阻碍,因为天主教的价值观会阻碍以赢利和打赢战争为唯一目的的工具理性的增长。但是,欧洲天主教的势力在中世纪后期逐渐削弱。天主教势力式微的背后有着许多原因。首先,教廷能控制神圣罗马帝国,却不能有效控制后成长起来的英、法和西班牙等国。特别是法国，差不多在整个14世纪都控制着居住在阿维尼翁的教皇，触发了东西教会大分裂（Great Schism，1378—1417年）。教会分裂削弱了天主教在欧洲（特别是南部）的影响力，与欧洲的军事和经济发展一起促成了文艺复兴的全面到来。

天主教的式微还取决于天主教的性质。天主教对唯一真神的信仰促发了僧侣对《圣经》文本真理性探索的渴望，为西方科学的发展铺平了道路。而中世纪僧侣阐释《圣经》所发展出的一些重要论点（如地心说）却在科学发展中被证伪，《圣经》的权威性因而大大被削弱。天主教的性质不但造就了《圣经》的真理性，还迫使教廷不遗余力地捍卫他们对《圣经》的权威性解读。类似路德提出的“异端”思潮以及“异端”天主教组织在中世纪经常出现。在教廷力量的鼎盛时期，教廷可以在国家力量的配合下，迫使“异端”思潮或组织的领袖公开认错，甚至动用武力消除他们的影响。但是，中世纪后期国家力量的发展使得教廷的政令不再畅通。因此，当路德贴出他的几张“小字报”后，神圣罗马帝国中的君主就分成意见截然不同的两拨，使教义之争转化成军事冲突，并且迅速扩大至整个欧洲。在这一冲突过程中，欧洲的国家力量得以进一步加强，而教廷的力量则在衰减。

大约在路易十三（1601—1643）至法国大革命这一段时间，欧洲教廷的力量继续走向衰弱，而国家力量则进一步增强，贵族群体部分地分化为国家官僚和商人，商人的势力有所增长但逐渐被锁进了边界日益明确的国家之中。商人与国家精英既冲突又合作，为欧洲殖民打开了空间。但是在同时期，欧洲国家却出现了明显的集权倾向。法国在集权道路上走得较远。在英国，因为贵族和商人势力的强大，国家集权化反而引发了光荣革命。英法两国是长期宿敌，光荣革命后两国继续争斗。在争斗中，集权的法国却往往处于下风。这是因为：英国新兴的中产阶级和中产阶级化了的贵族在光荣革命后进入并在一定程度上控制了国家政权。因此，当国家处于危机时，英国的精英阶层能更有效地动员起来，帮助国家征税，进行战争动员，从而大大提高了国家对资源的汲取能力和战争动员能力。在法国，路易十四集权后给了贵族大量特权并把他们闲置起来，但是法国在同时却没能建立起一个有效的官僚体制来取代贵族的功能，因此法国的税收能力反而大大落后于英国。财政危机的发生，再加上其他原因，终于促发了法国大革命。革命后，民族主义情绪在法国大大增强。在拿破仑的带领下，为法兰西民族而战的法国军队在欧洲一度所向披靡，给其他国家就形成了同构压力(isomorphic pressure)，或者说其他国家必须推进民族国家建设才能得以生存。这样，民族国家模式就在整个欧洲发展了起来。你要让民众为民族国家而战，你就必须给予民众一定的政治权力。于是公民这一概念在欧洲开始扩散。一个全新的社会行动者——人民——逐渐登上了欧洲的政治舞台。

民族国家的形成并不是“人民”力量兴起的唯一源泉。欧洲商人的强大促进了商业和工业技术的发展并引发了工业革命。工业革命(特别是以蒸汽机技术为核心的第二次工业革命)后，欧洲出现了大工业城市、大量的产业工人以及大规模的贫民窟，但是欧洲国家却不能为工人提供劳动条件和失业保障等方面的保护。在世俗意识形态(尤其是马克思主义)的指导下，左派知识分子把这些现象解读成资本主义的黑暗，并且制造阶级意识、搞工人运动。19 世纪时福利国家尚未建立，国家不知道如何处理这些新兴事物，因此左派运动搞得轰轰烈烈。在左派运动的巨大压力下，不少欧美国家渐渐学会了分而治之、分而打之的办法：你如果闹得极端，就镇压你；但是如果你就是为了一些经济利益，我就慢慢让你合法化，允许你在法律框架内进行合法抗争。面对这一国家对策，工人阶级内部出现了严重的分化，或者说工人在此后变得更倾向于通过改良性的社会运动来争取自己的权益。可以说，工人抗争和国家的妥协为“人民”登上历史舞台创造了另一个条件。

以“人民”为主体的社会运动在欧美的兴起还和以下的社会变迁有关。

第一，宗教战争和天主教在西欧的衰弱为世俗意识形态的发展提供了空间。社会主义、共产主义、无政府主义、自由主义、法西斯主义等世俗性意识形态应运而生，为社会运动和革命的发展提供了多种多样的思想武器。

第二就是教会势力的“人民”化。19 世纪后，宗教力量在欧洲进一步衰退，天主教会不再是欧洲政治的一个最为重要的行动者。不少人把这一历史进程错误地解读为“世俗化”，认为宗教在现代社会中不再重要，这一认识有误。但是，宗教力量作为社会行动者的性质的确在现代化过程中发生了巨大的变化，或者说宗教行动者在欧美不再主要作为一个精英群体，而是作为一支“人民”力量加入了现代的政治过程。当教会适应了现代政治的运作方式后，它们也会运用选举政治、社会运动，甚至是革命来获取权力。

第三是认同政治(identity politics)的兴起。赫鲁晓夫否定斯大林的秘密报告流传开后，西方的左派势力受到很大的打击。加上福利国家的兴起和国家的民主化，欧美的左派力量分裂严重，认同政治应运而生。所谓的认同政治，就是在没有普世性意识形态支持下的、为比较单一目的而发起的社会抗争运动，比如同性恋运动、女权运动、反核运动、和平运动、环境运动，等等。西欧和美国的左派普遍认为这是左派运动发展的一个新阶段，笔者认为它其实是削弱了左派阵营的力量：认同政治把左派阵营割裂成许多片块，而近几十年来西方的右派和保守势力却在整合。就本文而言，认同政治的历史意义在于“人民”范畴的进一步扩展：女性、少数族裔、同性恋者，以及社会上的一些在以前看来是处于“病态”的亚文化群体逐渐加入了政治过程。

第四是社会运动社会的到来。在“人民”形成的早期，参加游行和示威的大多数为社会下层或者是年轻学生，而国家则往往采取抵制甚至是镇压的对策。因此，社会运动的参加者大多数是男性，年轻人或者是学生，因为这些人打架打得动，逃起来跑得快。但是从 20 世纪 70 年代到今天，社会运动在欧美国家被进一步纳入合法的制度框架，而社会抗争在认同政治兴起后的规模和剧烈程度也在不断降低，抗争被血腥镇压的可能性因此大大减小。同时期，欧美的右派、社会中上层和宗教团体也越来越能自觉地运用社会运动来获取他们的利益。可以说，当今欧美社会几乎所有的团体都学会了运用社会运动来谋取利益。欧美社会因此变成了社会运动社会——“人民”的范畴有了前所未有的扩展。

总结一下：前现代欧洲的政治是精英政治，而欧洲的精英群体主要由君主、贵族、教会和商人四类行动者组成。在欧洲的现代化进程中，君主势力转变成民族国家，商人转变成公司/企业，而另外三类——贵族、教会人士和臣民——则转变成了现代意义上的“人民”。在欧洲的军事和经济压力下，世界其他各国的传统精英政治结构也被摧毁，“人民”作为一支政治力量在世界范围内走上了舞台。

二、解构“人民”

当“人民”作为一个社会行动者刚登上历史舞台时，很少有人对此历史意义有真正的理解。比如马克思，他强调人民的阶级性——工人阶级起来了，它的历史作用就是推翻黑暗的资本主义制度。从19世纪直至今天，大量的思想家都对“人民”的意义不甚了了。不理解就出现了认识偏差。左倾的支持人民，支持某一类人民，甚至想推进某一类人民势力的增长；而保守的人反对、惧怕人民，试图抵制人民力量的兴起。

对历史过程理解的偏差也反映在西方学者研究社会运动时产生的问题意识中。早期的西方学院派学者，特别是20世纪六七十年代以前的美国学者，大多数比较保守。他们也许并不会认为闹事的人的要求都是无理的，但是他们认为社会上存在着许多争取权益的合法渠道，因此人们完全没必要用社会运动、甚至是更为极端的方式来争取他们的权益。他们还会认为参加社会运动的人是不理性的，容易听信谣言，因此他们花了许多精力来研究社会心理学、群体的形成过程以及谣言的形成和传播机制，等等。

第二次世界大战后西方经济迅速发展，中产阶级群体和大学生群体有了很大的扩展，许多家庭出现了第一代大学生。20 世纪六十年代，西方兴起了以学生为主体的新左派运动。新左派运动式微后，不少参加运动的学生继续求学，有些进入了研究生院，试图了解自己过往行动的历史意义。早期的社会运动理论强调运动参加者的非理性一面，并且说运动的参加者往往是随谣言起舞。左派学者反对这种观点，提出一个新的社会运动研究视角。在新的视角下，社会运动不再是一个社会心理学过程，而是一个被政体排斥在外的群体进行抗争的政治过程。这一新的价值指向，以及伴随着这一指向而产生的种种新的问题意识，大大地促进了社会运动研究的发展。但是，这一新的理论视角其实不过是对“人民”作为一个社会行动者的权力发展到 20 世纪六七十年代时状况的一个描述。在今天的欧美国家，“人民”的范畴已经大大超过了 20 世纪六七十年代时的规模。今天的欧美已经是一个社会运动社会：原来主要是左派搞运动，现在右派也搞；原来是社会下层搞运动，现在上层也搞；原来参加社会运动的主要是男性，而现在女性大大增多；原来青年人是社会运动的主体，现在是什么年龄都有。也就是说社会上的每一个群体都学会了运用社会运动来争取权益这一方法。

新的研究视角对“人民”性质的左倾理解还带来了另一个误区。一般的观念是，在现代社会的三个行动者中，国家和公司都是坏的，而人民则是好的。必须说明，这种观念在很大程度上是有道理的。国家有枪有炮有警察可以镇压，而人民只能示威游行；国家还控制着大量的信息，他们能做广大人民做不到的事情。公司企业手上没枪没炮，因此没有国家的专制能力，但是他们有钱，并且掌握着许多人民无法知道的信息。权力和信息上的不对称给了国家和公司很多便利，而怎么控制国家和公司 / 企业也成了一个永远的难题。

但是，大多数西方学者往往会在他们的理论中给“人民”加上光环，似乎“人民”天然就是好的。各种所谓的公民社会理论就是这一思潮的反映，或者说建立强大的公民社会来抵抗国家和公司的力量几乎成了西方学界的问题意识和哲学思辨的基础。但是如果采取更冷峻的立场来看，问题就复杂了。“人民”是个很驳杂的群体。当前世界，形形色色的宗教团体几乎都是人民的一员；在美国，支持堕胎的和反堕胎的都是人民，而资本家在国会山游说之余也会去搞社会运动，以人民的资格来获取自己的利益。另外，希特勒就是人民支持上台的。世界上除了中国、法国、英国等少数几个国家外，在民族国家建构过程中都发生过惨烈的种族屠杀，而人民往往是种族屠杀中的急先锋。还比如在环境问题上，国家、公司和人民（包括大多数环保人士）都是罪人，谁都逃脱不了干系。因此，学者面对“社会运动”和“革命”时不应该简单赋予国家、公司、人民以正面或负面的价值，而是要把他们看成现代社会的三个主要行动者，考察他们各自的性质、力量和相互关系，来解释社会运动和革命产生与发展的规律。

如果有人问笔者对人民政治的担忧何在，那么我的回答是：就欧美政治发展而言，我一直在观察着美国保守宗教势力和欧洲右派力量在近些年的迅速发展。这些发展不但会影响欧美“人民”的构成和性质，而且可能会对欧美的国家性质和经济结构，乃至整个世界格局产生我所不希望看到的重大影响。

本文还有以下两层用意：其一是想告诫那些具有强烈精英主义、充满“国师”欲望、而对现实政治不甚了了的人，人民进入政治过程是近两百年来的世界潮流，逆之而行将是螳臂当车。其二是告诫那些有着浓厚的民粹主义倾向、持有简单自由主义观点，但同样也是对现实政治不甚了了的人，人民政治完全不等同于美好的未来。

（本文发表于《上海书评》2013年8月4日，第A07版）

附　录

解释传统还是解读传统？

——当代人文社会科学出路何在

解释与解读：不同的认知方式

社会科学的认识方法有两个传统：解释传统和解读传统。解读传统的目的不在于寻求事物内在的一种逻辑关系，而在理解和弄懂一些人类活动在一定文化条件下的内在含义或意义。而解释传统的目的则是要试图寻找一个具体事物或事件中的因果联系。

美国在20世纪六七十年代以后，伴随着后现代化理论的崛起，兴起了一股解读传统的潮流。比如美国著名人类学家格尔兹就认为解释传统是在用自然科学的方法来研究人文社会科学的问题，是分析范式的误用。他进而强调，社会科学应该放弃对一种虚假真理的追求，而着重在对社会历史的背景的理解。首先，他认为社会现象的意义是参与社会活动的大众所赋予的。其次，他认为社会现象的意义只能通过解读来理解，而不能通过解释来懂得。最后，他认为就社会科学而言，通过归纳方法所得出的结论和知识都不具有可靠性。与这种观点相应，遵循解读传统的学者们注重把历史作为一个文本来解读，而不是作为一个事物来分析。目前解读传统在西方社会科学中正占有越来越重要的地位。可以说解读传统几乎完全统治文化人类学，在历史研究中占据了十分重要的地位，并在社会学和政治学领域中取得一席之地。解读与解释这两种认识事物方式之间冲突的背后隐藏的是一个本体论式的哲学问题：即什么样的知识才能构成大家都认可的真实知识？哲学家已试图从“我思故我在”、实用有效性、现象学、语言学等不同角度来解决这个本体论问题，但是我们社会科学工作者更多的是从认识论和方法论的角度入手来处理这个问题的。

其实，解读传统更贴近人们对事物自然的认知方法。因此它也是一个更为古老的传统。中国古代强调“述而不作”，对四书五经进行注疏式的解读。古代西方学者对《圣经》解读性的研究也是这方面的例子。中国在五四运动以前可以说就没有解释传统，而只有解读传统。因此在西方学者看来，中国传统文化是阴柔的和更贴近自然的。解释传统倒是一个更为近代的传统。由于进行解释的出发点往往是把部分从一个整体中割裂开来并进行分析，因此它是非自然的。解释传统的渊源可以追溯到古希腊科学传统，它强调的是作为主体的人对自然的宰制和征服。文艺复兴运动以后，伴随着资本主义兴起，人变得信心百倍，因此以实证主义为中心的解释传统在西方社会占据了主导地位。但是随着人文和社会科学的发展，人们已经不再满意于解释传统的“粗暴”和“断章取义”，因此解读传统逐渐地在学术界抬头。

解读传统的弊病

解读与解释两个传统各有优劣，可以相互补充。任何解释如果离开解读是没有意义的，哪怕是对最简单因果关系的解释我们也必须把其纳入大的社会环境里进行解读,才有可能真正理解这个因果关系的意义和社会含义。不过,如果让我作选择的话,作为一个社会科学家我还是会把解释传统放在解读传统之上。正如民主制度不完美但与其他制度相比却要好些一样,解释方法虽然存在很多问题,但却也要比其他认知方式要好些。解释传统的认知基础是比较。比如在《民主与专制的社会起源》一书中,摩尔就通过比较对中国、日本、印度和一些西方大国近代史的不同进程用马克思主义方法作出了解释。摩尔书中的中心机制是一个社会农业的商业化程度。当农业完全商业化时,一个国家就会走向民主(如英国);当农业处于半商业化状态,一个国家就会走向法西斯(如日本);而当农业商业化程度很低时,一个国家就会走向革命(中国)。这种解释本身正确与否在本文中并不重要,重要的是通过比较而得出的结论和理论可被证伪。

而解读方法着眼于讲出一个故事或对一个故事的背景作出注解。这种方法唯一可遵循的是一致性原则,即通过叙事逻辑的内在合理性来评判一个解读的质量。从这个角度来说,一个好的小说家就是最好的解读家,因为他们总是能够把一个故事讲述得首尾圆合不露破绽。一致性原则由于没有比较方法提供经验与逻辑保障,因而无法证伪。受众只能根据自己的生活体验和知识构成来对一个叙事的质量进行判断。

为弥补解读方法的这一弱点,有的学者对所观察的事物进行一种全景式解读,即把所有与主题相关的社会内容都纳入书写的框架。芝加哥学派学者所用的就是这种方法。比如在对美国纽约社区以捡废旧书报出售为生的黑人生活的研究中,德尼尔就对这些黑人的生活世界、交往空间和精神生活作出了一个全景式的描述。越是试图将更多的信息收入一个叙事中,那叙事内在逻辑就越是难以达到一致。因此,这种全景式的描述提高了一个叙事本身的可信度。但是这种社会学式的解读却遭到了一些人的批评。批评者认为这种解读仅仅是在罗列一堆故事。他们强调解读要以理论为指导。但事实上，他们所谓的理论往往仅是在认识事物或现象之前就已经有了“主题先行”。这样的解读也就成了对预设观念的论证，并为任意武断的“解读”打开了大门。例如，一位做中国古代社会妇女缠足史研究的华裔学者，在作了种种描述和分析之后得出了这样一个结论：中国女性在缠小脚后增进了她们在男性面前的权力，因为三寸金莲和绣花鞋是女性用来刺激男性的性欲并进而控制和主导男性的手段。我们不能说中国古代妇女中就没有人在自己的小脚上下工夫以讨男人的欢心。但这种缠小脚能增进女性在男权世界的权力的说法，完全忽视了缠小脚是男性对女性的一种压制性的集体行为，而女性利用自己的小脚讨男性的欢心却是在男权世界里的一种扭曲了的个体行为。这两者不可同日而语。但是在目前西方社会科学学术圈内，比这更荒唐的解读方式与解读角度比比皆是。

在我看来，以理论为指导的解读至少有三个弊病。一是用这种解读方式得出的结论往往是很肤浅的。如杜赞奇在《从民族国家拯救历史》中，认为中国近代的民族主义是一个被虚构出的“超级文本”。这种提法本身没错，民族神话是一个国家的知识分子在自己文化基础上创造出来的，因此它只能是一个超级文本。但这种解读法回避了以下一些更深刻也更有意义的问题：为什么中国的民族神话的创造要比大多数第三世界国家来得容易？在中国早期的民族主义话语中，章炳麟、梁启超与孙中山等人的思想大相径庭，但是为什么自民国以后不管在何种体制、何种政治背景下，主要由梁启超发展起来的一种包容性的公民民族主义在中国始终占有统治地位呢？根本问题在于历史不是由单个话语而是由多个冲突性话语组成的。历史的核心是权力而不是文本。第二个弊病在于，这种解读方法框架下所做的研究很难进行纵向的学术积累。以理论为指导的解读最后往往会把解读视角用一个词汇来概括，如超级文本、他者化、中间态等。一些好的解读概念，如赛义德东方学理论中的“他者化”，一旦被大家接受马上就成了一个标准解读范式，并且被当作公理千篇一律地进行使用。结果是不知其数的书籍和文章竞相指出各个发达国家及发展中国家的人们，是怎么从自己的立场与经验出发将对方他者化的，直到大家都对这一命题失去兴趣并开始炒作其他解读视角为止，其最后结果是那些模仿赛义德的工作均没有在"他者化"这一概念之外为我们提供多少新的信息。第三个弊病在于，因为这种解读传统先有一个框架和理论设置，所以就很可能导致出现削足适履的情形。他们感兴趣的也不是就我们所关心的事物提出一个较完整的图像，而是指出那图像中的一个往往不太重要的侧面。在这种解读传统下的故事往往非常单薄，理论也很简单。因此，学者往往不得不依靠话语的绚丽和理论的晦涩来掩盖其内容的贫乏和空洞。

解释传统的缺陷和出路

解释传统当然也有其缺陷。最大的一个问题是在解释传统下的社会科学往往会有一种想要把社会科学发展为一个与物理学相似的硬科学的冲动。在近代物理学产生以前，所有的学术从根本上说都是哲学。牛顿就首先是一个哲学家。但是牛顿之后物理学的发展使得它成功地与哲学"离婚"了。这成功给后人树立了一个样板与梦想，因此社会科学也想与哲学彻底"离婚"。这在美国社会学发展中最显著的一个体现是所谓的以揭示一个社会活动内在机制的各类"中层理论"的产生。这些"中层理论"对我们深刻了解许多在社会中观和微观层面上的社会运作机制立下了汗马功劳，而且它也不会像前面所讲的解读传统一样对经验事实"乱点鸳鸯谱"，制造一些非驴非马的东西。但是通过中层理论方法得出的结论往往会只见树木不见森林，并得出一些逃不出直观或往往是很肤浅的结论。这类结论对认识和解决像美国这样一个体制化程度很高，社会又变化相对缓慢的社会及其问题可能会有用，但是对于研究和理解中国这样一个飞速发展并带有很大不确定性的国家则显得有一些无能为力。

中层理论的研究方法一般有使我们搞清楚一个或若干个社会机制的作用。但是一个复杂的社会事件总是有许多个社会机制有机地组合而成，并且这组合方式及其各个机制对某一事件形成的贡献不具任何普遍的确定性。这样，我们就需要一个更高层面上的理论框架来指导，以此作为出发点来寻找一个具体社会事件内各个社会机制的有机结合方式。因此，社会科学研究永远也离不开像韦伯理论、马克思主义理论、国家中心理论、国家社会关系理论等带有一定的哲学意义的结构理论的指导。一个理想的社会科学研究状态应是以机制为基础的，在大结构理论指导下的实证研究。而敏锐的解读则是发掘微观机制有机组合方式及微观机制与宏观结构之间互动关系的基础。事实上，我认为整个人文社会科学就应该在哲学、实证研究与解读之间找到一个平衡点。因此，问题不在于必须在解释传统与解读传统之间作出选择（即使前者在方法论上更加有保障），而在于在我们的人文社会科学研究中如何尽量克服“理论短视”和“方法固执”，充分认识到解释传统与解读传统两者的优劣。在进行一项具体的研究时，我们要做的是扬长避短，使研究的逻辑和结论更具有理性上的说服力和经验上的有效性。这才是解决当前的社会科学方法论危机的必由之路。

（本文原系 2004 年 5 月 10 日在华东师范大学中国现代思想文化研究所的演讲，由唐小兵整理后发表于《社会观察》2004 年第 6 期，第 32—33 页）

超越困境和超越的困境

——赵鼎新教授访谈

问：赵老师，您好！我们知道，您是由于对中国社会的关怀超越了对昆虫的喜爱，才走上社会学研究之路的。在这个转变过程中，更深层的原因是什么？是早年的经历的影响，还是当时时势使然？

答：我想，更重要的还是时势使然。1986 年我到蒙特利尔麦吉尔大学学习昆虫学。从上海出发时，我的导师杨平澜握着我的手说：赵鼎新，学成后赶紧回来，报效祖国。1989 年 4 月 5 号，我回到上海看望他时，他却告诉我，近年千万不要回来，眼下社会问题太多。此后几个月发生的事件，导致我久久不能平静。昆虫学博士论文只剩十几页了，却始终不能动笔，计算机前坐一会眼泪就流了下来。我那时也许应该进行几次心理咨询，问题是我当时都不知道有这一职业的存在(电影中看到过，但是与真实世界联系不起来)。经过几个月的人生低潮，我决定改学社会学。我们这代人往往有很强的鲁迅情怀，即想通过自己的行为来改变中国，当时的我也不例外。当然，在此后的几年，随着阅读面越来越广，我的眼界和想法都发生了很大的改变。我现在最不想当的就是一个救国救民的英雄，或者是一个“国师”。我绝不会觉得社会如果不依照我的主张发展就不会“进步”。我只希望能做好一个学者,为社会学的发展,为中国社会思想的多样性作出一些贡献。

另外,早年的经历对我这一抉择也有很大影响。“文化大革命”开始时我小学刚毕业。1966—1969年间,学校大多数时间处于停课和瘫痪状态。我等于是没上过中学就作为“知识青年”中的一员,随着“上山下乡”的大流去了银川,并在1970年进了工厂,一干就是八年。当时银川生活艰苦,加上语言和文化上的隔阂,以及不甘心在工厂干一辈子等原因,促使我开始自学。“文化大革命”时国家权力极其强势,政治极端,个人生活完全由政治支配,我们这代人因此都很关心政治。我在自学中看了不少哲学、政治和历史的书籍,包括马克思的《资本论》等书籍。因此,社会科学可以说始终是我的兴趣。

问:近期,越来越多的经济学家和政治学家建立各种数学模型来预测和解释一些经验社会现象。您本人似乎比较青睐机制的研究方法。对于这两种研究方法,您有何见解。

答:定量与定性方法各有用处。比如,若想知道一个社会的人口、离婚率和人均收入、人均寿命、工资结构等问题,大概一定要有统计数据才能了然。不过,我们如果想知道和描述一个社会事件的来龙去脉,比如说乌坎事件的起因和发展、为什么某一个拆迁行动导致了严重群体性事件等,访谈也许就会更有效。当然,大多数研究既需要定性数据也需要定量数据,不能一概而论。

我个人的研究方法有一个转变的过程。在工厂时自学了不少数学,包括微积分、线性代数、和微分方程等,自认为数学很好。现在回想有点可笑,因为我当时认识的“知识分子”都是厂里的技术员和工程师,他们送给我的书也都是应用性的工科数学类书籍。我当时还受到进步主义和科学史观很大的影响,认为不能数学化的学问就不是真正的科学,或者说想将还没有完全被科学化的学问数学化,因此想在生物学中应运数学以求突破。这就是为什么我选择了生物学中比较容易被定量的昆虫生态学作为研究方向。

在硕士阶段研究棉红铃虫的种群动态时，我与一个同事建立了一个预测棉红铃虫种群动态的数学模型。有一次和一位植保员交谈，他问我：我是否能用你们的模型来对大田里的棉红铃虫的动态作预测？他继续说，如果能的话，我就不需要每周两次到大田里顶着烈日通过取样来调查棉红铃虫种群动态了。我的回答是，我们的模型只建立在两年调查的基础上，数据还很不够。他又问道：那可以再等几年，等你有了多年的数据不就可以了吗？我说，还是不行，因为我们在棉花田里搭了透风笼子，或者说我们的模型是在控制了棉红铃虫迁移的条件下建立的。该植保员说：棉红铃虫幼虫迁移性不强，这问题可能不大。我又告诉他我们的模型没有纳入气候的因素，在棉红铃虫的幼虫前期，一场大雨会导致很大的死亡率，而气象因素是不可预测的。这时他就反问我，那你们的模型又有什么用呢？当时我嘴上没说什么，但是心里很不舒服。一方面认为该植保员对理论的意义很不理解，但另一方面又时常想起他的提问：我们的模型到底有什么意义，或者说有多大的意义？

后来在麦吉尔大学读昆虫学博士。这次我研究一种蛀蚀胡萝卜的象虫。我的模型更加复杂，包含虫子本身的种群动态模型、胡萝卜在不同种植期的生长模型和市场价格模型。最后做成了一个预防胡萝卜象虫的动态性经济阈值(dynamic economic threshold)计算机专家系统，能根据胡萝卜的不同种植期而形成的不同胡萝卜价格和不同的象虫种群动态而对胡萝卜害虫防治作出不同的建议。一天我把这模型介绍给一位加拿大的胡萝卜害虫防治的“植保员”，让他提些意见。他饶有兴趣地玩了一会儿后，评价道，这个模型有不少启发性，但是实际用处应该不大。我问他为什么。他说，就给你说一点，胡萝卜一旦被象虫蛀了，它表面就有了黑洞和带了泥土的斑痕。象虫能吃掉多少胡萝卜，但是一捆胡萝卜中如果有几根被咬过的胡萝卜谁还肯买它？

插问：那如果再把这个变量也考虑进去呢？

答：人的感受这一变量很难界定，而且就算是加进了这个变量，总还有其他未包含的变量。在研究昆虫种群动态十来年的生涯中，我始终被以下的问题困惑。一者，模型中加的子模型、变量和参数再多，模型模拟现实的程度总是有限，因为有些变量和参数并不具有可测性；二者，模型过度复杂，只一味地想接近现实的话，模型就成了对现实的一种"叙事"，完全失去了理论意义。

生物学如此，社会学更是如此，各种定量方法，比如网络分析、数学模型、博弈论、计算机模拟以及统计方法，都有它们的用处，又都有很大的弱点和应用局限。或者说定量研究是很需要的，但是它不应该是社会科学的唯一方向，甚至是最为主要的方向。但是，由于多种原因，定量方法走向强势的趋势可能会难以阻挡。

以机制为核心的理论在美国又被称之为中层理论。我介绍这一方法并不等于我认为这一研究方法是最优的选择；于我，它是青年学者社会学入门的第一步。社会学首先不同于经典物理学，没有牛顿定理这样的统一法则；其次它不像生物学，决定生物世界运行的机制虽然成千上万，但是这其中每一个机制都和该机制的功能之间有一个明确的对应关系（比如饭后犯困的原理是：饭后血糖浓度升高，为了不使过高的血糖给生命带来危害，我们身体就会释放胰岛素来降低血糖浓度，在短时间内甚至能把血糖降到比饭前更低的水平，这时人就会犯困）。因此，一个生物现象背后的机制就能用科学实验的方式来寻找和证实，而且一旦找到某一机制后该生物现象也就得到了解释。但是，人是有能力作出选择、运用各种"理论"来论证自己选择正确性，并建立组织和制度来保护自己既得利益的动物。人的这些特性使得许多社会机制失去了生物学意义上的机制和功能之间的一一对应；使得一个机制能在不同场合下起作用；使得一个机制在社会上的重要性会随着人们对它的了解程度而变化；给了人通过社会设计来增强和削弱某些机制在社会上影响力的能力和野心;并且给了人们用“客观”机制来论述其行为正确性的动机。

社会机制的这些特性给我们解释社会现象带来很大的困难。最主要的问题是:针对一个具体的社会现象,研究者总是能找到许多机制来解释这一现象,并且如果研究者是一个逻辑很强的人,他也总是能给他的解释加上一个听上去合情合理的叙事。因此,在社会学领域,以机制为基础的研究经常会导致一些风马牛不相及的叙事。问题是,如果社会科学叙事不用机制的话,我们就可能会完全忽视社会现象背后的规律。因而,强调机制是保证社会学研究科学性的底线,但是机制研究的弱点是需要克服的,在一定的程度上也是可以克服的,这是后话。

问:可否请您再进一步谈谈对自然科学的方法在社会科学中运用的现象,比如量化方法的引入,是否有需要警惕的地方?

答:量化的引入有利有弊。好处是,量化能帮助我们接触到许多定性分析揭示不了的社会现象及其背后的机制,比如刚才提及的各种重要数据。弊端是,量化可能会使社会科学研究从问题驱动转变成方法驱动——即研究不再以经验问题为出发点,然后应用有效的方法来揭示其背后的规律;而是从所掌握的方法出发,寻找容易运用该方法的经验问题。如此,很多重要问题都会被忽视。过度量化的还有一个弊端就是,定量方法对具有一定智力水平的青年学者来说相当容易学,发表文章也要容易得多。不少做定量研究的学者虽然对社会现象不甚了了,但文章却发表了一堆,并在升等、涨工资等许多方面都有重大优势。这种现象如果兴盛就会使得扎实做定性研究的学者失去成长空间。

问:那能否这样理解?定量揭示的数据能给我们重要的信息,但至于这个信息背后的意义,还是需要定性的东西来揭示。

答：有些定量方法的确无法揭示数据背后的意义，但是有些定量方法却也是能够在一定程度上揭示数据背后的意义的。但是我这儿所说的情况可能要更复杂一些。比如在特定社会结构中某个具体事件或是个体行为的重要性和意义如何去定量呢？对这类事件以及其他许多社会现象，我们很难应运数学方法。

定量方法的另一个局限就是：人有着给社会现象赋予意义的能力，不管这些对社会现象意义的理解是否反映现实，但是这些理解却都有可能引发实实在在的后果。定量方法在面对意义层面上的议题时往往显得无能为力。真实世界是非常复杂的，能通过定量来阐释的部分往往只是比较浅层的（虽然也很关键）。

问：在您看来，影响和决定社会运动产生与发展的宏观结构，可概括为如下三个因素：变迁、结构与话语。您如何理解互联网这种传播技术革命对社会、国家乃至对社会学研究的影响？

答：从这个框架看，互联网的出现本身就是个重大的社会变迁。它会导致社会结构和话语的变化：首先，社会人员更有发言权(empowered)了，且这种权力是弥散在整个社会中的（每个人都可以有个微博，或者是微信，等等）。其次，国家和国家官员也必须应对互联网带来的挑战。过去的社会控制方式已经行不通了，比如封锁消息，比如警察在公共空间中的暴力。官员行为也必须改变，比如公然炫富或者经常在奢侈场所出没，比如在重大灾害或者事故面前表现的极其无能，等等。这些行为在互联网时代都会对官员形象乃至国家形象造成巨大损害。

需要注意，互联网对不同国家的影响是完全不同的，其原因是同一“变迁”所面对的结构背景不同。在中东，“脸书”和 Twitter 恰好出现在许多国家“病重”之际：民主转型不成功，腐败严重，经济发展滞缓，失业率高居不下，国家能力衰弱，原教旨主义兴盛，等等。于是一场在互联网上引发的“茉莉花革命”导致了许多国家的崩溃。但是，微博在中国兴起时，国内经济形势不错，国家能力没有衰弱，宗教力量尚没有对政治产生重要影响。虽然有贪污腐败和贫富差距等问题，但中国政府在微博兴起初冲击力最强的时候扛了过去，此后慢慢就有了“抗体”：微博的无序性给人们带来了失望，网上英雄失去了光泽。国家方面则逐渐摸索出了一套应对之道。不仅有了互联网警察、约束公知人物等一套管理方法；国家还能主动通过互联网来进行领导人与政府形象的建设和公关。情况因此与中东地区完全不一样了。中国近几十年取得的成就和突显的矛盾都是真实的存在，再加上国内国际信息流通空前便利，使得互联网中的话语走向多元化：有人“逢中必反”，也有人愿做“自干五”。

插问：那么我们是否可以用您的理论框架中的“变化、结构和话语”这三点与社会现象进行一一比对来进行研究和叙事？

答：理论如果被这样应运太可怕了。斯梅尔塞的加值理论提出后，就有人按照斯梅尔塞理论中的六个“变量”来组织其专著中的材料和写作，比如第一章写“结构诱导因素”，第二章写“结构性社会紧张”等。一个历史性事件被割裂成了互不相干的因素，机械得实在有些可怕。斯梅尔塞的加值理论、蒂利的动员模型以及我提出的理论，有的仅仅是一些启发意义，或者说仅仅为大家在研究社会运动或者革命的时候提供若干切入点而已。在一个具体的社会运动或者是革命中，变迁、结构和话语这三个因子的重要性以及相互关系都在不断变化，我们必须把它们放到情境中解读才有意义。同样重要的是，我并没有一个统一的、能超越经验来建构“变迁、结构和话语”这三个“变量”在一场社会运动或者是革命中的相对重要性和相互关系的方法：不同的问题视角会带来不同的建构，不同的价值观也会带来不同的建构。同样一场社会运动，从左派的角度出发，国家可能是导致这场社会运动的形成和发展的关键，而右派则也许会认为社会变迁才是一运动发生最为重要的原因。在《天安门的力量》一书中，我没有用“变迁、结构和话语”来组织叙事，就是因为这些原因。

问：芝加哥大学社会学系是美国第一个社会学系，可谓是社会学的发源地。可否请您从问题、理论和方法三个角度比较一下中国社会学与世界主流社会学的差距或差异。

答：我想，芝加哥大学之所以能成立第一个社会学系乃至形成芝加哥学派，无非是美国社会学家把欧洲出现的社会学首先在问题意识上美国化了（研究工业化背景下的城市犯罪、城市移民和城市骚乱），然后形成了具有美国式保守主义特色的以"解决问题不讲主义"为核心的实用主义（pragmatism）社会学理论，其具体表现就是符号互动理论的发展和芝加哥城市生态的研究。20世纪初期不少国人到欧美读社会学。到了三四十年代，中国产生了不少优秀社会学家，如陈达、费孝通、吴文藻等。他们发表的文章和书籍，在今天看来水平也不低。当时中国可以说是西方国家以外的一个社会学重镇。但是，中国学者从问题意识到研究方法基本沿用了当时欧美流行的一套，并没有像美国学者一样发展出具有中国特色的问题意识和社会学理论。

我们不应当过高要求民国时期的学者，因为即使在今天，中国社会学也尚未形成自己的问题意识和与之相应的理论和研究方法。当前中国社会学研究主要有两类，一类是用西方的问题意识和方法做研究，但水平则大大不如西方学者；一类只讲中国的故事，或者提出一些完全不具有互通性的概念，好像中国人是另一类物种，其行为完全不符合西方人已经发展出来的、大量的能刻画人类普遍性行为的机制和概念。

问：类似您已提及的，中国的社会学研究有这样几个倾向，一是以"西方为中心，以西方为方法"，二是"以中国为中心，以中国为方法"，三是"以中国为中心，以西方为方法"。您认为，是否需要建构中国特色的新的理论体系呢？这样的努力能否成功？

答：当然需要。在国内外的许多中国学者都在这方面做了努力，我也试图做了一些尝试。举一个例子：我在 2012 年发表了一篇题目为《中国是否会发生革命》的文章。文章中对国家合法性的分类和分析显然是受到了韦伯的权威合法性理论的启发。但是我的分类，即现代国家只有三种理想状态的合法性来源（意识形态、程序和绩效）却是针对我所关心的中国问题而提出的。但是，这一新的分类有它的相通性或者说普遍性，因为现代所有国家的合法性都逃不出这三个来源（只是不同国家在这三方面的具体配置有所不同而已），因此任何国家的政治特征都可以用我的合法性分类来作出分析和解释。

至于我们的努力能否成功，我想，一定程度上的问题意识中国化是比较容易做到，我们不少学者也做到了。但是要提出具有中国特色，并且被其他国家学者普遍接受的主要理论却不一定能实现。这是因为现代中国尚没有产生不同于欧美，但是却是在世界范围非常具有影响的社会思潮。或者说，在欧美国家，左派、右派、自由派、保守派、实用主义、后现代等各种思潮都很发达，把意识形态光谱几乎全占了。在方法层面也同样难以突破。比如中国人讲关系，但西方人却发明了网络分析方法；比如我对国家合法性的分类虽然有新意，但这也不过就是对西方理论（即韦伯的合法性理论）的发展。

中国也许有两个优势。第一，晚清和民国时期的西方和日本对中国的侵略其实并没有对国人在心理上产生摧毁性的影响。因此在印度和中东一带知识分子中盛行的——表面上是在对后殖民主义和欧洲中心主义进行批判，其实却是在西方人面前感到自低一等的——“解构主义”传统在中国很难盛行。第二，中国人有很强的辩证思维和长时段的历史理性传统。

西方也有一些能通观全局进行长时段思考的优秀学者，但是他们在西方是绝对的非主流——西方社会学乃至社会科学的主流是那些“片面深刻”的机制性研究方法和解构方法。因此，国人也许在这方面可以做些努力。我过去十年对中国历史的研究其实就是想在这方面做些尝试。必须指出的是：传统中国的辩证思维和史观既故弄玄虚又大而化之，我国当代学者的文章经常有明显的大而无当的倾向，即受此传统的影响。但是，如果能把西方片面深刻的研究方法和我们长时段的辩证历史理性有机地结合起来，那就有可能产生能与西方知识相通的“中国方法”。

问：有人认为，中国的社会转型有一个明确的目标——欧美；也有人认为中国转型不能限于此，应超越这种见解的束缚。您认为对这种见解的超越是否应当成为我们这一代学者的追求；另外，中国能否走出与西方不一样的路呢？

答：中国传统社会没有一个线性的发展目标，一个朝代在开国和拓疆后的最大目标只是政权的稳定，大众都是臣民，人性和人际关系被以孔孟之道为核心的各种价值观和与之相应的社会组织紧紧地约束着，人的工具理性的一面只能以非常扭曲的形式得以表达。但是，西方的枪炮和高效的工业把中国（以及世界上所有的非西方国家）强行地推向了“现代化”。早先无非就是想拥有和西方一样的“先进”枪炮，但是逐渐就发觉必须获得西方的工业生产能力、创造发明能力、社会动员能力和组织能力才能不被他国欺负，于是全面向西方学习就成了目标。中国所有的传统价值和政治形态，只要对赶超西方不利的都逐渐被打破，人的工具理性和物质欲望于是得到了空前的发展。

我个人认为想超越传统的“赶超欧美观”的努力是可敬的，而且是必需的。但是我们必须清醒地认识到以下几点：第一，超越西方现代模式的企图并不是中国特有的，西方世界自己也在努力破除线性思维方式，建立后工业社会价值观，试图超越由市场经济和民族国家所带来的现代性，只是这些尝试从总体上来说都不是很成功。第二，不考虑市场多方面的负面性，仅从资源配置的角度来看，市场是最有效的手段。因此，在市场经济仍是全球主导经济模式的情况下，哪个国家不搞市场经济，这个国家的长时段的经济效益和创造能力肯定就会不如那些采用市场经济的国家，这个国家在国际上就会缺乏竞争力。因此，仅仅有一两个国家率先不搞市场经济，试图超越西方模式肯定行不通。第三，要超越“赶超欧美”的这种现代性思维模式，我们必须要把人类已经解放了的工具理性、个性表达和强烈的物质欲望用意识形态来加以约束，并且建立与这意识形态相应的强制性或者是半强制性的组织来保证这一意识形态得到贯彻。问题是，人类的工具理性和物质欲望一旦被释放之后，把它重新关回笼子里的可能到底有多大？特别是，任何压制工具理性的努力在约束工具理性的同时并不能消除甚至是减弱人类工具理性的一面，而只会导致工具理性以扭曲的形式表达——压制越严重，工具理性的表达就越扭曲。要保持这种压制状态，强制和蒙蔽就成了必要。人类于是走向虚伪，掌权者则更虚伪。掌权者的欺骗，绝大多数人的愚昧和各种不平等则是维系这一状态的必要条件。我们大家是否愿意在这一状态下生活？一些自命不凡的“精英”也许愿意，我可不愿意。

问：您游走中美学界，如何看待东西方国家的社会差异及其变迁对社会学发展的影响？

答：我想，人都是两个眼睛，一个鼻子，都是差不多的，即都有工具理性的一面，也有价值理性的一面。但是人的本性以什么方式表达则受到很多社会因素和社会学机制的影响。比如，中国传统社会的价值观严重压抑工具理性，压抑个性，而现代中国则是工具理性和人欲泛滥。再比如社会稳定性和可预测性与个体行为之间的关系：当社会运行规则变化莫测时，机会主义文化就难免盛行，做老实人就会吃亏；而当社会稳定，将来可以被预测时，做长期打算的人就会有优势，机会主义行为就会边缘化。

插问：那中国多变的环境对社会学的发展是不利的吗？

答：当然，对任何学术发展都不利。学术要发展，大环境就得稳定。学术是个长线投资，要想做好学问，就得静下心来。现下中国学界规则多变，不少方面甚至没有什么真正的规则可言。因此机会主义的学术行为在中国就十分盛行：多发文章、多拿课题成了主要的目标，人际关系远比学术水平重要，不规范学术行为司空见惯。所以，不管学者本身天分和水平如何，在多变的环境和体制的压力下，生产出来的知识很容易是垃圾，用物理学的词汇来说就是“白噪音”。

插话：但即便是白噪音，还是不能停止啊。

答：那是的。如果停止了，一个学者连升等的机会都没有了。

问：当今中国的思想界，党同伐异的风气泛滥。在探讨和辩论时，不同派别往往回避核心观点的碰撞，常常只作道德批评和人身攻击，令人担忧。请问，西方思想派别之间的辩论又是如何进行的呢？

答：在西方，具有不同价值观的两个人之间要进行有效辩论也是很难的；而且也存在党同伐异的情况。但是，中国式辩论有却又有两个新的特点。第一是人身攻击和辱骂。第二是坚信对方是别有用心，或者说坚持认为对方某一观点的背后是某种不可告人的目的：你的某一个观点对政府不利会被认为被西方势力买通，你的观点对政府有利则马上就被认为是“五毛”。头脑里全是近乎歇斯底里的阴谋论，很难就事论事。在西方社会，这些行为都是为主流社会所不齿的。

另外，西方世界的舆论和思想领域有很重要的一个特点：主流大学、主流出版社和主流报纸和网站都有着很强的守门人(gatekeepers)功能。它们既能够建构公众舆论和主流思想，又具有一定的专业素质，为社会上的辩论和讨论问题的方式提供了样板。比如马来西亚MH370航班失踪事件，我们看到中国的新闻媒体完全没有起到守门人的作用。主流媒体中充斥着煽情和谣言，而记者则完全没有独立分析能力。这种做法在报道国内新闻或者是面对国内读者时问题不大，甚至还会得到大量的叫好声，但是面对国际读者时就出丑了。美国的新闻从业人员虽然不是完全公正的，某些方面甚至是充满偏见，但他们更有专业精神，在许多问题上也表现得更有常识。比如，《纽约时报》关于这次飞机失事事件不但新闻报道的质量较高，它网上读者跟帖的平均水准也很不错。特别是，报社编辑还会专门从网上讨论中拣择出他们认为水准较高文章加以标记。这种选择既体现了编辑的眼光，也保证了舆论的质量，理性精神因此就逐渐成了社会的主流文化。

中国人这种只要观点不一致，马上就攻击对方的人品、怀疑对方的企图的做法都是传统社会、特别是阶级斗争时代的影子，不应该再存在下去了。

问：赵老师，历史社会学是您的研究方向之一，你认为当下中国流行的新文化史学、社会史只见树木不见森林，把历史学变成为了庆祝现代人观点与声音多样性的手段，虽然新文化史缺乏“大历史”关怀，但对于底层声音和地方经验的 commitment 不容忽视，而近年流行的全球史观念有救新文化史之弊，不知您怎么看?

答：现在不但有“全球史观”，还有“非西方史观”、“亚洲史观”、“南美史观”、“非洲史观”等等，不一而足，甚至还有什么“客体本体论”(object-oriented ontology)。如果有人有一天提出什么“非地球本体论”或者是“非太阳系本体论”，我看也不需要吃惊。全球史观在早期发展中出了一些优秀学者(比如 William McNeill)，他们的工作指出了各个文明之间不少被人忽视的相互联系和这些联系对历史进程的重要影响。

但是当全球史发展成一个显学时，它马上就出现了以下问题：第一，许多全球史专家不精通任何一个国家的历史，对研究对象的语言和历史文本完全不能掌握，工作非常粗糙，结论漏洞百出（所谓“加州学派”学者的工作基本就是这个水平）。第二，历史是拥有权力的社会行动者（social actors）所推动的。当然这些社会行动者的行为方式，以及他们行动的后果，都要受到各种社会机制和结构条件的约束。全球史观过度讲各文明之间的联系（外因）对历史进程的影响，忽视了社会行动者的权力，并过度依赖社会机制和约束条件进行历史叙事。因此，他们的叙事非常机械，“内因”的作用普遍被忽视，论点也往往风马牛不相及。第三，全球各文明之间的确有多方面的联系，但是，各文明之间的联系是在历史过程中逐渐加深的。各文明在不同方面的联系程度以及某一特定联系对各文明的影响程度都是很不相同的（如哥伦布时代，欧洲的天花等流行病“杀死”了新大陆近百分之九十的土著居民，而新大陆的梅毒仅仅给欧亚大陆带来了一种严重的性病）。各文明之间在不同方面的联系具有不同的进程。并且在现代社会到来之后，各文明之间才有了全面紧密的联系（比如，欧亚大陆在流行病方面的联系很早就比较紧密，但是在思想方面的紧密联系则是 19 世纪以后的事情了）。即使在当今，全球各国的联系紧密程度，以及这些联系对各国的影响既是不对称的，也是完全不相同的。因此，离开具体的经验问题去强调各文明之间的联系（或者是不强调它们之间的联系）都是没有意义的。第四，推动全球史观的学者往往有很强的政治动机——即破除西方中心主义。问题是，当代社会几乎所有的主流文化和制度——从社会主义到资本主义、从机械化制造到金融市场、从民主政体到威权政体、从民族国家到国际秩序——都是在西方先形成，然后在西方的压力下在世界范围内得到扩展的。即使是当前的各种原教旨主义宗教，它们的复兴也是在面对西方给世界带来的“现代化”的负面后果时的反应。当前世界在经济、政治和文化层面都已经在很大程度上被强迫“现代化”了。中国的“崛起”（或者说东亚的崛起）最多也只说明西方世界也许不再将是

"现代化"的领头羊了。除非一个国家能真正在政治、经济、文化层面上走出一条不同的道路(我在前面说过,这种"赶超欧美观"很可能是乌托邦),弱势国家的知识分子过度强调去西方中心主义实际上是在臆想,或者说是因为"现代化"道路不能畅通而丧失信心的一种世俗性表达(而原教旨主义则是一种"超越性"的表达)。

问:赵老师,在当今中国浮躁的氛围下,有人提出克服此种浮躁需倡导"一本书主义",即必须写一部立得住、传得下去的书,要有一本足以支撑自己的书。对有此志向追求的青年学者,您有什么忠告?还有据说您的新书 *The Rise of the Confucian-Legalistic State and Its Legacies in Chinese History*(《儒法国家的形成和中国历史的规律》)将要完成并准备出版,可否谈谈您下一步的研究计划?谢谢!

答:不能说是什么忠告,只能说是一些个人的看法。首先,做学问的真谛在于好奇、认真、执著和社会关怀,它是一种生活方式。把写一部传世名著作为做学问目标会活得太累且过分自负。其次是要一步一步来。四十岁前的学者在书本阅读、学术视野、人生阅历、对各种方法的掌握以及笔力方面都需要提高。第一部作品就想写成传世名著在当今学界的可能性很小,而在中国则几乎不可能。因此把预期定得太高反而会欲速而不达。从发表常规文章开始,逐渐锻炼效果可能反而会更好。第三是千万不要自以为是。要对自己的性格弱点和学术短板有个深刻理解。做好学问如其说是要发挥自己的长项,不如说是要努力克服自己的短板。社会科学的学问最终体现的是自己的个性,而性格弱点则是个人学术发展的最大制约因素。第四就是绝对的现实主义精神。这一点非常难以做到。而且,因为绝大多数人都大多做不到,你一旦做到了还会给你带来许多困扰和误解。但是它却是把学问做深刻的关键。

我的《儒法国家的形成和中国历史的规律》已经完成。现在正在校订,大约明年会在牛津大学出版社出版。下一步我有两个写作计划。第一是写一本题为《威权论》(*Authoritarianism*)的著作;第二是写一本社会科学方法论的著作。同时,我还对中国的民族和宗教问题越来越感兴趣,如果条件许可也会做一些研究。

(采访者:周奇,本文发表于
《学术月刊》2014 年第 7 期,第 170—176 页)

图书在版编目(CIP)数据

国家、战争与历史发展：前现代中西模式的比较 / 赵鼎新著. —杭州：浙江大学出版社，2015.6(2024.1重印)

ISBN 978-7-308-14695-1

Ⅰ.①国… Ⅱ.①赵… Ⅲ.①历史社会学—对比研究—中国、西方国家 Ⅳ.①K03

中国版本图书馆CIP数据核字(2015)第100531号

国家、战争与历史发展：前现代中西模式的比较

赵鼎新　著

责任编辑　陈佩钰　王长刚

封面设计　谢就宇

出版发行　浙江大学出版社

(杭州市天目山路148号　邮政编码310007)

(网址：http://www.zjupress.com)

排　　版　杭州林智广告有限公司

印　　刷　浙江新华数码印务有限公司

开　　本　700mm×960mm　1/16

印　　张　15

字　　数　193千

版 印 次　2015年6月第1版　2024年1月第9次印刷

书　　号　ISBN 978-7-308-14695-1

定　　价　42.00元
